湖北省社会科学界联合会
“中国调查”丛书

湖北省山区农村空巢家庭养老模式调查

HUBEISHENG SHANQU NONGCUN KONGCHAO JIATING YANGLAO MOSHI DIAOCHA

商卫星 / 著

长江出版传媒
湖北人民出版社

图书在版编目(CIP)数据

湖北省山区农村空巢家庭养老模式调查/商卫星著.

武汉:湖北人民出版社,2018.10

ISBN 978-7-216-09598-3

Ⅰ.湖… Ⅱ.商… Ⅲ.山区农村—养老—社会服务—服务模式—调查研究—湖北 Ⅳ.D669.9

中国版本图书馆CIP数据核字(2018)第254735号

责任编辑:王书艺

封面设计:武汉新界面文化

责任校对:范承勇

责任印制:谢 清

出版发行: 湖北人民出版社	**地址:**武汉市雄楚大道268号
印刷:武汉市籍缘印刷厂	**邮编:**430070
开本:787毫米×1092毫米 1/16	**印张:**14.75
版次:2019年12月第1版	**印次:**2019年12月第1次印刷
字数:234千字	**插页:**2
书号:ISBN 978-7-216-09598-3	**定价:**52.00元

本社网址:http://www.hbpp.com.cn

本社旗舰店:http://hbrmcbs.tmall.com

读者服务部电话:027-87679656

投诉举报电话:027-87679757

(图书如出现印装质量问题,由本社负责调换)

吾辈使命

——写在前面的话

癸巳年秋，珞珈山下。著名历史学家、荆楚社科名家冯天瑜先生送我一套《东亚同文书院中国调查资料选译》。此书是冯先生等学者从浩如烟海的东亚同文书院中国旅行调查材料中，选择代表性的篇目翻译汇集而成。冯先生在扉页上题写赠言："日本为侵略中国，自明治以来，对中国做翔实调查，此书所载，可一斑窥豹。向强敌学习，对国情做深入的调研，是我辈的使命。"这年夏天，湖北省社会科学界第八次代表大会紧张筹备，我们也曾邀冯先生等专家学者为湖北社科事业的繁荣发展出计献策。先生建议，重视基础理论研究，重视国情省情调查。《东亚同文书院中国调查资料选译》一书的价值，体现着冯先生忧患意识和爱国情怀的寄语，以及冯先生对湖北社科事业的关切支持，直接促成了"中国调查"项目的产生。

尧舜孔孟，唐宋明清，分封割据，天下一统，农工兵商，京韵吴语，上下五千年，社会生活何等丰富多彩；江河湖海，崇山峻岭，楼台亭阁，村舍酒肆，秦砖汉瓦，藤角根穗，纵横九万里，中华大地如此物华天宝。中华人民共和国成立六十多年的时代印记，改革开放三十多年的文明进步，更是激荡起伏，日新月异。热爱并建设这个国家，当了解认识这个国家，而客观调查、认真分析这个国家，则是了解认识的有效途径。"向强敌学习"，要从具体事情做起，以至比强敌更强。吾辈的使命在认识，更在担当。于此时此地开始，坚持数年并由楚地推及全国的省情国情调查或将对社会有微薄贡献。基于此认知，湖北省社科联正式确定将“中国调查”作为重点项目予以立项。

社会调查，古往今来皆为执政者所重视，更有立志于此的文人学者，跋山涉水，实地考察，经年不倦。卷帙浩繁的古今文库中，有许多经典不朽之作可为楷模。“中国调查”丛书立项论证会上，专家皆推崇以费孝通先生的《江村经济》为范本。专家以为，“中国调查”各分篇，无论是全景展现，还是微型研究，无论是实地考察，还是问卷访谈，皆应如《江村经济》，尊重社会发展之客观规律，彰显实事求是之人文精神，追求科学严谨之学术标准，戒浮光掠影，戒空谈杜撰，戒阿谀奉承。《江村经济》是“人类社会学实地调查和理论工作发展中的一个里程碑”（英国社会人类学家布·马林洛夫斯基语），对于刚刚起步的“中国调查”项目而言，如果能有些许“一斑窥豹”的作用，我们将无比欣慰。

“中国调查”任重而道远，我们将脚踏实地，努力前行，不辱使命。

湖北省社会科学界联合会　曾婕

写于乙未年樱花盛开时节

总　序

湖北省社会科学界联合会组织湖北省社会科学工作者切入各相关领域，从事社会调查，已历岁时，初成一批各具特色的调查报告，辑为“中国调查”丛书，这是令人欣慰的一项成果。之所以说“令人欣慰”，因为在这里没有新老八股式的空话、套话、大话，而所见皆质朴、真实的基层情事，我们从中可以嗅到泥土的芬芳，听到民众的呼唤，触摸到社会生活的脉动。

社会调查是认识社会的基本方法。无论是实际社会工作者还是社会科学研究者，离开社会调查将一事无成。“没有调查就没有发言权”，上至最高领导人，下至普通百姓，概莫能外。

广义的社会调查，古已有之，如周代重视“采风”，专设“行人”“辅轩之使”到各地搜集民歌以了解民间疾苦，《诗经》中的《国风》就是采风的精选集结。汉代派员巡行，皇帝微服私访，设立乐府，采集乐府诗以认识百姓情志、社会实况，如此等等，皆初备“社会调查”之义。

系统的、有计划的社会调查始于近代工业文明时代，欧美国家、日本运用实证方法、文化人类学方法、经济统计学方法、抽样方法、定性研究和定量研究相结合方法、横剖研究与纵贯研究相结合方法等，对本国和他国作详尽的、巨细无遗的社会调查，并以科学手段加以整理，做出描述的、解释的和提出对策的研究成果。日本为实现其侵略中国的“大陆政策”，对中国的自然、社会、人文等作了广泛、细致的调查研究，仅以两个较庞大的中国调查机构——南满铁道株式会社调查部、东亚同文书院（前身汉口乐善堂）为例，其调查规模便足可惊人：它们分别对中国进行了长达四十年和六十年的调查，留下卷帙浩繁的调查报告和研究著作。满铁的中国调查报告有数十万件，出版书刊数千种，是各国研究近代东北、华北、华东社会的材料渊薮（当代西方汉学家黄宗智、杜赞奇的近代中国社会史名作多取材于此）。东亚同文书院的中国调查，地域达除西藏外所有省区之各市县镇（还远抵俄罗斯西伯利亚、远东，中南半岛、南洋群岛），涉及地理、历史、政治、经济、军事、民俗各领域，大至各时段政情演变（如辛亥革命、五四运动、北伐战争等），小至一条河川有几处渡口、冬夏各能摆渡多大船只。无怪乎抗战期间日本的军用地图比国民党军队的军用地图详尽、准确。在东亚同文书院对中国长期调查的基础上，日本东亚同文会 1917—1920 年编纂了《支那省别全志》，1941—1946 年编纂了《新修支那省别全志》，2015 年 5 月中国国家图书馆出版社影印出版了两志全 50 册。我在为两志影印版所作序言中说："它让我们具体了解近代日本从事中国踏查的广度与深度，认识其用心之深、用力之切，从而激发国人警醒；同时，通过展示日本的中国调查材料及其加工成品，也为晚清、民国研究敞开一个鲜为人知的资料库，并从方法论上提供若干研究国情、地情的启发。"[1]

毛泽东 1941 年在《〈农村调查〉的序言和跋》中，强调社会调查的重要性，并指出："中国幼稚的资产阶级还没有来得及也永远不可能替我们预备关于社会情况的较完备的甚至起码的材料，如同欧美日本的资产阶级那样，所以我们自己非做搜集材料的工作不可。"这里对"中国幼稚的资产阶级"来不及作较完备的社会调查的估量，大体符合历史实情。但需要补充的是，自晚清以降，中国一些有识之士已开始重视并躬亲社会调查，如清末的湖北留日学生鉴于"各国人之于其国也，无一事不有调查会，或政府提创之，或人民自组织之"，在 1903 年成立"湖北调查部"，对在本国、本省开展社会调查有所规划，列举了"政法上之调查""教育上之调查""经济上之调查""实业上之调查""军事上之调查""历史上之调查""地理上之调查""民族上之调查""出产上之调查""交通上之调查""外人势力上之调查"诸方面的调查细目。[2] 然而限于条件，这一计划无法在晚清实现。

民国时期，国民政府的某些部门，如地震局，曾组织力量作专题社会调查，

---

[1] ［日］东亚同文会编:《中国省别全志》第 1 册，国家图书馆出版社 2015 年版，第 8 页。

[2] 张枬、王忍之编:《辛亥革命前十年间时论选集》第一卷上册，生活·读书·新知三联书店 1977 年版，第 443 ～ 452 页。

留下一批宝贵材料。某些从西方学习社会学、民族学回归的中国学者，作过高水平的社会调查研究，如陈达的《南洋华侨与闽粤社会》、费孝通的《江村经济》，至今仍闪耀光辉，被视作社会学范本。20 世纪 30 年代出版的“社会调查”丛书（中华平民教育促进会出版）也不乏佳作，如李景汉的《定县社会概况调查》便颇有价值。此后，各类调查研究报告续有面世，如费孝通的《乡土中国》、许烺光的《祖荫下》、杨懋春的《一个中国村庄：山东台头》、林耀华的《金翼：中国家族制度的社会学研究》等。

这批在艰困的条件下完成的社会调查论著，达到令国际学术界肃然起敬的水平，足证中国人完全有能力在社会调查研究领域攀登高峰。当然，就整体而言，清末、民国积贫积弱，战乱频仍，国家与民间无力作大规模、长时段、成系统的社会调查。

今天我们所拥有的条件，不可同日而语。以湖北省而论，有省社会科学界联合会的统筹组织，有各方面社会科学工作者的积极投入，未来可望涌现一批理论明晰、调查细致深入、记述真实可靠、建策独到的成果，为社会科学研究提供基础资料和精准数据。现在，“中国调查”首批项目已经付梓，又闻省社科联已筹谋接下来五年的项目计划，拟定调查研究重点，制定严谨的学术要求和规范，并将陆续推出“中国调查”丛书，以展现湖北省社科界调查研究原创力和高水平。我们乐观其成！

冯天瑜

2015 年 8 月 4 日于武昌珞珈山

目 录

第一章　绪论

20 世纪 90 年代以来，随着我国城市化进程的脚步，大量农村剩余劳动力大规模向城市转移，使得农村空巢家庭现象普遍化，“空巢家庭”成为农村的社会问题之一。本调查项目为专题调研，聚焦于湖北省山区农村空巢家庭的生存状况。

一、调查对象的界定

当前，随着农村城市化进程的加快以及家庭规模的改变，农村空巢家庭越来越多。农村空巢家庭是指子女长大离开家庭独立居住谋生之后，由留下的中年夫妇或老年夫妇所组成的农村家庭。本书所说的子女离开家庭独立居住谋生，既包括远距离离家，又包括近距离离家，只要在形式上子女离开了父母的家庭，不管是远离家乡外出打工，还是与父母在同一个村里分户居住，留下来的由中年夫妇或老年夫妇所组成的家庭都属于空巢家庭。另外，无子女的老年人家庭在农村也是一种客观存在的现象，他们的晚年生活理应得到人们的关注，因此本项目将无子女的老年人家庭也归入“空巢家庭”之列。本书的研究对象为什么选择农村空巢家庭而不是城市空巢家庭？原因是这两类空巢家庭在我国现阶段的发展中都是客观存在的现实，但两者有着很大的不同。城市空巢家庭的经济物质条件比农村优越很多，各种生活消费品都能满足需要。城市的社会保障体系也要比农村健全得多，尽管现在农村居民也开始享受新农合医疗保险，但和城市相比，报销的比例要小很多。城市空巢家庭享受的公共社会资源也远好于农村。比如城市的老年人可以拿着老年卡免费乘坐公交车；城市的公共设施以及一些专门的老年机构也会为老年人提供服务。更重要的是，城市空巢家庭老年人经济上基本能够自理，他们有时可以请钟点工帮助做饭、打扫卫生和日常照顾。他们只是在有困难时才需要子女和社区的照料，因此不愿意同子女长期生活在一起，更愿意享受生活的自由。相比之下，农村空巢家庭的状况则令人担忧。

本项目的调查对象是湖北省山区的农村空巢家庭，意味着排除了山区城镇的空巢家庭，仅限于农村（比如行政村和自然村落）中居住的由于子女外出工作老人留守或子女成家分户居住而形成的空巢家庭。空巢家庭最突出的问题是空巢老人的养老保障问题，这一问题将成为我们调查的重点。

二、本项目的理论基础

本研究的理论基础是家庭生命周期理论、需求层次理论和社会支持理论以及人口迁移理论。

美国家庭社会学家伊夫宁 ·M. 杜瓦尔（Evelyn·M. Duvall）提出了家庭生命周期的八阶段说。第一阶段是夫妇家庭，即尚未生育孩子只有夫妇的家庭，约 2 年时间；第二阶段是抚养孩子家庭，约 2 ～ 5 年时间；第三阶段是学前儿童家庭，约 3 ～ 5 年时间；第四阶段是入学儿童家庭，约 7 年时间；第五阶段是青少年子女家庭，约 7 年时间；第六阶段是家庭成员出走阶段，从第一个子女到最后一个子女陆续搬离父母的家庭，约 8 年时间；第七阶段是中年夫妇家庭，即无子女在家的“空巢”阶段，约 15 年时间，第八阶段是老年夫妇家庭。

需求层次理论是美国人本主义心理学家马斯洛提出的。这一理论认为人的需求是分层次的，该理论将需求分为五类，像阶梯一样从低到高，按先后顺序逐级递升，依次如下：第一，生理需求；第二，安全需求，安全需求比生理需求较高一级；第三，爱与归属的需求，这一需求比生理和安全需求更为细微；第四，尊重需求，包括自我尊重、对他人尊重以及被他人尊重，尊重需求很少能够得到完全的满足；第五，自我实现的需求，是指能够使自己的潜能最大限度地发挥出来，实现自我价值，是最高层次的需求。在现实生活中，绝大多数空巢家庭都具有马斯洛需求层次理论中所提出的五个层次的需求，这些家庭在自身的低层次需求得到满足后就会选择去追求更高层次的需求。

社会支持理论出现于20世纪60年代，兴起于美国，之后在全球范围内得到广泛传播，是西方社会学重要的分支领域之一。“社会支持”作为科学的专业术语于20世纪70年代由卡普兰（Caplan）等人在精神病学领域提出，他们认为社会支持行为有两方，即支持主体与支持受体。支持主体提供相应的资源和条件以满足支持受体的需求，支持主体可以在一定程度上帮助支持受体解决生活中遇到的问题，维持其日常生活的正常运行，并且支持与被支持双方并非单向的施与受的关系，而是处在互惠互利的关系之上。

人口迁移理论聚焦人口迁移。人口迁移是人口变动的一种基本形式，是指人口分布在地理位置上的转移。我国农村人口向城市迁移便是人口变动最平常的一种形式，其本质是农业人口转变为非农业人口，跟工业聚集、商品经济的发展有着密切的关联。运用该理论可以了解城镇化背景下农村劳动力流出的状态，进一步了解山区农村空巢家庭形成的原因。

三、调查的基本内容

（一）养老模式调查

养老模式可以简单地分为家庭养老、社会养老和自我养老，在不同的地区、不同的经济发展形式之下会有不同的养老模式。穆光宗将养老划分为六种：即完整的家庭养老模式、不完整的家庭养老模式；完整的社会养老模式、不完整的社会养老模式；完整的自我养老模式、不完整的自我养老模式。本次调查试图了解新形势下湖北省山区农村空巢家庭各种养老模式的分布情况，并且试图分析这种分布背后的经济学、社会学等方面的原因，进而提出完善我省山区农村空巢家庭养老模式的政策建议。

（二）社会支持调查

社会支持是以利他主义为指导，以科学的知识为基础，运用科学的方法进行的助人服务活动。从这一定义可以看出，社会支持的本质是助人活动，其特征就是提供服务，但是它不是简单的施舍与给予，它关注的是受助人的需要，针对受助人的需要以科学的助人方法为手段，帮助满足需要，以达到助人的有效性。社会支持，分为正式的社会支持与非正式的社会支持两类，正式的社会支持包括国家、政府和社区等所提供的帮助；非正式的社会支持包括家庭、邻里、朋友以及非政府组织所提供的支持等。本次调查试图了解湖北省边远山区农村空巢老人受到了哪些形式的社会支持，这些支持在他们的晚年生活中所起的作用占比究竟有多大，国家、政府、社区的支持是否有缺位的情况等。

（三）精神赡养调查

一般来说，养老包括经济供养、生活照料和精神慰藉三个方面。通常情况下，不管是在理论界还是在现实生活中，大多数人都侧重于关注经济供养方面，其次是生活照料方面，而精神慰藉方面比较容易被忽视。精神赡养，是指关注老年人的心理需求和精神需求，并尽量给予慰藉和满足。精神赡养分为三个维度，即人格尊重、成就安心和情感慰藉，分别对应于老年人的自尊需求、期待需求和亲情需求[1]。本次调查主要了解的内容包括以下三方面：1. 人格尊重方面：通过分析空巢家庭的主观成因（即从老人的角度来看，是自愿形成的空巢家庭还是非自愿形成的空巢家庭），以此来了解空巢老人自主决定个人事务（养老去处）的权利是否得到尊重，及空巢老人再婚自由度和子女对空巢老人再婚问题的态度等。2. 成就安心方面：子女能否很好地成就自己的人生（事业、婚姻和家庭）来满足父母的期待心理，也就是俗话说的“子女是否争气”。3. 情感慰藉方面：子女对父母的探望频率、问候频率；子女与父母之间的亲密程度、关系融洽程度（与距离这一因素相结合进行考虑）；子女的养老态度对老年人精神世界的影响；子女对父母的经济支持、生活照料与精神慰藉之间的关系。

（四）主观幸福感调查

主观幸福感是指个体依据自己设定的标准对其生活质量所做的整体评

---

[1] 穆光宗：《老龄人口的精神赡养问题》，《中国人民大学学报》，2004 年第 4 期。

价，包括生活满意度和情绪体验两个基本成分。前者是个体对生活总体质量的认知评价，在总体上对个人生活做出满意判断的程度；后者指个体生活中的情绪体验，包括积极情绪和消极情绪两方面。主观幸福感是生活质量的重要内容。本调查试图了解湖北省山区农村空巢家庭老人对当前的生存状态的满意度指标。如果满意度不高，那么不满意的地方在哪里？老人还有哪些希望，可以提出要求。

四、研究思路

本项目的研究思路是在家庭生命周期理论、需求层次理论、社会支持理论和人口迁移理论的基础上，综合运用实地调查、个案分析和访谈等多种方法，通过文献法了解调查对象的基本情况，运用结构型访谈法、半结构型访谈法和实地观察法调查本省山区农村空巢家庭成员的养老模式、社会支持、精神需求和养老满意度状况，对访谈所得资料进行分析，了解空巢家庭对晚年生存状况的满意度及养老中存在的问题，最后从社会学、经济学、政治学和心理学等学科的角度提出解决农村空巢老人养老问题的对策和建议。

从研究的目的上看，本研究不仅满足于描述性研究，而且对调查所得的数据进行分析，进而对对象做出科学的解释，因此本研究也是解释性研究。在对现象进行科学解释的基础上，本研究还试图提出解决所存在问题的对策和建议，因此本研究也属于对策性研究的范畴。由此，本研究的思路也可以概括为描述—解释—对策。

五、研究方法

本研究主要是以建构主义的研究范式进行研究。研究者本人与空巢老人之间互为主体的关系，不是要以“研究者”的姿态对“研究对象”进行价值无涉的“客观”研究，而是强调两者之间的互动，强调交往的过程，这个过程既是共同建构现实的过程，也同样是建构研究结果的过程。

具体方法如下：

（一）文献调查法

文献研究是一种通过收集和分析现存的，以文字、数字、符号、图片等信息形式出现的文献资料，从中选取有用的信息，来探讨和分析各种社会行为、社会关系及其他社会现象的研究方式。在前期我们将通过查阅大量文献，对收集的有关山区农村空巢家庭的生存状况的相关资料进行归纳总结、抽象概括。

（二）问卷调查法

本研究采用半结构式问卷，我们以精心设计的问卷，对选取的山区农村空巢老人进行调查，从而得到第一手的调查资料，确保资料的真实性。

（三）访谈法

采用结构型访谈和半结构性访谈相结合的办法。在结构型访谈中，研究者对访谈的走向和步骤起主导作用，按照自己事先设计好的、具有固定结构的统一问卷进行访谈。半结构型访谈法中研究者对访谈的结构具有一定的控制作用，但同时也允许受访者积极参与。在这类访谈中，我们事先备有一个粗线条的访谈提纲，根据自己的研究设计对受访者提出问题。但访谈提纲主要作为一种提示，访谈者在提问的同时鼓励受访者提出自己的问题，并且根据访谈的具体情况对访谈程序和内容进行灵活的调整。

（四）实地观察法

实地观察是指在现实生活场景中所进行的观察，适用于对特定研究对象的深入研究。实地观察可以提供详细的第一手资料，因此，实地观察很适用于对山区农村空巢家庭的研究。在实地调查中，研究者通过与访谈者沟通时观察其反应，以及在取得访谈者许可的情况下对其生活环境进行有目的的观察，可以先用眼睛看，然后再记录在本子上，这样做可以对被访者的身体状况、居住状况、生活状况和精神慰藉状况等方面有直接的了解，获得丰富生动的感性资料，再总结观察结果，作为访谈资料的补充。由于人的感觉器官具有一定的局限性，观察者往往要借助各种现代化的仪器和手段，如照相机、录音机、摄像机等来辅助观察。

六、调查对象的选取

由于人员和经费的限制，本次调查不可能是全省所有山区农村空巢家庭的普查，所以我们只能采用抽样调查的方式确定调查对象。为了使调查更具普遍性和代表性，原本拟从湖北省大别山区、秦巴山区、武陵山区各挑一个村进行调查，但后来由于各种条件的制约，在实际操作中我们主要集中在湖北省大别山区进行调查。我们在大别山区调查了麻城市乘马岗镇肖家山村、蛤蟆岗村两个村和红安县城关镇的易杨家村。最后选定红安县易杨家村作为实地调查的重点，是基于以下几方面的考虑：

（一）典型性考虑

2012 年湖北省黄冈市农村外出劳动力中，年龄在 21 ～ 49 岁的人数有 103.34 万人，占整个外出劳动力比重的 67.6%。这些数据显示外出从业劳动力转移的主要特点是以青壮年为主，到外地就业的人数居多。黄冈市农村外出劳动力中到省外从事第二产业人数占大多数。按外出地点划分：县内乡外人数20.75万人，同去年相比减少0.77%；省内县外人数36.69万人，增长4.62%；省外人数 94.86 万人，增长 4.42%；港澳台人数 0.28 万人，减少 26.32%；境外人数 0.28 万人，增长 27.727%。[1] 因此，黄冈市农村外出务工的农民工数量巨大，空巢家庭现象比较普遍，可作为湖北省山区农村空巢家庭的典型。

（二）代表性考虑

红安县城关镇易杨家村作为大别山区的代表，很大程度上同省内武陵山区、秦巴山区等在家庭模式等方面具有较强的同质性。我们在大别山区还调查了湖北省麻城市乘马岗镇肖家山村、蛤蟆岗村两个村，肖家山村处于乘马岗镇深处，全村人口 1721 人（男性 890 人、女性 831 人；小孩 360 人、老人 230 人；低保户 64 户），下辖 3 个村小组，版图面积 12.3 平方公里，其中可耕种面积 1495.5 亩，全村有三分之一的家庭中的青壮年选择去江苏种植西瓜和去云南昆明种植玫瑰花。蛤蟆岗村毗邻肖家山村，同样隶属于乘马岗镇。该

[1] 湖北省统计局官网 http://www.stats-hb.gov.cn/wzlm/tjbs/fztjbs/94981.htm.

村人口 1518 人(男性 763 人、女性 755 人;15 岁以下青少年 266 人、老人 190 人;低保户 10 户),下辖 5 个村民小组,版图面积 11.9 平方公里,其中可耕种面积 1539 亩。调查发现蛤蟆岗村于 2016 年 12 月与同镇付家榜村合并为兴旺村,此数据为合并前的数据。肖家山村与红安县易杨家村情况相似,蛤蟆岗村由于规模较小,所以我们将这两个村的调查作为参考,重点选取红安县易杨家村作为我们的调查对象进行详细调查。因此,选取红安县易杨家村空巢家庭代表我省广大山区的农村空巢家庭是没有多大问题了,而且全篇报告主要以红安县城关镇易杨家村为标本。按照《湖北农村统计年鉴 2015》的数据,红安县有村民委员会 401 个,村民小组 3834 个,乡村户数 14.05 万户,乡村人口数 53.94 万人;黄冈市有村民委员会 4285 个,村民小组 37321 个,乡村户数 154.13 万户,乡村人口数 584.08 万人;湖北省有村民委员会 25606 个,村民小组 208966 个,乡村户数 1094.98 万户,乡村人口数 4110.29 万人。红安县易杨家村是它们的村级典型代表。

(三)可行性考虑

红安县距离武汉不算太远,开车过去只要一两个小时的车程,而且是课题组中一成员的老家,我们获得了农村实地调查所必不可少的“人和”,从而能够顺利完成调查任务。做过农村社会调查的研究者都深有体会,在乡村调查没有熟人资源和基层干部的配合,要想在短时间内完成任务是非常困难的。

第二章　易杨家村空巢家庭概况

一、红安县易杨家村概况

（一）红安县简介

红安，位于湖北省东北部大别山南麓，南临武汉，北接河南，东邻麻城，西接黄陂、大悟，县城距省会城市武汉 100 公里，车程 1 小时左右。全县版图总面积 1796 平方公里，全县户籍总人口为 64.72 万人。全县耕地总面积 50.05 万亩，是一个典型的山区农业县，也是新一轮全国扶贫开发工作重点县、全国老区建设示范试点县。

行政区划：红安辖 13 个乡镇（场），分别为城关镇（面积 117.94 平方公里）、杏花乡（面积 166.41 平方公里）、七里坪镇（面积 351.33 平方公里），华家河镇（面积 167.25 平方公里）、二程镇（面积 129.25 平方公里）、上新集镇（面积 85.7 平方公里）、高桥镇（面积 150.06 平方公里）、觅儿寺镇（面积 89.64 平方公里）、八里湾镇（面积 100.6 平方公里）、太平桥镇（面积 75.15 平方公里）、永佳河镇（面积 225.81 平方公里）、火连畈茶场（面积 13.79 平方公里）、天台山风景区管理处。村委会 396 个，村民小组 3814 个。

自然地理：红安县位于湖北省东北部，鄂豫两省交界处。地跨东经 114° 23′～114° 49′，北纬 30° 56′～31° 35′之间。东邻麻城，西接黄陂、大悟，南连新洲，北靠河南省新县。县城距湖北省会武汉 100 公里。地势北高南低，海拔高度一般为 200 米。东北部为山区，坡度 15°～40°。南部多丘陵，坡度

5° ～ 20° 。河谷平原少，为半山半丘陵地区。

气候气温：属亚热带气候。年平均气温为 15.7℃，极端最高气温为 41.5℃，极端最低气温为 -14.5℃（1969 年 1 月 31 日）。无霜期平均为 236.4 天。年均总日照为 1998.8 小时，占可照时数 45%。年平降水量为 1116.2 毫米，夏季降雨量占全年总降雨量的一半。年平降雪日为 8.3 天。年平均相对湿度为 77%。主要风向为偏北风，年平均风力 3 级。

农作物：产品以稻谷、小麦、花生为大宗，茶叶、油菜、棉花占有相当比例，红薯、豆类等杂粮以及芝麻、水果、板栗等经济作物亦有种植。红安县是全国有名的“花生之乡”，年花生产量 24000 余吨，是中国地理标志产品。红安红薯种植历史悠久，所产红薯以其品质好而著称湖北，是中国地理标志产品。红安县板栗栽培历史悠久，主要品种有浅刺大板栗、红毛早、青毛早、桂花香等十种。

（二）易杨家村简介

1. 易杨家村概况

易杨家村是红安县城关镇下辖的一个行政村。全村分为 9 个村民小组，总共有 290 户人家，其中扶贫户 10 户、低保户 32 户、五保户 10 户，总人口数 1205 人。版图面积 4.7 平方公里，耕地面积 1546 亩，其中水田 1005 亩，旱地 541 亩。人均耕地面积为 1.25 亩。水田主要种植水稻，旱地主要种植小麦、花生、油菜、红薯等农作物。

表 2–1 易杨家村人口耕地统计表

组别	名称	户数	人数	面积（亩）	四至
一组	何家畈	41	154	209	东至黄魏家村交界，南至梅潮村交界，西至王贵轩村交界，北至二组交界
二组	易杨家垸	31	135	210	东至陈升庙村交界，南至一组交界，西至三组交界，北至四组交界
三组	易杨家垸	28	116	208	东至二组交界，南至一组交界，西至一组交界，北至四组交界
四组	易杨家垸	33	129	200	东至九组交界，南至二组交界，西至三组交界，北至学校交界
五组	朱家岗垸	22	110	145	东至陈升庙交界，南至陈升庙交界，西至陈祖村交界，北至陈祖村交界

续表

组别	名称	户数	人数	面积（亩）	四至
六组	吴家田垸	46	174	200	东至张李家村交界，南至徐家田交界，西至乌石坡交界，北至张李家村交界
七组	徐家田垸	34	145	94	东至朱家岗交界，南至易杨家交界，西至乌石坡交界，北至吴家田垸交界
八组	谢家冲村	21	97	80	东至徐家田交界，南至何家畈交界，西至乌石坡交界，北至吴家田垸交界
九组	易杨家垸	34	145	200	东至朱家岗交界，南至四组交界，西至学校交界，北至徐家田交界
合计		290	1205	1546	

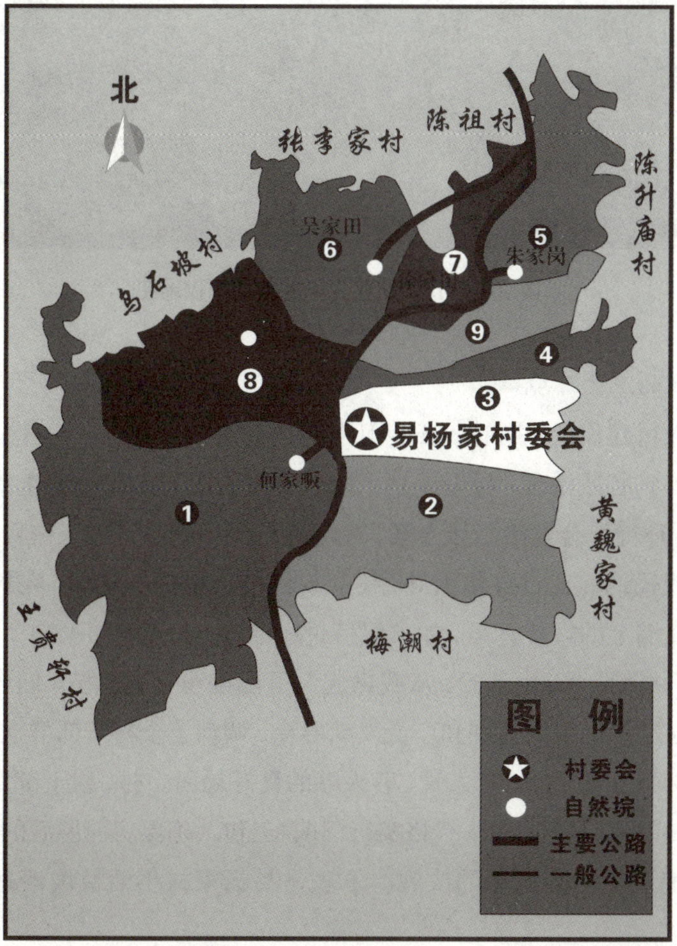

图 2-1　易杨家村示意图

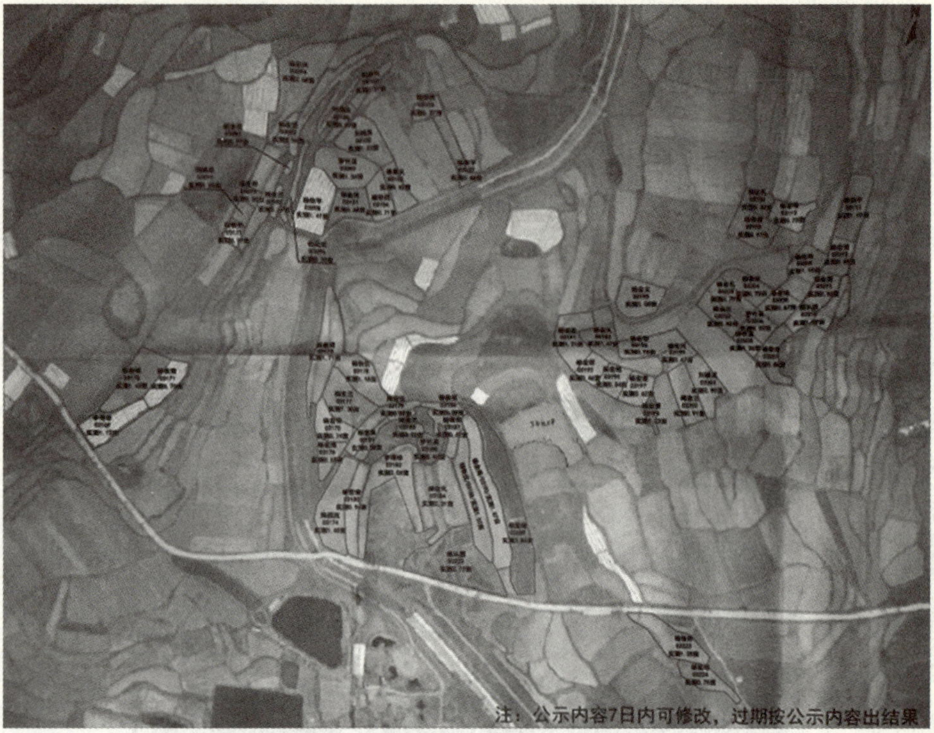

图 2-2 易杨家村三组的土地确权地图

2. 村庄的卫生环境

在新农村建设的过程中，环境卫生的整治是一个重点。为使易杨家村的环境卫生得到有效治理，村里成立了以村支书为组长的环境卫生整治领导小组，制定了环境综合整治工作方案，并与各村民小组签订了工作目标责任书，制定了村规民约。通过宣传引导，树立村民的环境保护意识，在村庄显要位置可见刷在墙上的宣传标语，如“保持村庄洁净，共建美丽家园”“村庄是我家，卫生靠大家”“卫生整治，从我做起”等随处可见，提醒人们环境保护的重要性。通过强化组织管理和广泛发动群众，调动了全村干部群众的积极性，形成了环境卫生常年抓、有人管、有人办的良好局面。村、组干部每周一带头在村内打扫卫生、清理垃圾。严格实行门前“三包”，确保房前屋后的干净整洁，全村的环境卫生得到明显的改观。下表是易杨家村生活垃圾治理包保责任分工。

表 2–2　易杨家村环境卫生整治领导小组

姓名	职务	包保小组
杨恢安	主任	二组、三组
程国民	副主任	一组、六组
谢友明	治保主任	五组、七组、八组
李青香	计生专干	四组、九组

易杨家村环境卫生整治领导小组还对村里的环境整治提出了具体的要求，简单说就是“十二要”，即进出路口要清洁畅通，街道路面要硬化平整，沿街摊点要进店经营，车辆停放要规范有序，公共场所要设果壳箱，农贸市场要划行就市，房前屋后要清沟排淤，公共厕所要干净卫生，各类垃圾要及时清除，粪便污水要进下水道，街头巷尾要清扫保洁，环境卫生要长效管理。以下是我们在村民家中看到的与村委会签订的环境卫生整治责任书。

环境卫生整治责任书

甲方：易杨家村村委会　　　　　　乙方：＿＿＿＿＿＿＿＿

为了加快美丽乡村的建设力度，形成人人爱环境，家家讲卫生的浓厚氛围，让广大村民积极参与到村庄环境整治和管理中来，共同把我村建设成“天更蓝，地更净，水更绿，家更洁”的美丽村庄，现就各家各户房前屋后及公共场所卫生相关责任事项经甲乙双方协商一致，订立如下责任条款：

一、自家房前屋后卫生包保责任

1. 干净卫生：不乱扔乱倒垃圾、污水和渣土，及时清除废弃堆积物，清扫生活垃圾，做到房屋周围无污水、无异味，经常保持房前屋后干净卫生。

2. 摆放整洁：房前屋后不乱摆杂物、农具，不晾晒和堆放有碍整洁的物品，公共场所和主要道路两侧不得堆放沙、砖、石等建筑材料和柴草杂物。

3. 环境优美：菜园菜地用篱笆编织围栏，牲畜家禽实行圈养。鼓励开展房前屋后养花种树活动，绿化、美化庭院居住环境，提高生活质量。

二、各户垃圾分类处理责任

1. 日常生活垃圾统一送小号垃圾池（各家共用），各家各户按责任分工，轮流值日，及时对垃圾池内的生活垃圾清理焚烧。

2. 家具、衣服及有较大气味的废弃物统一送大号垃圾池，由村组组织专人定期进行填埋或焚烧处理。

三、乙方应切实履行上述卫生包保和垃圾处理责任，甲方将不定期检查乙方履行各家各户环境卫生责任的情况，分月实行农户环境卫生评比，定期在环境卫生宣传栏予以公示。

四、乙方不履行本责任书所列的卫生包保和垃圾分类处理责任的，甲方有权责令乙方限期改正，逾期未改正，可对其采取相应的处罚措施。

五、本责任书一式二份，甲乙双方各执一份，自签订之日起生效。

甲方（盖章）：　　　　　　乙方（户主或代表）：

2015 年 12 月 1 日

图 2–4　易杨家村垃圾池

易杨家村的环境整治，从制度设计上，专门成立了领导班子，签订了责任书，还有奖惩公示制度，应该说制度设计是到位的。但问题在于落实不到位，执行力不够。从环境整治的实效来看，总体来说比整治之前有了很大的改善，但还是不尽如人意。如图 2-5、2-6 所示，很多农民的房屋围着水塘的边沿而建，可能是农民建房的风水观念使然。这些房屋的生活污水污物没有经过任何处理直排水塘。水塘的面积不够大不够深，水体自净能力不足，致使水面呈现墨绿色。

3. 村庄的交通环境

村子里的道路，除了一条村村通的水泥路穿村而过之外，再无硬化路面可供行走，造成“雨天一身泥，晴天一身灰”的状况。通村公路等级太低，目测不超过 3.5 米，调查组驾驶的小汽车必须小心翼翼地通过，遇到会车则必须高度注意，否则极易发生刮擦事故。特别是在离开主路（县道）进村的 2 公里路段，由于是在原来机耕路的基础上改建而成的，中途设置的会车点较少，必须提前观察、鸣笛，否则如遇会车，狭路相逢，必须有一车倒车至修路时预设的会车点才能顺利会车通过。

4. 村庄的房屋布局

村庄的房屋布局显得有点凌乱，错落但无致。各种房型都有，有土砖房、红砖房，有平房也有楼房。根据调查组观察，村庄的房屋原本是一排排并立，是有规划的，但是后来很多人家在县城或别的地方盖房或购房，原有的房屋无人居住、看护，逐渐破落直至坍塌，就出现了现在这种情况，因此看起来特别破败。

图 2–5　易杨家村正在施工的房屋

图 2–6　生活污水直排水塘，卫生状况堪忧

图 2-7 只有几只戏水的鸭子略显生机

5. 村庄的安全环境

易杨家村民风淳朴，老百姓心地善良、友好和善、热情好客，全村总体上社会治安良好。村里设有专职的治保干部，对全村的安全负责。治保干部对村情民情十分了解，对重点人群和安全隐患了然于胸。村里在重点地段还安上了技防设备，在村庄的主要出入口安装有摄像头，但摄像头的数量较少，存在很多监控盲区和死角。易杨家村近几年基本上没有出现重大治安事件。有些空巢家庭的老人外出劳动关上大门就走，都不用落锁。

图 2-8 易杨家村治安环境良好，出门不用上锁

二、易杨家村空巢家庭情况列表

调查组在村组干部的协助下走访了易杨家村所有农户，排除非空巢家庭后，以各组为单位制作了以下的空巢家庭基本情况表。需要说明的是：本表中的户主姓名可能与户口簿中的户主姓名存在不一致的情况，原因是大多空巢家庭

的老人年事已高，户口簿中的户主姓名可能登记的是子女的姓名。调查组从研究的需要出发，将户主登记为空巢老人的姓名，主要是为了研究的方便。一般情况下，登记男性老人为户主；如果家中只有女性老人而没有男性老人的情况下则登记女性老人为户主。

一组的名称叫何家畈，位于易杨家村的西南部，全组共有 41 户家庭，总人口 154 人，耕地面积 209 亩。组中大量的青壮年外出打工，形成了 17 户空巢家庭。空巢家庭占全组家庭总数的比例为 41.5%，这个比例是比较高的。

表 2–3　一组空巢家庭概况

户主姓名	性别		年龄段				婚姻状况	
	男	女	55～59 岁	60～69 岁	70～79 岁	80 岁以上	单身	有配偶
张才礼	√			√			√	
杨宏财	√					√	√	
杨宏国	√			√				√
程满珍		√		√			√	
喻安贤	√				√		√	
杨作善	√				√		√	
张才义	√			√			√	
张才保	√				√			√
谢贵中	√				√		√	
黄秀英		√			√		√	
张永乐	√			√				√
马桂莲		√	√				√	
张才信	√		√					√
杨宏明	√		√					√
蒋梅香		√	√				√	
张才智	√		√					√
杨宏春	√		√					√
小计	13	4	6	5	5	1	10	7

二组的名称叫易杨家垸，位于易杨家村的东南部，全组共有 31 户家庭，总人口 135 人，耕地面积 210 亩。组中有 9 户空巢家庭。空巢家庭占全组家庭总数的比例为 29%，将近三成。

表 2–4　二组空巢家庭概况

户主姓名	性别		年龄段				婚姻状况	
	男	女	55～59岁	60～69岁	70～79岁	80岁以上	单身	有配偶
杨恢朝	√			√				√
程全梅		√				√	√	
杨恢美	√				√			√
宋运菊		√			√		√	
林何香		√			√		√	
杨宏全	√			√				√
杨记平	√		√					√
杨宏章	√		√					√
杨恢安	√		√					√
小计	6	3	3	2	3	1	3	6

三组的名称叫易杨家垸，位于易杨家村的中心，是易杨家村村委会所在地，全组共有 28 户家庭，总人口 116 人，耕地面积 208 亩。由于青壮年外出打工，形成了 11 户空巢家庭。空巢家庭占全组家庭总数的比例为 39.3%，这个比例也是比较高的。

表 2–5　三组空巢家庭概况

户主姓名	性别		年龄段				婚姻状况	
	男	女	55～59岁	60～69岁	70～79岁	80岁以上	单身	有配偶
杨作富	√			√				√
刘桃英		√		√			√	
杨宏坤	√			√				√
杨恢宽	√			√				√
杨恢俊	√				√			√
杨恢清	√			√			√	
杨扶优	√			√				√
杨宏礼	√		√					√
杨宏兴	√		√					√
杨宏智	√		√					√
杨宏进	√		√					√
小计	10	1	4	6	1	0	2	9

四组的名称叫易杨家垸，位于三组的北面，地形狭长，全组共有 33 户家庭，

总人口 129 人，耕地面积 200 亩。四组有 11 户空巢家庭。空巢家庭占全组家庭总数的比例为 33.3%，三分之一的家庭为空巢家庭。

表 2-6 四组空巢家庭概况

户主姓名	性别		年龄段				婚姻状况	
	男	女	55～59 岁	60～69 岁	70～79 岁	80 岁以上	单身	有配偶
杨宏胜	√			√				√
陈香玉		√				√	√	
程慈伢		√			√		√	
杨恢国	√				√			√
阚发艮		√			√		√	
杨烧明	√			√			√	
杨宏升	√			√				√
杨作明	√				√			√
杨宏权	√			√				√
杨宏宇	√		√					√
杨作宽	√		√					√
小计	8	3	2	4	4	1	4	7

五组的名称叫朱家岗垸，位于易杨家村的东北面，与陈升庙村接壤，全组共有 22 户家庭，总人口 110 人，耕地面积 145 亩。五组的空巢家庭有 8 户。空巢家庭占全组家庭总数的比例为 36.4%，近四成家庭为空巢家庭。

表 2-7 五组空巢家庭概况

户主姓名	性别		年龄段				婚姻状况	
	男	女	55～59 岁	60～69 岁	70～79 岁	80 岁以上	单身	有配偶
杨秀兰		√			√			√
马兴叶	√			√				√
雷荣香		√		√			√	
马兴进	√			√				√
张少荣		√		√				√
马兴寿	√		√				√	
马兴春	√		√					√
马松林	√		√					√
小计	5	3	3	4	1	0	2	6

六组的名称叫吴家田垅，位于三组的西北面，与乌石坡村和张李家村接壤，全组共有 46 户家庭，总人口 174 人，耕地面积 200 亩。六组有 10 户空巢家庭。空巢家庭占全组家庭总数的比例为 21.8%，相比其他组，这个比例不算高。

表 2-8　六组空巢家庭概况

户主姓名	性别		年龄段				婚姻状况	
	男	女	55 ～ 59 岁	60 ～ 69 岁	70 ～ 79 岁	80 岁以上	单身	有配偶
陈加权	√			√				√
程辉美	√				√		√	
程前玉	√			√				√
程辉凤	√				√			√
程辉同	√			√			√	
程辉合	√			√				√
程全华	√			√			√	
程辉显	√			√			√	
陈艳娥		√			√		√	
程前坤	√			√				√
小计	9	1	0	7	3	0	5	5

七组的名称叫徐家田垅，位于易杨家村的正北面，与陈祖村接壤，全组共有 34 户家庭，总人口 145 人，耕地面积 94 亩，人多地少情况突出。由于大量子女外出打工，七组有 18 户空巢家庭。空巢家庭占全组家庭总数的比例为 53%，过半的家庭成为空巢家庭。

表 2-9　七组空巢家庭概况

户主姓名	性别		年龄段				婚姻状况	
	男	女	55 ～ 59 岁	60 ～ 69 岁	70 ～ 79 岁	80 岁以上	单身	有配偶
李正念	√			√				√
李正江	√			√				√
李成武	√			√				√
李行丰	√				√		√	
李行远	√				√			√
李行仁	√			√				√
李行权	√			√				√

续表

户主姓名	性别		年龄段				婚姻状况	
	男	女	55～59岁	60～69岁	70～79岁	80岁以上	单身	有配偶
李成柏	√				√			√
程华兰		√		√			√	
李正森	√				√			√
李成怀	√				√			√
李正伸	√				√		√	
李行明	√		√					√
张荣		√	√				√	
李乾坤	√		√				√	
李兴权	√		√					√
李先国	√		√					√
李先发	√		√					√
小计	16	2	6	6	6	0	5	13

八组的名称叫谢家冲，位于三组的西面，与乌石坡村接壤，全组共有21户家庭，总人口97人，耕地面积80亩。八组有9户空巢家庭。空巢家庭占全组家庭总数的比例为42.9%，超过四成的家庭为空巢家庭。

表2–10　八组空巢家庭概况

户主姓名	性别		年龄段				婚姻状况	
	男	女	55～59岁	60～69岁	70～79岁	80岁以上	单身	有配偶
谢申乐	√			√			√	
金全香		√				√	√	
喻成谋	√				√			√
谢贵保	√				√		√	
梅实春	√			√				√
廖国华	√					√	√	
喻成财	√			√				√
梅实清	√			√				√
梅宏斗	√					√		√
小计	8	1	0	4	2	3	4	5

九组的名称叫易杨家垸，地形狭长，全组共有34户家庭，总人口145人，耕地面积200亩。九组有10户空巢家庭。空巢家庭占全组家庭总数的比例

为29.4%，近三成的家庭为空巢家庭。

表 2-11 九组空巢家庭概况

户主姓名	性别		年龄段				婚姻状况	
	男	女	55～59岁	60～69岁	70～79岁	80岁以上	单身	有配偶
杨宏创	√				√			√
杨恢元	√				√		√	
廖友祥	√					√	√	
杨宏全	√				√			√
杨宏俭	√			√				√
杨宏得	√			√				√
杨恢早	√					√		√
杨作中	√			√				√
宋子兰		√		√			√	
杨庆文	√		√					√
小计	9	1	1	4	3	2	3	7

表 2-12 易杨家村空巢老人统计（按通常的老年标准60岁以上来统计）

组别	空巢老人数量	性别	
		男	女
一组	14	9	5
二组	9	3	6
三组	12	6	6
四组	14	6	8
五组	9	4	5
六组	15	9	6
七组	21	11	10
八组	14	8	6
九组	15	8	7
总计	123	64	59

空巢老人人数与总人口之比123/1205＝10.2%。

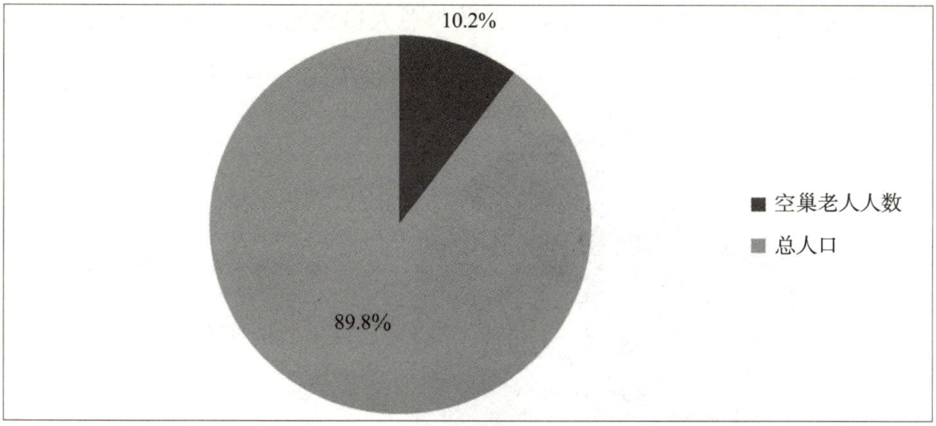

图 2–9　空巢老人人数与总人口之比

从这个分析中可以看出，易杨家村已经进入老年社会，而且老龄化程度较深。按照联合国的传统标准是一个地区 60 岁以上老人达到总人口的 10%，即该地区视为进入老龄化社会。易杨家村光是空巢老人就达到了总人口的 10.2%，如果再加上那些非空巢家庭的老人，导致 60 岁以上老人在总人口中的占比必然会远高于 10% 这个比例，这也从一个侧面反映了我国老龄化社会的现状。如果加上 55 ～ 59 岁年龄段的空巢老人来进行这项统计，则可以发现老龄化程度更深了，老龄人口的比例达到了 13.9%。

表 2–13　加上准空巢老人的统计数据（加上了 55 ～ 59 岁年龄段）

组别	空巢老人数量	性别	
		男	女
一组	24	13	11
二组	15	6	9
三组	20	10	10
四组	18	8	10
五组	14	5	9
六组	15	9	6
七组	31	16	15
八组	14	8	6
九组	17	9	8
总计	168	84	84

空巢老人（加上准空巢老人）人数与总人口之比 168/1205 = 13.9%。

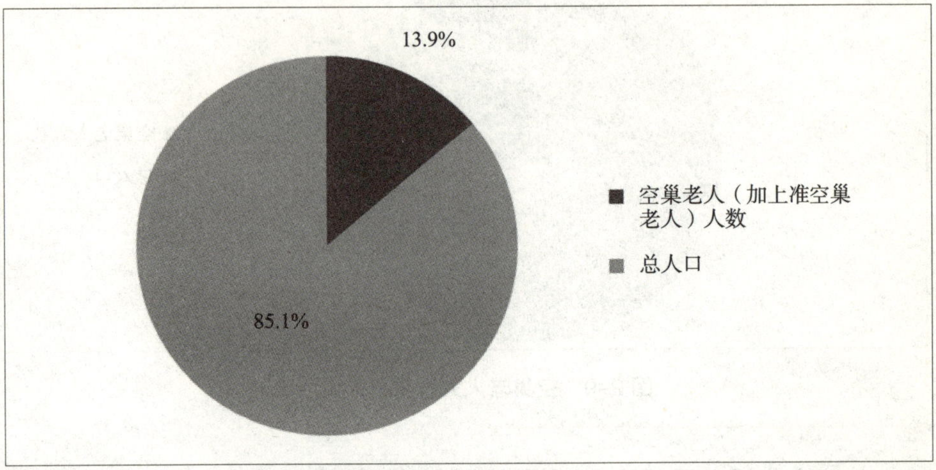

图 2-10　空巢老人（加上准空巢老人）与总人口

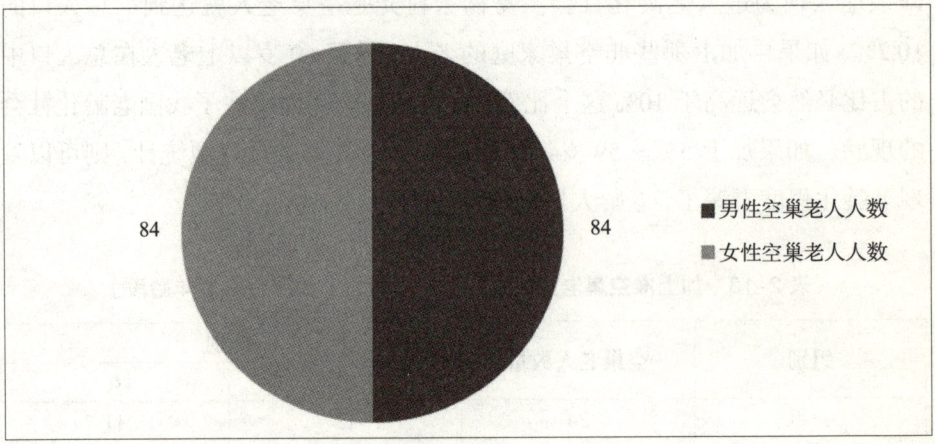

图 2-11　易杨家村空巢老人性别分布

从性别比例来看是比较均衡的。男女性空巢老人各有 84 人，但并不是互为配偶的 84 对老人，其中有 38 人处于单身或丧偶状态，真正互为配偶的是 65 对。

我们再来看易杨家村空巢老人的年龄分布情况。在统计空巢老人年龄分布的时候，默认配偶与空巢老人户主处于同一年龄段，这样的假定基本是符合实际情况的，一般来说正常的婚姻关系中男女双方的年龄差距不会超过 10 岁。

表 2–14　易杨家村空巢老人年龄分布情况

组别	55 ～ 59 岁	60 ～ 69 岁	70 ～ 79 岁	80 岁以上
一组	10	7	6	1
二组	6	4	4	1
三组	8	10	2	0
四组	4	7	6	1
五组	5	7	2	0
六组	0	11	4	0
七组	10	11	10	0
八组	0	7	3	4
九组	2	7	5	3
总计	45	71	42	10

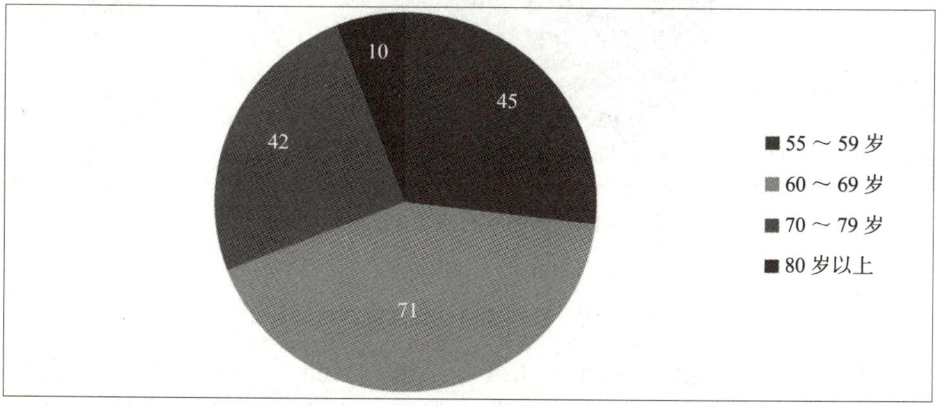

图 2–12　易杨家村空巢老人年龄分布

我们再来看易杨家村空巢老人的婚姻状况。易杨家村共有 65 对也就是 130 个有配偶的空巢老人，另外还有 38 个丧偶或单身状态的空巢老人。

表 2–15　易杨家村空巢老人婚姻状况

组别	单身	有配偶
一组	10	14
二组	3	12
三组	2	18
四组	4	14
五组	2	12

续表

组别	单身	有配偶
六组	5	10
七组	5	26
八组	4	10
九组	3	14
总计	38	130

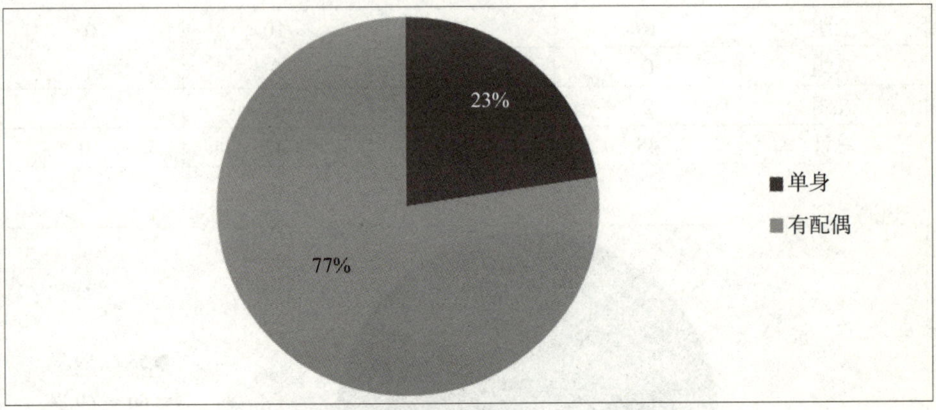

图 2-12 易杨家村空巢老人婚姻状况

表 2-16 易杨家村空巢家庭户数统计

一组	二组	三组	四组	五组	六组	七组	八组	九组	总计
17 户	9 户	11 户	11 户	8 户	10 户	18 户	9 户	10 户	103 户

空巢家庭户数与总户数之比 103/290 = 35.5%。

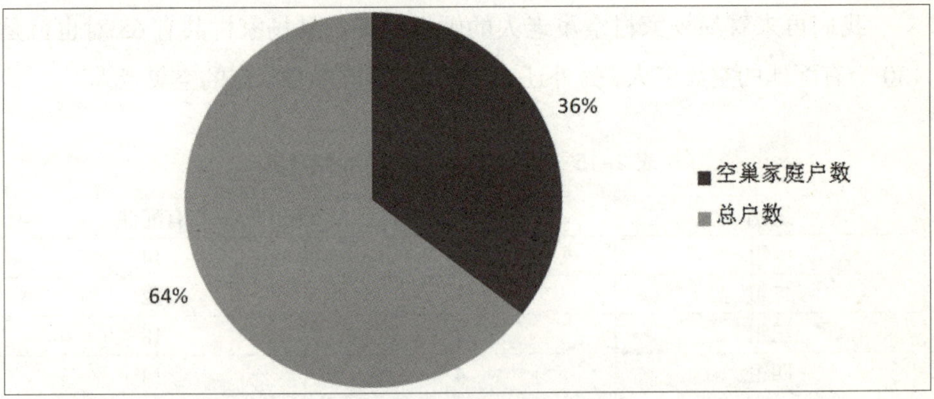

图 2-13 易杨家村空巢家庭户数与总户数之比

调查组对易杨家村空巢家庭的形成原因进行了问卷调查，并对部分重点家庭进行了详细的入户访谈。易杨家村空巢家庭的形成有着多方面的原因，调查数据如下。

表 2–17　易杨家村空巢家庭形成的原因（按户数统计）

原因	户数
自愿，希望过独立生活	21
由于客观原因，如子女在外地打工等	76
子女不愿意赡养	4
其他	2

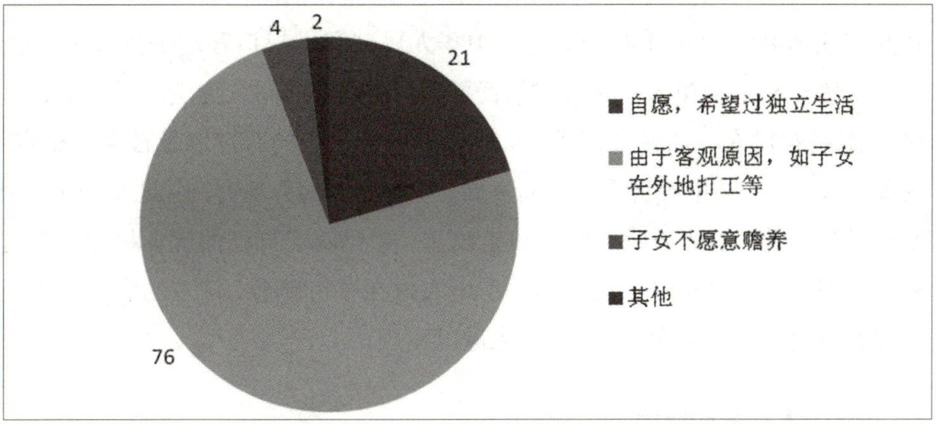

图 2–14　易杨家村空巢家庭成因

从统计数据可以看出，在易杨家村绝大部分的空巢家庭的产生是由客观原因造成的，主要是子女在外地打工。易杨家村外出打工的主要地域是江浙和广东一带的工厂、建筑工地等场所，还有一部分人选择在省城武汉打工或做生意，小部分在红安县城打工。对于这些外出打工的子女来说，他们在打工所在地居住环境不佳，多数没有固定的居所，就住在工地的简易板房中，他们根本无力将父母接到身边居住。还有一部分空巢家庭的形成是自愿选择的结果。他们选择空巢的原因是希望能过上独立的生活。这部分空巢老人从年龄分布上来分析，他们基本上属于空巢老人中的“年轻人”，年龄大概刚刚60 岁出头，身体健康状况良好。还有一种情况是子女在外地上学，家中父母留守而造成的空巢家庭，如七组杨宏礼和杨宏智都是因为儿子在武汉上学而空巢的。个别空巢家庭形成的原因是子女不愿意赡养。比如老人不愿意带孙子孙女，子女也不愿意赡养老人。这种现象在农村虽然不是很多，但确实存在。另外，还有其他原因造成了空巢家庭，比如女儿户。待女儿出嫁后，家庭就自然空巢了。

空巢家庭的形成，除了客观原因以及老人不愿意进城与子女同住等这些微观层面的原因之外，真正对空巢家庭的形成起着决定作用的原因是宏观层面的，即复杂的外部社会原因。

（一）社会经济因素

中华人民共和国成立以后相当长的时间里，我国的社会治理采用城乡二元的管理体制，1958 年我国颁布《中华人民共和国户口管理条例》，将全国人口截然分成了城镇人口和农村居民两类，在城乡之间人为筑起了一道“壁垒”，限制农村人口向城市流动，从而保障城市人口的合理以及社会的稳定。改革开放之后，城市经济得到不断发展，需要更多的劳动力，因此人口管理制度也发生变化，国家鼓励农村人口走出去，寻找属于自己的就业机会。在这种情况下，大量的农村年轻劳动力走出农村在城市就业，较多的农村老人独自在家中生活，最终导致农村空巢家庭的出现。

（二）人口结构原因

我国从 20 世纪 80 年代开始实行严格的计划生育政策，国家提倡晚婚、晚育，少生、优生，而在人口发展过程中，老龄化的现象越来越严重。我国计划生育政策的结果导致每个家庭只能生育一个子女，社会上形成了庞大的独生子女群体和少子女家庭，而当他们长大结婚成家后，就会由男女两人供养双方的四个老人，这在一定程度上加大了年轻人的生活压力，他们也无法完全照料家庭中的老人，因此就不可避免地出现家庭老人单独生活的情况，从而导致空巢家庭的出现。

（三）家庭结构原因

家庭是以婚姻为基础、以血缘为纽带而形成的社会生活的基本单位，在一定程度上家庭是社会的缩影。我国农村传统的家庭结构中，主干家庭是主要的存在形式，其中家庭成员较多，由于生活距离也都较近，有利于互相帮助和扶持。在现代社会中，人们更倾向于组建核心家庭，家庭规模逐渐缩小，一般为三口之家或四口之家，因此与父母逐渐疏远，导致空巢家庭的出现。

（四）个人原因

老人为子女考虑较多，无法适应城市生活等是造成空巢家庭出现的主观原因。当子女要求农村父母与其一起在城市居住时，他们考虑到城市的高物价，以及子女还要抚养小孩的巨大压力，不愿再给子女增加额外的经济负担，而选择独自在农村生活。还有一些老人会担心和子女长期生活在一起，难免会因为某些事情产生摩擦而引起家庭矛盾，因此他们会主动放弃在城市和子女一起生活的机会。还有一些老人过惯了农村的田园生活，不适应都市的喧嚣，老人们在城市生活并不开心，最终只能回到家乡，导致空巢家庭的产生。

对于“是否愿意与后辈一起到城市定居？”这一问题，易杨家村的调查结果比较令人吃惊。103 户空巢家庭中只有 7 户愿意，占比 6.7%。说明易杨家村 93.3% 的空巢老人不愿意跟子女到城市生活。一些进城务工的年轻人，在城市购买了房子，也乐意把父母接到身边一起“享福”。但城市生活是一种与乡土生活完全不同的生活方式，很多农村老人很难适应城市的生活。城市高层的单元套房、相对淡薄的人际关系，使得一部分老人对久居的农村生活充满怀念。也有的农村老人虽然希望与子女居住在一起，但觉得双方在生活方式、价值观念等方面存在差异，为避免共同居住与子女产生冲突而选择返

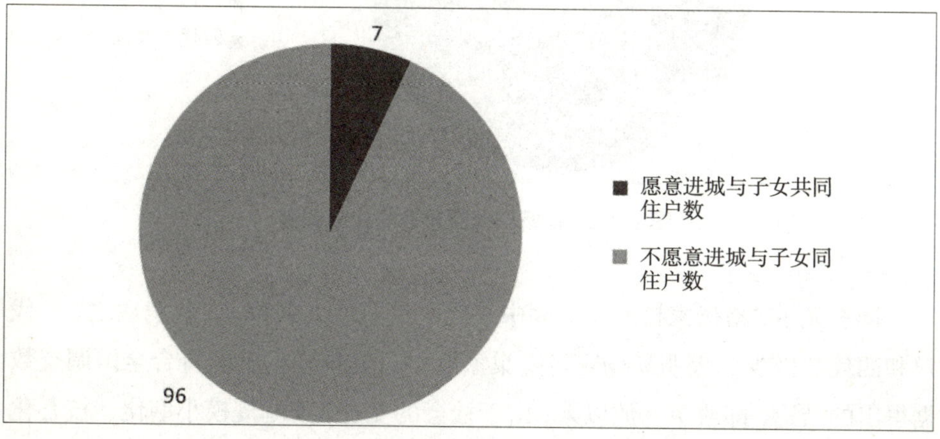

图 2–15　易杨家村空巢家庭进城意愿调查

回农村居住。因此，大多数农村老人更倾向于选择留在农村。

随着时代的变迁，家庭规模缩小，核心家庭居多，四世同堂的大家庭已经很少见到了。那么易杨家村空巢家庭的情况如何，调查组对易杨家村空巢家庭的代数情况进行了调查，结果如下。

表 2-18　易杨家村空巢家庭代数统计

组别	一代户	二代户	三代户	四代户及以上
一组	0	5	9	3
二组	0	3	6	0
三组	0	3	8	0
四组	0	0	11	0
五组	1	2	5	0
六组	1	2	7	0
七组	0	0	17	1
八组	6	1	2	0
九组	0	1	7	2
总计	8	17	72	6

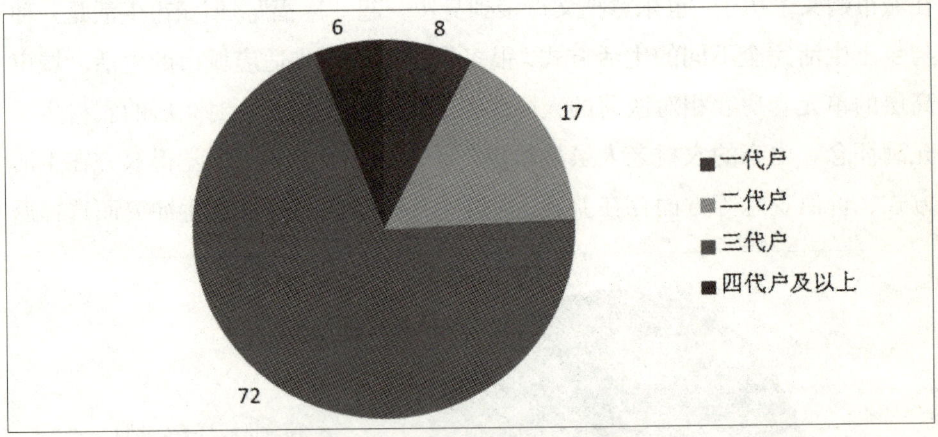

图 2-16　易杨家村空巢家庭代数调查

调查显示，易杨家村空巢家庭中三代户占了绝大多数，二代户次之，一代户和四代户极少。表明易杨家村空巢家庭中家庭规模的状况符合全国调查数据得出的结论，即改革开放以来，由于社会的变迁，家庭规模小型化、核心化趋势明显。

第三章　易杨家村空巢家庭生存状况的调查

2016 年 5 月，调查组对易杨家村空巢家庭的生存状况进行了全面的调查。空巢家庭问题的核心是空巢老人的养老问题，因此我们调查的重点内容就是易杨家村空巢家庭的养老模式。我们的调查主要包括经济供养、日常照料和精神慰藉等方面。另外，与养老模式相关的一些内容也进行了调查，如留守儿童以及打工子女的状况等问题。

一、经济供养

对于空巢家庭生存状况的调查，首先从对空巢家庭老人的经济供养开始。换成老百姓通俗易懂的语言就是“您的主要生活来源是什么？”。因此我们在入户调查的时候，着重调查了空巢老人的主要生活来源的各种途径。调查时向被调查的老人提供了 6 个选项，主要是子女（孙 / 外孙）孝敬、亲戚朋友支持、自己劳动、政府补助、养老保险和其他。被调查老人按照自己的实际情况填写，可以多项选择。调查结果如下表。

表 3–1　易杨家村空巢家庭经济供养情况

组别	子女（孙 / 外孙）孝敬	亲戚朋友支持	自己劳动	政府补助	养老保险	其他
一组	6	0	10	1	0	0
二组	5	0	5	0	4	0
三组	5	0	9	0	4	0

续表

组别	子女（孙 / 外孙）孝敬	亲戚朋友支持	自己劳动	政府补助	养老保险	其他
四组	7	0	6	0	0	0
五组	7	0	6	0	0	0
六组	9	0	8	1	4	0
七组	16	0	12	0	14	0
八组	7	0	4	1	0	1
九组	4	0	8	1	1	0
合计	66	0	68	4	27	1

让我们略感震惊的是，所有的空巢家庭居然没有一家选择“亲戚朋友支持”这个选项，原因可能是空巢家庭的老人一般来说年岁较大，自尊心很强，不会轻易开口向子女之外的人借钱，因为怕借了还不了；一般人因为同样的原因也不愿意借钱给老人。因此在老人的社会支持系统里面就排除了亲戚朋友这个选项。选择“其他”的有一户，指的是八组金全香。她是有 50 年党龄的老党员，当过乡政府妇联主任，现在 80 多岁了，处于一人独居的状态。她有两个儿子都分家离开了，只有小儿子照顾她，大儿子不管。因为是国家正式工作人员，主要生活来源是退休金，生活无忧。

下面分析易杨家村空巢家庭的各种养老模式。

表 3–2 “自己劳动”模式

组别	一组	二组	三组	四组	五组	六组	七组	八组	九组	总计
户数	8	4	5	4	2	0	2	1	4	30

在六个选项中，只选择了将“自己劳动”作为自己主要生活来源的有30户，占易杨家村空巢家庭总数的 29.1%。说明这些家庭的老人基本处于“自我养老”的状态。这些自我养老的家庭又分为几种不同的情况。

一种是主动性自我养老，主要是老人处于 50 ～ 59 岁年龄段的空巢家庭，这一年龄段的空巢家庭在易杨家村共有23家。其中的20家选择了“自己劳动”作为自己的主要生活来源。这一年龄段的老人一般身体情况尚可，劳动能力很强，他们可以通过自己的劳动来养活自己。他们说得最多的就是，趁自己还能动的时候就多劳动，过自食其力的生活，不愿意给子女增加负担。

另一种情况是被动性自我养老。这种被动性自我养老的空巢家庭有 9 户，他们往往会向调查员强调子女未供养的事实。这里面也有几种不同的情况。有的家庭是因为子女跟老人关系不好，家庭矛盾较大，子女不愿意供养老人。如五组的杨秀兰老人，她的家庭是一个重新组合的家庭，继母和子女的关系相处不好，造成老人与儿子的关系紧张，她甚至声称要和儿子断绝母子关系。有的家庭是因为子女自己的经济能力很差而负担很重，无力供养老人，以致家中老人在年老体衰的情况下不得不在田间劳作，获取微薄的收入自我养老。

表 3–3　“子女孝敬”模式

组别	一组	二组	三组	四组	五组	六组	七组	八组	九组	总计
户数	6	1	2	5	1	1	1	3	1	21

单选“子女孝敬”作为自己主要生活来源的有 21 户，占易杨家村空巢家庭总数的 20.3%。这一模式属于子女养老的典型。这些家庭的总体特征是，家庭和睦，代际关系良好。子女一般都受过较好的教育，子女受教育程度一般在高中以上，其中有很多读过大学。他们有一部分在外地拥有正式工作，收入稳定而且较高，有自己的住房。另一部分在外地打工也能获得较高的收入。如一组的一对年轻夫妇，两人在广东打工一年可获得 10 万元左右的收入，供养老人也比较大方，他们会定期给老人寄送生活费，一般每年要给老人 1 万元左右，受访老人认为这些钱供两老养老“绰绰有余”。

在养老模式调查中，空巢家庭中更多的老人对自己主要生活来源的选择不是“自己劳动”或“子女孝敬”这样单一的养老模式，而是出现了多种形式的组合。比如“子女孝敬 + 自己劳动”模式、“子女孝敬 + 自己劳动 + 养老保险”模式、“子女孝敬 + 养老保险”模式、“自己劳动 + 政府补助”模式、“自己劳动 + 养老保险”模式、“子女孝敬 + 政府补助”模式等，其中有两项组合也有三项组合，表明了当今我省山区农村空巢家庭的养老模式呈现出多元化的景象。

表 3–4　“子女孝敬 + 自己劳动”模式

组别	一组	二组	三组	四组	五组	六组	七组	八组	九组	总计
户数	1	0	2	2	5	5	1	3	2	21

选择“子女孝敬 + 自己劳动”模式作为家庭养老模式的共有 21 户，占易杨家村空巢家庭总数的 20.3%。这些家庭的特点是子女的受教育程度一般不够高，在外地主要以打工为主，他们一般从事体力劳动，工资收入有限。给老人的养老金不高，给的时机也不固定，通常是逢年过节给一点。一般一年能给 2000 ～ 3000 元，还有的更少。如七组李行权老人主诉子女每年只给 300 ～ 500 元；八组梅宏斗老人的儿子每年给他 600 元。这一组合模式中如果细分的话，可以分成两种情况，一种是以“子女孝敬”为主，“自己劳动”为辅，这样的空巢家庭有 10 户；另一种是以“自己劳动”为主，“子女孝敬”为辅，这样的空巢家庭有 11 户。对于每一个空巢家庭来说，具体养老模式的选择取决于两个因素，即子女的挣钱能力和空巢老人的身体情况和劳动能力。子女挣钱能力高的一般选择“子女孝敬”为主，“自己劳动”为辅的模式；老人身体状况不错，劳动能力尚存的一般选择“自己劳动”为主，“子女孝敬”为辅的模式。

二组杨老人（有些老人出于某种顾虑，不愿意在文中出现实名，我们就以“姓 + 老人”代替，下同）就是这种养老模式的典型。他已经 70 多岁了，右腿有疾，行动不便，平时需要拄拐帮助行走，住在三间平房里，堂屋有木楼板。老人有两个儿子，平时给得很少，今年春节大年初一大儿子给了 100 元，后来自己觉得给少了又追加了 400 元，小儿子很爽快地一次性给了 800 元。两个儿子过年后都出外打工，大儿子在广东打工，小儿子在本省鄂州市打工。平时大儿子很少回家，只在过年回来一下。小儿子平时回来多一些，每次回来都会带一些吃的用的东西给家里。家里的土地老人自己种，老人说能种到什么时候就到什么时候，直到自己做不动为止。他们干他们的，自己搞自己的，顺其自然。平时基本上没给钱，一年大概可以给几百元到一千元左右。对于父母的赡养问题，两个儿子已有约定，大儿子管父亲，小儿子管母亲。平时小儿子给家里打电话多一些，说些家常，问安。老人在家主要看电视、聊天。老人认为养老最终还是要靠子女。大儿子生了儿子后，一直都是两个老人带大，一直带到上大学，所以这个孙子跟爷爷奶奶比较亲。

表 3-5 “子女孝敬 + 自己劳动 + 养老保险”模式

组别	一组	二组	三组	四组	五组	六组	七组	八组	九组	总计
户数	0	1	0	0	0	3	8	3	0	15

选择“子女孝敬 + 自己劳动 + 养老保险”三元组合模式的家庭有 15 户，占易杨家村空巢家庭总数的 14.6%。这类家庭通常父母或子女的观念比较超前，愿意在年轻时为自己的未来投资。因为交保险的时候是硬付出，直到 60 岁以后才会有回报。很多家庭都是在子女的坚持下购买了养老保险，不过现在的问题是保障的力度太小。在调查过程中普遍反映靠养老保险每月可以得到 70 元人民币的收入。70 元对于当今的物价水平来说，简直就是杯水车薪无济于事。它的好处是多了一种养老的保障。

表 3-6 “子女孝敬 + 养老保险”模式

组别	一组	二组	三组	四组	五组	六组	七组	八组	九组	总计
户数	0	3	0	0	0	1	2	2	0	8

“子女孝敬 + 养老保险”模式的家庭有 8 户，占易杨家村空巢家庭总数的 7.8%。这类家庭与上一类三元组合模式家庭有相似的地方，子女具有较强的保险意识。与上一类不同的地方在于这一模式的空巢家庭一般而言有其自身的特点，要么父母年纪很大，基本丧失劳动能力，处于失能或半失能状态；要么子女能力很强，特别是经济能力很好；要么以上两种因素同时具备。这样的家庭一般来说幸福感是比较高的。

表 3-7 “自己劳动 + 政府补助”模式

组别	一组	二组	三组	四组	五组	六组	七组	八组	九组	总计
户数	0	0	0	1	0	1	0	0	0	2

表 3-8 “自己劳动 + 养老保险”模式

组别	一组	二组	三组	四组	五组	六组	七组	八组	九组	总计
户数	0	0	1	0	0	1	0	0	1	3

表 3–9 “子女孝敬 + 政府补助”模式

组别	一组	二组	三组	四组	五组	六组	七组	八组	九组	总计
户数	1	0	0	0	0	0	0	1	0	2

以上三种模式各有 2 户，各占易杨家村空巢家庭总数的 1.9%，属于小众家庭。其中“自己劳动 + 养老保险”模式只有 2 户，为什么这么少？其实也容易理解。那就是以自己劳动作为收入主要来源的老人，一般收入较低。因为农产品价格偏低，从事农业生产扣除种子、化肥、农药等必需的成本以外，所剩无几。老人的观念意识也较落后，就更不愿意、不舍得去买保险了，所以这一模式的空巢家庭只有 2 户。在“自己劳动 + 政府补助”模式和“子女孝敬 + 政府补助”模式中，各出现 2 户这样的空巢家庭，就更好理解了。因为能够享受政府补助是有门槛的，比如说当过干部有退休收入，或者是遇到重大天灾人祸才会有额外的政府补助。总之以上三类在本次调查中不具有典型意义。

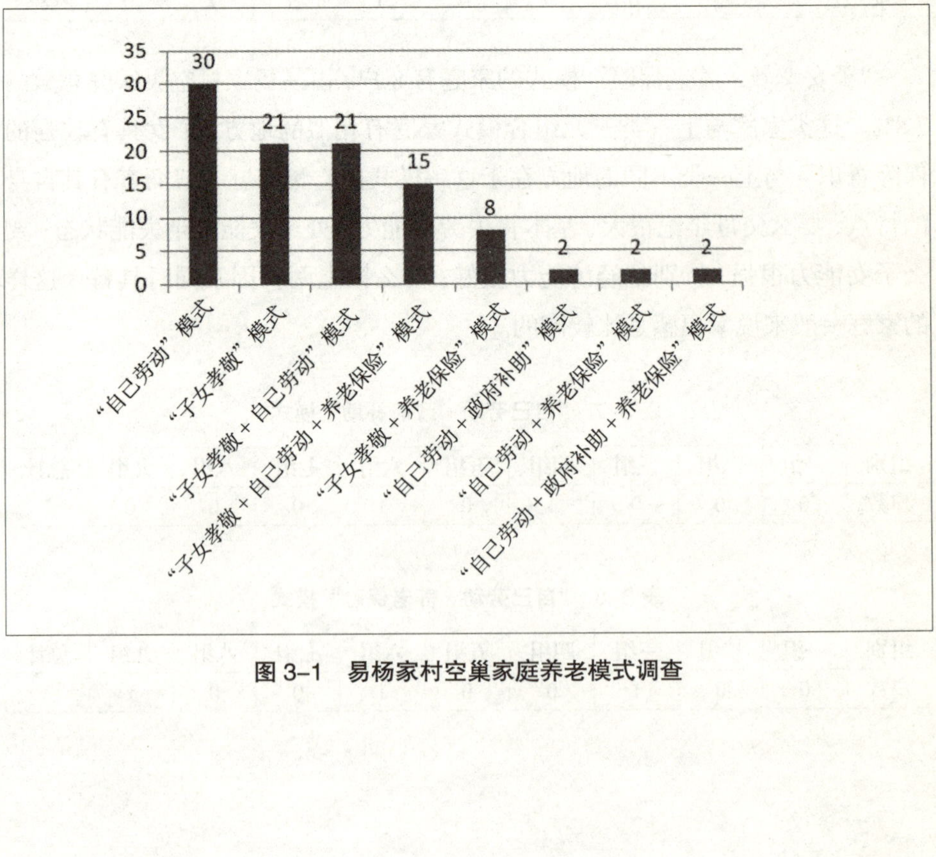

图 3–1 易杨家村空巢家庭养老模式调查

二、日常照料

日常照料是养老模式中一项重要内容。老人一般年纪较大，反应和行动迟缓，有的还患有疾病。健康老人生活可以自理，不需要额外的照料。在城里经常可以看到住家保姆推着失能老人在社区公园漫步的情形，他们能受到高质量的照料，但在农村这种情况很难见到。在易杨家村的空巢家庭中，老人们的日常照料主要依靠自己和配偶，子女基本缺位。

表 3-10 易杨家村空巢家庭日常照料情况（单位：人）

组别	主要靠子女	主要靠配偶	主要靠自己	其他
一组	1	1	15	0
二组	0	1	8	0
三组	0	1	10	0
四组	0	1	10	0
五组	0	2	7	0
六组	0	2	8	0
七组	0	8	9	0
八组	0	1	8	0
九组	0	0	10	0
合计	1	17	85	0

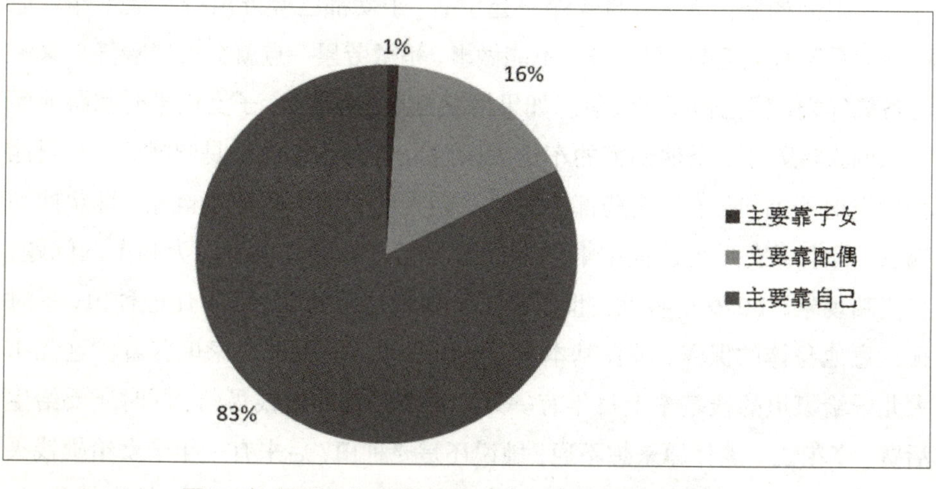

图 3-2 易杨家村空巢家庭老人日常照料调查人数占比

从统计图表可以看出，在空巢老人的日常照料中，易杨家村的空巢老人以自理和老伴互助为主，子女都不见了踪影。唯一依靠子女照料的何清菊老人自身患有严重的糖尿病，2015年住了三次医院，花了四万元钱，每天需要注射两次胰岛素来维持身体正常的血糖，每年的药费都要上万元，劳动能力基本丧失，只能在家做一些家务活。老伴原本很健康，在武汉打工能获得一定的经济收入，但他在工作中摔断了腿，现在行动有点不便，但还是强撑着在外打工补贴家用。老伴不能回来照顾何清菊老人，因为如果他回来了，胰岛素的药费就没有着落了。这种情况下，已经出嫁到城南的女儿带着自己的孩子回来了，承担了日常照料的重任。女儿原本在城南是一名幼儿老师，回来后在这边也找了一个幼儿园任教，任教之余全身心地照顾自己的母亲。

日常照料中子女的缺位有时会造成很严重的情况。三组的杨恢清老人，70多岁了，有一个女儿和一个儿子，早年丧偶，独自将一双儿女拉扯大。女儿小学没毕业，打工期间认识了县南的一个小伙子成了家，嫁到离家60公里的县南。唯一的儿子大学毕业后在云南昆明的一所中学任教，是有编制的正式工作，已经在当地买房成家。儿子多次提出接老人去昆明共同生活，但杨恢清老人不愿意离开家乡。2015年冬天的一个深夜，老人突发疾病，上吐下泻人事不省，是老人的几个堂侄儿将他连夜送到县城医院，经紧急手术才保得一命。儿子第二天紧急从云南带着钱回来，只在医院照顾了三天就回云南了，因为他是高三毕业班的教师，不能离开太久。

三组的杨恢俊老人，与老伴一起生活，子女都已经外出打工或工作。他的呼吸系统有老毛病，肺损伤，不能做事，稍微劳累一点就会大口喘气。家里常备氧气袋，感觉胸闷就吸氧。如果情况更差，太难受，子女们平时都跟前面一家的人说好了，用他们家的车送去医院。老人几年前只是咳嗽，子女叫他去检查他不去，吃了好多药都不见效。老人的生活方式也不健康，喜欢抽烟喝酒，后来子女强行让他把烟酒都戒了。老人的父亲也是因为肺上的问题，有气喘现象，60岁左右就去世了。子女发现这个问题后，不让他种田，平时很注意他身体的保养，现在基本上不让他劳动了，就是在家里养着。这几年大儿子给家里的钱基本上每年有一万。每个月都要给钱买药，同时还要给生活费、零花钱。老伴原来想不通，她说还是要种田，后来有一年子女给她钱买口粮后，她发现买口粮花不了多少钱，所以她后来就不种田了。她也想开了，如果再买油怕加重子女的负担，就种了一点花生打油。花生是在旱地里种，不像在水田中种水稻那么劳累。

从以上的实例中可以看出，对于空巢家庭的老人来讲，日常照料多么重要。但有些老人如果身体健康状况还好的话，也是可以自我照顾的。是否需要子女提供日常照料，完全取决于空巢家庭老人的身体状况。以下是我们对易杨家村空巢家庭成员身体健康状况的调查。

表 3–11　易杨家村空巢家庭成员身体健康状况（单位：人）

组别	无病	小病	一般病痛	大病
一组	3	8	6	0
二组	3	3	2	1
三组	4	4	3	0
四组	2	4	5	0
五组	4	1	2	2
六组	4	2	4	0
七组	6	4	3	4
八组	5	1	3	0
九组	0	5	3	2
合计	31	32	31	9

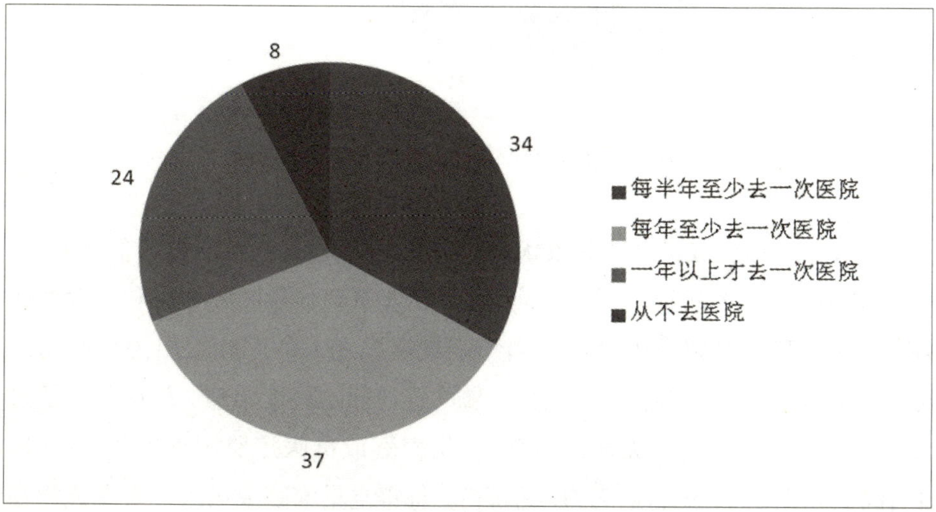

图 3–3　易杨家村空巢老人上医院频率调查

易杨家村空巢家庭成员去医院看病的频率根据自身健康状况的不同而有所不同。少数空巢家庭老人健康状况良好，近两年根本没有去过医院，这样的有 8 户。一年以上去一次医院的有 24 户。每年至少去一次医院的有 37 户。每半年至少去一次医院的有 34 户。需要说明的，有的老人根本不去医院并不是说他根本就不会生病，而是有些头疼脑热的小病，因为家里备有一些常用药，这些小毛病可以自己吃药治好；也有一些是按照流传下来的老土方治好的；还有一些是感冒了不治疗靠自己的免疫力自愈的。农村老人一般都是小病拖、大病扛，真正去医院一般是比较严重的病痛了。调查中我们还发现，去医院的频率跟家庭的经济状况一般呈现正相关，这反映了很多农村家庭因病返贫的客观现实。

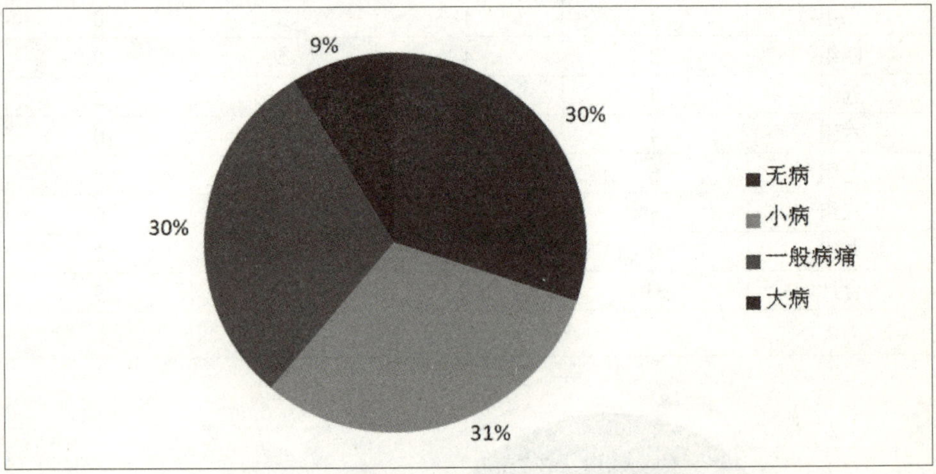

图 3–4 易杨家村空巢老人身体健康状况调查

对于空巢家庭成员身体健康状况的调查，我们设计的选项有四个，即“无病”“小病”“一般病痛”和“大病”。一般人不太容易区分小病和一般性病痛的区别，我们在调查中是按照当年空巢家庭老人的医疗支出为标准来区分的。具体来说，每年感冒一两次，拿点感冒药吃就能治愈，总花费不超过 50 元的，我们定义为“无病”。每年空巢家庭成员医疗费用支出在 50 元以上 1000 元以内的，我们定义为“小病”。每年空巢家庭成员医疗费用支出在 1000 元以上 5000 元以内的，我们定义为“一般病痛”。每年医疗费用支出超过 5000 元的即为“大病”。5000 元在易杨家村基本上相当于一个空巢家庭的全年纯收入了，一年的医疗支出超过 5000 元，意味着家里很难负担了，刚刚温饱的家庭就会返贫。

从调查情况来看，易杨家村的老人身体状况还是不错的。超过六成的老人处于无病和小病状态，疾病对于他们不会造成很大的困扰。超过三成的一般病痛则意味着要经常上医院，而且花费不菲。这部分老人的病种主要属于慢性病，调查中发现老人患得比较多的疾病是高血压、糖尿病、冠心病、风湿性关节炎和腰椎间盘突出等。占比 9% 的空巢家庭老人身患重病，意味着不仅经常上医院，而且花费更多，足以使刚脱贫的家庭因病返贫。这 9% 的老人是需要有专人进行日常照料的，最好是子女随时都在身边。但是实际的情况却是，照料这些大病老人的任务通常是同样也是空巢老人的配偶来承担。这种情况是一种不合理的存在。我们来看调查中获得的实例。

七组李先发老人有一个女儿和一个儿子，儿子参军当了 12 年兵，现在转业了在重庆工作，并且在当地买房成家了。他平时工作很忙，当兵 12 年只回来过一次。转业后在重庆公交系统工作，逢年过节的时候也是他们最忙的时候，这些年的春节基本上没有回来。去年年底生了一对双胞胎女儿，经济压力很大。2015 年年底李先发突发脑梗，在武汉做了手术，花了一万多元钱，现在每个月都要吃药维持，每天吃五种药，其中包括三种进口药，每个月医药费至少要两千元，对于农民家庭这个费用是很高的。现在他没有劳动能力了，有时候没办法就跟女儿要一点，女儿也不给钱而是直接给他买药。因为女儿家的情况也不是很好，能做到这样也不错了。按照农村的风俗，嫁出去的姑娘泼出去的水，很多事情应该是儿子来担当的。但他儿子工资不高，现在又有两个小孩，经济压力大，基本上没有给老人什么钱。

七组李成怀有两个儿子一个女儿，两个儿子在外面打工，大儿子在武汉搞地质钻探，别人能赚钱他却赚不到钱，因为吃不了苦，又喜欢玩。小儿子在深圳那边一个人工作养一家，有两个小孩，也指望不上，小儿子会给老人钱，但也不会很多，毕竟他自己也是一个人养三个人。老伴七年前中风导致右半身偏瘫，生活不能自理。一方面老伴需要他照顾，老伴还经常需要到医院做检查，吃些药；另一方面因为要照顾老伴，他自己就没有时间出去劳动。因此家里很困难。

三、精神赡养

对于老人来说，除了经济供养和日常照料之外，还要一个重要的方面常常被人忽视，那就是精神赡养。一般指在家庭生活中，赡养人理解、尊重、关心、体贴老年人的精神生活，在精神上给予其慰藉，满足其精神生活的需要，使其愉悦、开心。2013 年修订的《中华人民共和国老年人权益保障法》第十四条明确规定："赡养人应当履行对老年人经济上供养、生活上照料和精神上慰藉的义务，照顾老年人的特殊需要。"这里重点指出了子女对老人精神慰藉的义务。因此，对老年人的精神赡养不仅是对公民的道德要求，更是一种法律义务。根据中国国情，我国老年人精神赡养主要包含三个方面的内容，即人格尊重、成就安心和情感慰藉。调查组在易杨家村也对这三个方面的内容展开了调查。

第一个方面，关于人格尊重，我们调查了易杨家村空巢老人在形成空巢家庭的过程中其主观意愿是否得到尊重，即从老人的角度来看，是自愿形成的空巢家庭还是非自愿形成的空巢家庭，以此来了解空巢老人自主决定个人事务的权利是否得到尊重。对于老人来说，最大的个人事务就是养老问题，即在哪儿养老、如何养老、由谁养老等问题。

在第二章的易杨家村空巢家庭概况中，我们已经分析过空巢家庭形成的原因。在易杨家村的空巢家庭中，有 21 户空巢家庭是老人自愿选择的，原因是子女养大成家之后，老人希望过独立的生活。这些主动选择空巢的老人一般年龄不是很大，算是年轻的老年人。他们选择独立生活一方面是追求个人自由自在生活的自主选择，但另一方面也有老人为子女减轻负担的考虑。如九组杨宏德老人在跟两个儿子分家时说的，"你们现在可以各显神通、大展宏图了，我们两老现在身体还好，没什么大病，农活还干得动，不用你们管。等我们老了干不动了，管与不管，就凭你们的良心了"。

在易杨家村的空巢家庭中还有 76 户是因为外在原因被迫形成的，主要是因为子女外出打工而导致。在这部分家庭中老人主观意愿上是不愿意空巢的，但"形势逼人"。青壮年子女在家里守着几亩农田一年辛苦到头也只有不到 1 万元的收入，而家庭的开销又很大，在农村最大的负担是人情债，每年的人情开支一般需要几千元。邻村、邻家的孩子纷纷外出务工，每年春节带着大把钞票衣锦还乡对每一个居留在家的子女都是巨大的诱惑。而且未婚子女特别是儿子待在家里还会被认为没有出息，将来可能娶媳妇都困难。因此大量子女外出务工而形成了空巢家庭，这是空巢家庭形成的主要原因。从老人的主观意愿上来分析，他们的真实心态应是“虽不情愿，但能理解”。如果要定量描述的话，应该是“三分不情愿，七分能理解”。

关于人格尊重的调查还有另外一个重要的指标，即子女对空巢老人再婚的态度。俗话说“少年夫妻老来伴”，对于丧偶的空巢老人来说，再婚是一个不错的选择，因为又可以组成一个完整的家。有了老伴，日常生活中可以相互帮助相互支持，心里有话也有可诉说的对象。老伴是最好的倾听者，也能够给予诉说者最大的心灵安慰。但是我们经常听说某某子女坚决反对丧偶的父亲或者母亲再婚，他们在意的是父母的遗产会不会被别人分走，或者减少留给子女的配额。调查组原先以为在易杨家村一定也会有很多这样的情况，但是调查的结果有点出乎我们的意料。

易杨家村丧偶的空巢老人中选择再婚的几乎为零。我们只遇到一户重组家庭即五组的杨秀兰老人家。老人现在已经73岁了，老伴当过兵，参加过抗美援朝战争。杨秀兰是其老伴的第二任夫人，因此他们家是一个重新组合的家庭。家里的儿子是老伴和第一任夫人生的，杨秀兰是儿子的继母。这样的家庭继母与儿子的关系非常重要，如果处理不好，对家庭的伤害是比较大的。杨秀兰家就是这样，由于母子关系长期不和，儿子、儿媳成家后很早就离家外出打工，孙子也不让奶奶带，而是自己带到打工的地方。同时儿子、儿媳对于老人的赡养也基本上不管不顾。杨秀兰甚至表示已经与儿子断绝母子关系。老人的生活来源主要靠自己种地解决。前几年身体硬朗，劳动能力还行，自己养活自己没有多大问题，但现在身体大不如前，患上了冠心病，要经常吃药，经济上日渐拮据。平时的日常照料主要靠配偶之间互相照料。这仅有的一户再婚家庭情况就如此糟糕。由于不好的示例在前，其他的丧偶老人基本上都不会动再婚这个念想。

调查组遇到过一位杨老人，丧偶多年，在邻村遇到了一个情投意合的同样也是丧偶的老人，他们在很多问题上都有着相同或相似的看法，总之一句话，谈得来。但顾及双方子女的态度，这个问题根本就没有提出来就不了了之。

调查组在访谈中曾经抛出一个假设性问题，询问丧偶的空巢老人，如果经济条件许可，子女又不反对的话，您是否考虑再婚的问题？老人想了想最后说："还是算了吧。已经这么大年纪了，不再考虑这个问题了。我们这个地方小，很难遇到合适的人。如果45岁以前丧偶，考虑这个问题还比较积极，主要是考虑抚养孩子的问题。45岁以后，一般孩子也大了，谁还考虑这个问题呢？"这一现象可以从马斯洛的需求层次理论加以说明。山区农村空巢家庭中老人的需求层次比较低，仅仅停留在满足生存的基本需求之上。城里的老人由于有国家养老体系的支持，生存问题早已解决，因此就产生了更高层次的需求——爱与归宿的需要，所以城里老人再婚的比例要远高于农村的老人。

第二个方面，关于成就安心。成就安心指的是子女能否很好地成就自己的人生（事业、婚姻和家庭）来满足父母的期待心理，也就是俗话说的"子女是否争气"。子女争气的老人心情舒畅、延年益寿；子女不争气的老人整天唉声叹气、愁眉不展，生活质量明显低于子女争气的老人。在农村，子女争气表现在很多方面，比如考上大学、研究生、博士；在城里就业、买房、成家；打工挣了很多钱，等等。农村老人虚荣心多少还是有一些的，闲聊的时候一般喜欢聊这些东西，并且暗地里各家之间在进行较劲。适当的比较是一种良性竞争，良性竞争会营造出积极向上的氛围，也是一种正能量。子女不争气的表现也有很多，比如在家里不听话，家庭不和睦；在外面好勇斗狠，与他人冲突；还有一些染上不良的习气比如赌博，甚至一些人因为违法犯罪而被公安机关查处等，这些事情的发生会让家里的老人脸面无光，觉得低人一等，有的会成

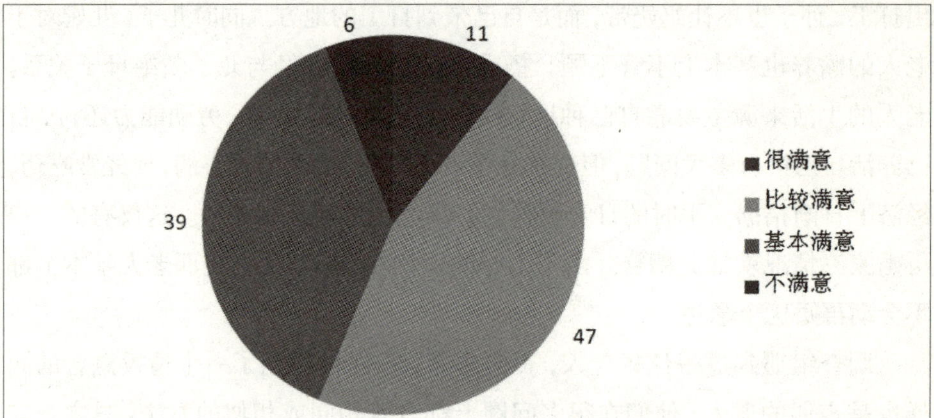

图 3–5 易杨家村空巢老人对子女满意度调查

为老人一生的心病，直至郁郁而终。在 103 户空巢家庭中，对子女成就很满意的有 14 户，比较满意的有 47 户，基本满意的有 39 户，不满意的有 3 户。

11 户对子女成就很满意的家庭基本上是有子女在外正式工作、买房定居并成家立业的，就是通常所说的跳出了农门的家庭。如三组杨恢俊的大儿子在武汉当大学老师，已定居武汉成家了。杨恢清的儿子大学毕业在云南昆明当高中教师。八组廖国华的儿子在红安县一中当教师，儿媳在县医院当主治医生等。有少数虽然没有跳出农门，仍然保留农民身份，但多年在外打拼，早已不是普通的打工者了。比如三组那户三层别墅高墙大院的家庭，他们家两个儿子都在外面从事钻机的工作，自己拥有五台钻机，是标准的小老板，每年的收入十分可观。这些家庭的子女有个共同的特点，不仅自己成就较高，跻身成功人士队伍，而且他们都很尊敬老人，每月给的生活费供养老人绰绰有余，对老人的养老都做了妥善的安排，成为老人的骄傲。

多数家庭对子女的成就表示基本满意和比较满意，这样的空巢家庭共有 86 户。这些家庭的子女在外打工，虽然没有很突出的表现，但相比那些还在农村的伙伴要好很多。他们老老实实做人，踏踏实实做事，从不让家中的老人操心担忧。

正所谓幸福的家庭都是一样的，不幸的家庭则各有各的不幸。比如七组李老人的大儿子，在武汉市打工，主要任务是看钻机。村子里一起出去做着同样工作的小伙伴都能赚到钱，而他却总是入不敷出。原因有两个：一是性情懒惰，好逸恶劳，不愿意吃苦受累，通常别人都上工了，他还赖在床上不肯起床；另一个原因是染上了赌博的恶习，至今已欠赌债 40 余万元，经常有人上门讨债，老人逢人便会哀叹自己命不好。

六组的程老人也为自己的小儿子操碎了心，他的小儿子现在正在监狱服刑。主要的案情是这样的：程老人的小儿子在广东打工的时候，谈了一个女朋友，双方感情发展迅速。两人很快就结婚了，不久之后有了孩子。但程老人的小儿子很快发现，这个孩子并不是自己的亲生骨肉。他坚决要求离婚并讨还彩礼。结果婚离了，彩礼退回了一部分。程老人的儿子觉得自己吃了大亏，又到女方家里闹，被前妻的两个哥哥打晕在地。他醒来后冲进厨房拿出菜刀将自己前妻的母亲砍伤，导致严重后果。程老人的小儿子因故意杀人罪被判处有期徒刑 12 年。

三组何清菊老人对子女的担心则是另一番情形，主要是为儿子的婚事操心。她有两个女儿和一个儿子。两个女儿身体健康都已经出嫁，唯一的儿子则还是单身状态。儿子小时候生病发烧，在村卫生室打了几天针，烧退了，但听力受到了不可逆转的损伤，现在没有助听器基本无法与人交流。儿子早已到了谈婚论嫁的年龄，但到现在连个女朋友都没有，全家人为了这事都感到无奈，而且内心深处透露出隐隐的自卑。

还有一种情况出现在多子女家庭。父母在分配家庭资源的时候不容易做到一碗水端平，因为家庭资源本来是有限的。父母在配置这些资源的时候会考虑各个子女的具体情况，比如对弱一些的子女有所倾斜，有时会引起其他子女的不满，有时儿子还好但引起了儿媳的不满，导致兄弟失和，恶语相向，甚至以不养老为威胁。这样的情形会给老人造成很大的精神负担和思想包袱。

第三个方面，情感慰藉。老人含辛茹苦把子女拉扯大，子女成家立业后离开父母外出打工，老人在家独守空门。这是一幅凄凉的画面，也是当代农村特别是山区农村的真实写照。空巢里的老人除了需要物质上的帮助和扶持，情感慰藉也同样不可或缺，因为人是有感情的动物，是感性与理性的综合统一体。对于空巢家庭的老人来说，他们的情感需求比一般的老人还要强烈。往往子女的一个问候电话，或者一次回家探望都会让老人高兴好一阵子。《常回家看看》这首歌之所以引起巨大的反响，就在于它唱出了无数父母的心声，特别能引起空巢老人的共鸣。现在常回家看看也写进了《老年人权益保障法》，成了子女的法定义务。调查组在易杨家村对空巢家庭的调查中也加入了情感慰藉的内容，主要了解空巢家庭子女对父母的探望频率、问候频率；子女与父母之间的亲密程度、关系融洽程度（与距离这一因素相结合进行考虑）。

对于问题“您的子女在外，逢年过节是否打电话回家？”，基本上所有的空巢家庭都选择了“是”。对于“您的子女在外，您过生日是否打电话回家？”，100%的空巢家庭选择了“是”。这说明打工在外的游子，心中没有放弃对家中亲人的牵挂。年节是公众节日，父母的生日是家庭的节日，在这些特殊的日子里，致电自己的父母，就是一种最好的情感慰藉。除了重要节日之外，平时打电话回家的频率也是我们调查的重要内容。对于问题“您的子女在外，平时大概多久打电话回家一次”，我们问卷设计的几个答案是一周、一个月、一个季度、半年、一年及以上和从不打这样的六个答案。实地调研后我们发现这个题目的设计有瑕疵。因为几乎所有的空巢家庭选择的不是“一周”就是“一个月”，对于后四个答案几乎没有人选，而在实际调研中发现，很多子女给父母打电话的频率高于每周一次。这是我们设计问卷的时候没有考虑周全的地方，后来我们在处理数据的时候进行了改进。

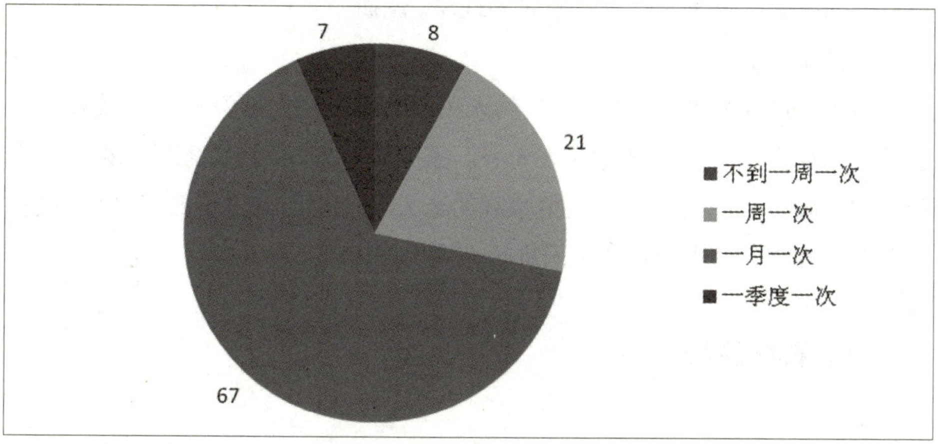

图 3–6　易杨家村空巢家庭子女给父母打电话频率

我们发现，家中有留守儿童的空巢家庭，子女与父母的电话联系频率明显高于其他家庭。留守儿童在家上学的，一般是一周一次的频率。留守儿童更小，没有达到上学年龄，在家由老人看护的家庭，通话频率更高，很多达到一天一次甚至一天数次。

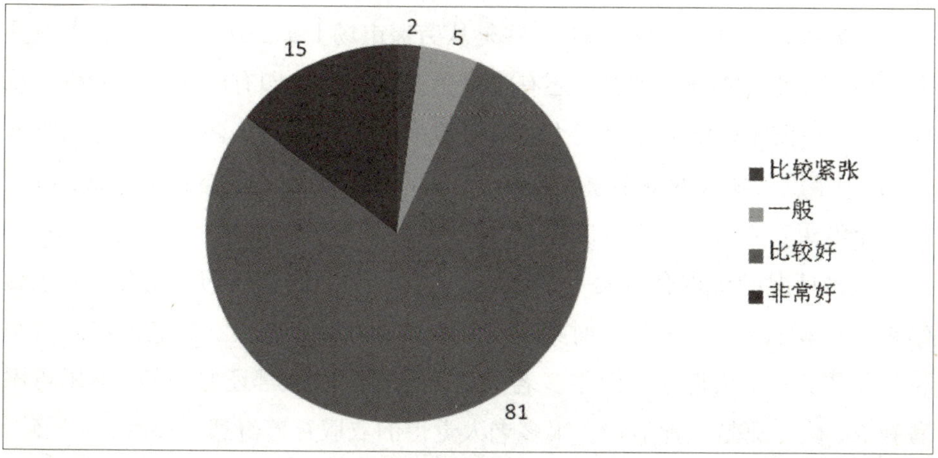

图 3–7　易杨家村空巢家庭人际关系调查

家人之间融洽的人际关系也是情感慰藉的重要内容。家庭成员之间关系融洽是和谐家庭的基本要求。调查组对此也进行了调查，我们为人际关系的融洽程度设置了五个不同的选项：非常紧张、比较紧张、一般、比较好、非常好。调查结果显示，易杨家村空巢家庭的人际关系总体而言是比较和谐的，只有个别家庭出现了人际关系紧张的现象。调研中发现这种紧张关系的出现，原因主要在子女方面。

易杨家村地处大别山区，这里的人民心地善良、民风淳朴，尊老爱幼的家庭美德和社会主义道德观念深入人心。家庭是社会的细胞，家庭和谐是社会和谐的基础。家庭的和睦对空巢家庭的老人来说是一支重要的安慰剂，能让他们面对日常生活中的孤独和困难时充满勇气。

四、衣食住行

1. 衣

改革开放以后，农村青壮年外出打工可以获得比在家种田高得多的收入，使得农村的生活水平确实比以前有了很大的提高。易杨家村空巢家庭老人穿的衣服干净整洁，但样式比较陈旧。基本上没有看到穿着补丁衣服的老人，更没有穿着草鞋的老人。有留守儿童的家庭，小孩的穿着也很好，除了卫生保暖之外，样式也很新颖，跟城里的孩子有差别但差别不大。老人穿的鞋子上一般有些泥土，这主要是下地劳动造成的。衣服的来源主要是子女买的新衣、子女淘汰掉的旧衣服，还有一些是从劳保市场上买的迷彩服，也有少数是儿子或孙子上学时的军训服，还有少量是商家赠送的印有广告语的大褂。总体来说，易杨家村空巢家庭老人的衣服更换的频率不高。调查组获得的数据是，近一年没买新衣的空巢家庭有 61 户，近两年没买新衣的空巢家庭有 39 户，近三年没买新衣服的空巢家庭有 23 户。

这种情况的出现有很大一部分是老人自己的原因造成的。儿女一般愿意给老人更新衣服，至少过年时穿一身新衣，因为现在适合农村老人穿的衣服价格不贵，完全买得起。但很多老人觉得已有的衣服都还好好的，不用再添置新衣，认为那是一种浪费。很多老人觉得旧衣服穿着舒适、保暖，又没破，不愿意换新衣。衣服更换频率还跟儿女情况有关，比如家有女儿的空巢家庭

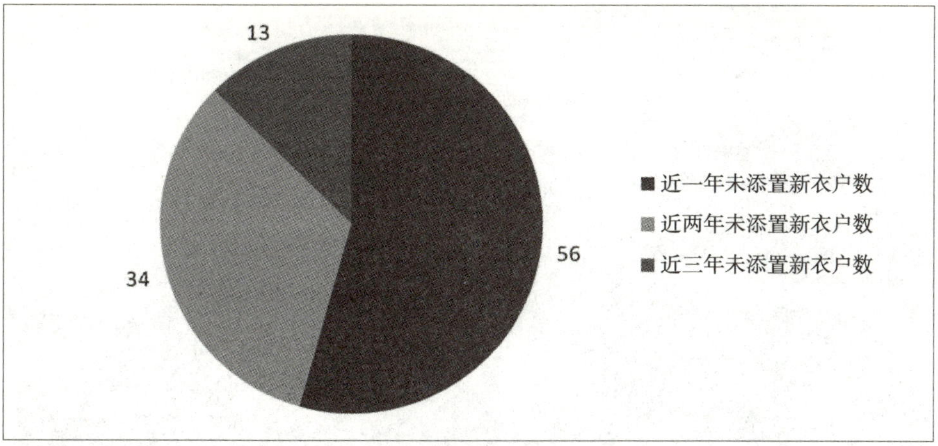

图 3–8　易杨家村空巢老人添置新衣情况调查

换衣频率一般高于只有儿子没有女儿的空巢家庭，“女儿是父母的小棉袄”，有的女儿会女红，还会手工制作棉鞋或棉袄，穿在老人身上，心里都是温暖的。

2. 食

民以食为天。食物是生命持续的重要资源。易杨家村空巢家庭的食物比较充分，基本上没有出现紧张或短缺的现象。这是因为农村空巢家庭有一个很大的优势，那就是土地资源。土地对养老的保障功能是可靠的。儿女外出打工之后，土地还是自己家的，老人可以量力而行进行耕种。易杨家村的土地资源相对丰富，身体健康状况好的老人可以把家里所有的土地都种上，农忙或重活（比如整田整地）时花点钱请人帮忙即可。身体健康状况不佳的老人可以选择只种一点口粮田，另外的土地给别人种，有些无人耕种的土地直接抛荒。易杨家村土地抛荒的面积大约有 90 亩左右，占全村耕地面积的 6%。空巢家庭种植的作物主要有水稻、花生和油菜。水稻种植可以满足基本的口粮需求，花生和油菜则可以提供日常所需的食用油，自家菜园种的蔬菜基本可以满足自己的需要，自家养的鸡下的蛋也够自己食用，吃不完的鸡蛋还可以拿到集市上售卖，很多家庭隔一段时间到集市上买点鱼或猪肉食用。易杨家村空巢家庭的食物以素食为主，动物性食物为辅，口味以清淡为主。这种饮食结构有利于老人的身体健康，因为现在农村老人中也有很多人患有高血压、高血脂、糖尿病等疾病，大鱼大肉对身体不好。有留守儿童的空巢家庭购

图 3–9　抽水的泵站

买鱼肉的频率稍高一些，因为孩子正处于长身体的关键期，要适当多吃一些动物蛋白。

这里有必要说一下易杨家村村民的饮用水情况。调查组入户调查的时候看到村民家的厨房里有水龙头，感到很欣慰，以为农民能喝上经过自来水厂加工过的水，一定是干净安全卫生的。后来经过进一步的调查发现情况不是这样的，易杨家村村民饮用的是从地底下抽出来的地下水。

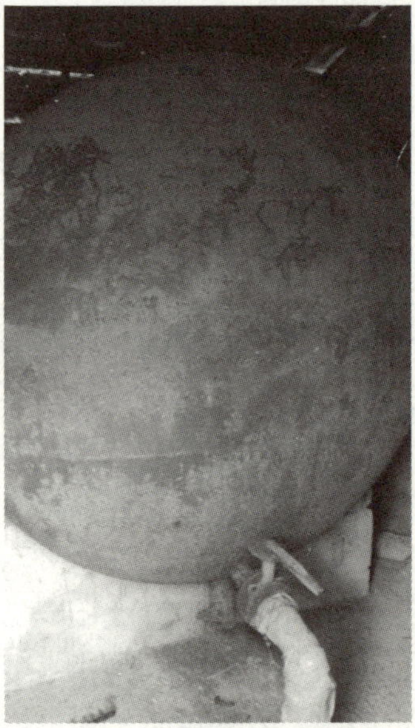

图 3–10　储水器

右图中这个红色的球状装置就是储水的容器。井水先抽到这个容器里，再从这个容器流到厨房的水龙头里。也就是说，易杨家村村民饮用的是没有经过检测和加工的地下水。易杨家村地处大别山区，这一片区的土壤尚未受到污染，但我们觉得最好还是先请环保部门检测一下，用水才会更加放心。

再说厨房。

图 3–11　厨房

上图是一个典型的易杨家村空巢家庭的厨房。厨房一般坐落在房子的后部，跟房屋主体连在一起。做饭的灶具一般是用红砖砌成的土灶。主要的燃料是从山上砍回来的柴火和农作物的秸秆。有些土灶砌了一个排烟的烟囱，有些则没有。不管有没有烟囱，做饭的时候烟尘都是挺大的，没有烟囱的更厉害，往往一顿饭做下来脸上都被熏得黑黢黢的。调查组看到有些空巢家庭的厨房里摆放着现代化的灶具，如煤气灶和煤气罐，但这些设备空巢老人平时基本不用，只是等到春节时儿女都回家了才会用这些现代化的灶具。

3. 住

多数空巢家庭的住房较好，一般是典型的地方民居样式。大部分家庭是两层的楼房，少数家庭盖有三层的楼房或一层平房。这些都是使用红砖水泥混凝土建造的，建筑质量较高，不仅能遮风挡雨，而且美观气派。农民工外出打工的目的简单明确，赚钱回家盖房子、娶媳妇。同时易杨家村还有一部分空巢家庭还住在土砖制作的房子里，经过多年的风吹雨打、日晒雨淋，墙体已经破落不堪，室内也是阴暗潮湿，空气流通不畅，有个别房屋已经成为危房。这部分空巢家庭的居住条件急需改善。三组杨恢清老人原来也住在这样的房子里，他的儿子在云南昆明当高中教师，多次接他去昆明定居，老人都不愿意。儿子没办法，只好掏五万元在村里给他盖了一栋两层楼房，供老人居住，儿子、媳妇、孙子春节或寒暑假回家探望老人时可以短暂地住几天。

易杨家村空巢家庭住房的一个最显著的特点就是“空”。家里只有老人居住，其他房间都空着，处于闲置状态。老人的活动较少，除了偶尔传出的鸡飞狗跳的声音外，整个房子十分安静。到了晚上空巢家庭的房子亮灯率很低，三层的楼房一般只能看到一楼堂屋的窗户里透出昏黄的灯光。只有每年春节前后，打工的游子回到家里，房子的人气才会高涨，家里才会传出欢歌笑语。

图 3–12 易杨家村民居

图 3–13 易杨家村空巢家庭的堂屋

4. 行

目前城关镇到易杨家村还没有通班车，因此易杨家村空巢家庭成员如需出行，一般只有两种形式——步行或自行车。从易杨家村到城关镇大概半小时的车程，稍微有点远。村道是3米宽的水泥路，大概2～3公里可以上县道。在农村里县道是等级较高的公路了，行车非常方便，但县道抗自然灾害的能力较弱。调查组就曾遇到一次大雨使行道树倒卧路中间的情况，导致汽车无法通过。老人们除非必要一般不轻易出门。出门主要是采购一些生活用品和生产资料。生活用品和一部分生产资料（比如种子、农药等）体积小重量轻，可以自己带回，其他生产资料有时则会比较笨重一些，需要雇车运送。村里有些人家有机动车，有的人家用的是生产用的农用拖拉机，也有的人家购买了跑运输的汽车，极少数条件更好的家庭购买了小汽车，空巢家庭的老人们有时可以搭他们的便车进城。

五、留守儿童

易杨家村留守儿童的状况，也是我们的调查内容之一。调查发现，全村九个组，只有二组暂时没有留守儿童，其他各组均有，年龄从2岁到16岁，总共23名留守儿童。其中未上学的6名，上学的17名。有2名留守儿童的家庭有3户，有1名留守儿童的家庭有17户。下面是易杨家村留守儿童统计表。

表3-12　易杨家村留守儿童情况

组别	户主姓名	留守儿童数量	与户主关系	是否上学	小计
一组	张才礼	1	爷—孙	否	3
	蒋梅香	1	奶—孙	否	
	张才智	1	爷—孙	是	
二组	/	/	/	/	0
三组	杨宏坤	1	爷—孙	是	3
	杨作富	1	爷—孙	否	
	杨宏礼	1	爷—孙	是	
四组	杨作朋	1	爷—孙	是	2
	杨作宽	1	爷—孙	是	

续表

组别	户主姓名	留守儿童数量	与户主关系	是否上学	小计
五组	马兴进	1	爷—孙	是	3
	马兴春	1	爷—孙	否	
	马松林	1	爷—孙	否	
六组	程前玉	1	爷—孙	是	1
七组	李正念	1	爷—孙	是	6
	李正江	1	爷—孙	是	
	李行仁	1	爷—孙	是	
	李行明	2	爷—孙	是	
	李先国	1	爷—孙	否	
八组	喻成财	2	爷—孙	是	4
	梅实涛	2	爷—孙	是	
九组	宋子兰	1	奶—孙	是	1
合计					23

我们先来看易杨家村留守儿童的家庭结构。23户留守儿童家庭同时也是空巢家庭，家里的青壮年子女外出打工，留守儿童与爷爷奶奶或外公外婆生活在一起。因为未分家，有的家庭虽然已与子女分家，但也只是名义上的分家，所以家庭规模稍微大一点。23户共有人口112人，平均每户家庭人口为5.5人。基本家庭结构是“爷爷奶奶（少数家庭只有爷爷或奶奶）+父亲母亲（有些家庭还有父亲未成家的弟弟妹妹，即留守儿童的叔叔和姑姑）+留守儿童”。从家庭的代数来看，这23户留守儿童家庭全部是三代户。

我们再来看易杨家村留守儿童的抚养模式。基本上所有的留守儿童都是隔代抚养，与爷爷奶奶或外公外婆在一起生活。山区经济相对落后，留守儿童的物质生活水平与城镇相比有较大的差距，从目测的身高上来看，要比同龄的城镇孩子稍低。

易杨家村留守儿童的教育状况还算可以，幼儿园可以到邻村去上，邻村有一家私立幼儿园，每天有校车接送，早上接去，下午送回，还是很方便的。调查组的车曾经在村道上与这辆幼儿园校车会车，是黄色的标准校车，车况良好。小学在易杨家村小学上，这所小学设在易杨家村党员群众服务中心旁边，是全村的中心地带，各组的学生到校步行不超过20分钟。初中在陈升中学上，这是一所乡镇中学，教学质量一般。现在易杨家村有一部分家庭为了追求更高质量的教育，没有让孩子在陈升中学上学，而是选择到县城中学上初中。易杨家村离县城不远，大概半个小时的车程。高中在红安县城上，考上了重点中学就在红安县一中上，考上普高的就在红安县三中和红安县实验中学上。易杨家村 17 名上学的留守儿童中，住读的只有 1 人，在县城读高中，一星期回家一次；其他 16 名全部是走读，每天回家，与爷爷奶奶生活在一起。

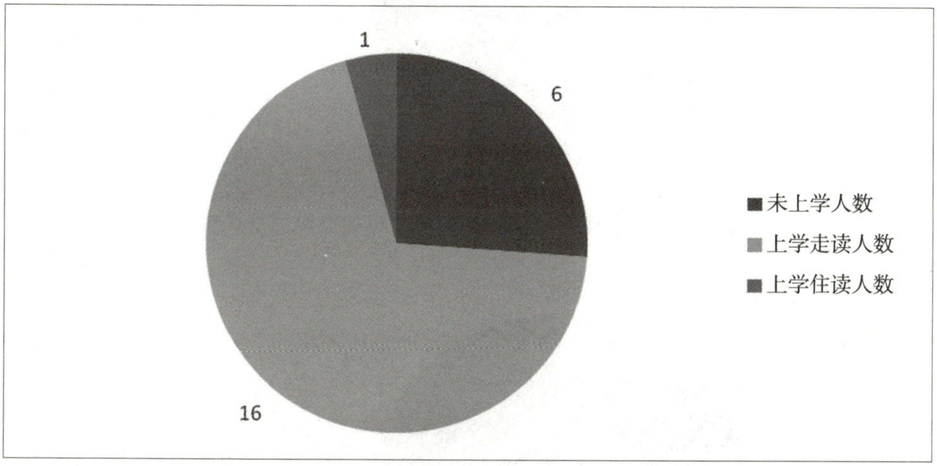

图 3–14　易杨家村留守儿童情况调查

易杨家村留守儿童在情感依赖上，与父母的交流以电话为主。使用电话又分两种情况，一种是以语音通话为主，有 10 个孩子采用，采用这一通讯方式的孩子一般年龄比较小，还没有自己的手机，通常是使用爷爷奶奶的老人机与父母通话；还有一种是在手机上使用即时通讯软件，比如 QQ、微信等，有 11 个孩子采用，采用这一方式的孩子一般比较大，而且对手机还有要求，必须是智能手机。还有一些年龄稍大的孩子使用电脑与父母联系，比如给父母发电子邮件来汇报自己的学习和生活情况，采用这一方式的孩子有 2 个，他们正在读高中，平时学习很紧张，跟父母联系少一些。而采用传统纸质信件这种方式的孩子数为 0。

对于是否想念父母的问题，23 个孩子中“不想念父母”的只有 4 个，“想念”的有 6 个，“非常想念”的有 13 个。这反映留守儿童对父爱母爱的渴求十分强烈，父母外出打工对留守儿童的心理和情感影响巨大。

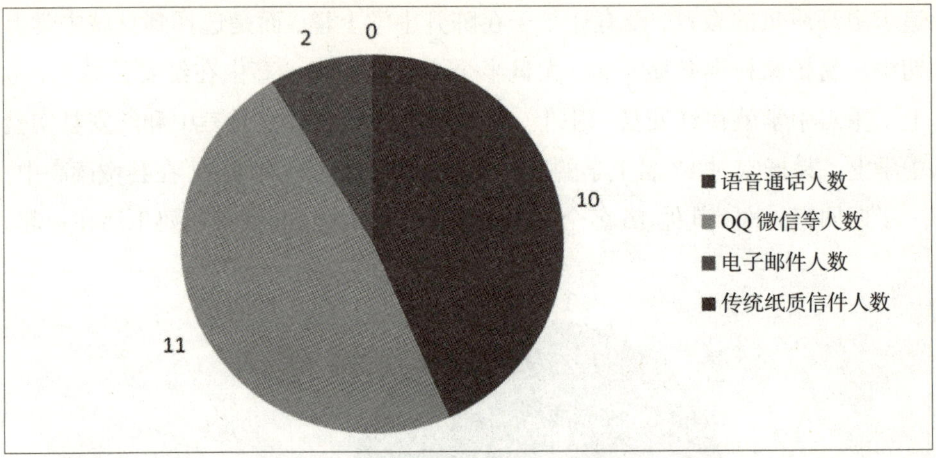

图 3–15 易杨家村留守儿童与父母的交流方式调查

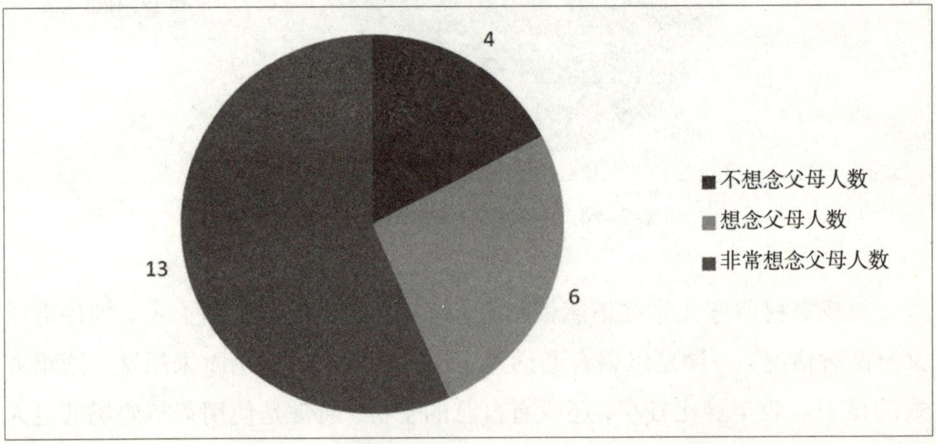

图 3–16 易杨家村留守儿童对是否想念父母的调查

关于留守儿童的报道经常见诸媒体，大多是负面的报道。留守儿童的问题已经成为我们必须重视的社会问题了。易杨家村留守儿童的问题，分为两个方面：一方面是爷爷奶奶作为临时监护人的问题；一方面是留守儿童本身的问题。

临时监护人的问题主要是由临时监护人自身的局限造成的。爷爷奶奶一般都年纪很大，自身文化程度也不高，对于在新时期如何培养新一代缺乏先进的理念和知识技能。所以往往会出现以下三种情况。

第一种是生活照料型。这部分儿童的家庭生活条件相对比较差，临时监护人年老体弱，一辈子从未走出过大山，家中经济负担较重。老人们忙于种田、喂养牲口，无暇顾及孩子的学习、教育、情感等高层次的需求。他们能为孩子提供的仅仅是一日三餐的温饱。

第二种是简单溺爱型。这部分孩子的家庭生活条件相对较好，独生子女占多数，由爷爷奶奶或外公外婆照顾。由于隔代抚养，老人对孩子经常表现出过分的溺爱，孩子要什么给什么，他们宁愿自己吃苦受累，省吃俭用也要满足孩子的要求，哪怕这种要求明显超出了合理的界限。

第三种是无法管理的放纵型。由于长期过度地溺爱，有些留守儿童已经养成了很多不良的习性，主要是骄纵、任性、自我为中心等不好的习惯。在外经常惹出事端，爷爷奶奶已无法管教。如果管教，他们不但不听还会跟爷爷奶奶顶撞，甚至怀恨在心，有的甚至离家出走，使得爷爷奶奶不敢管教，于是就任其发展了。

留守儿童遇到的问题也很严重，这些问题甚至会直接影响到他们的身心发育和成人成才。主要有以下四种问题。

第一种问题是缺少周全的照顾。临时监护人年老体弱，文化程度低，有的还要从事田间和家务劳动，在衣食住行各方面难以做到像父母那样无微不至，从而导致孩子营养不良、发育滞后。

第二种问题是家庭教育欠缺。这会导致一些留守儿童的学习习惯、行为习惯不佳，为人处世、待人接物等方面的礼仪知识欠缺。有的表现出内心封闭、行为孤僻、情感冷漠，导致逆反心理重，冲动易怒，常将小事升级，好勇斗狠等。根据调研，在农村违法违纪的未成年人中，大多数是由于家庭、学校、社会对这些留守儿童的监管不力而造成的。

第三种问题是学习上缺乏指导。留守儿童的心智发育还不健全，自控能力不够，学习上需要家长的指导和监督，但是隔代的临时监护人很难做到这一点，给孩子的学习带来不利影响。这种不利影响的后果已经在高考招生中显现无遗，那就是近年重点高校招生中农村生源学生所占的比例越来越低，也意味着农村孩子向上一级阶层流动的通道变窄。

第四种问题是意外伤害频发。留守儿童的意外伤害发生率明显高于非留守儿童，主要的意外伤害有被狗咬伤、烧烫伤、落水伤、锐器伤等。

六、打工子女

（一）易杨家村子女外出打工概况

调查组在易杨家村调查期间，见得最多的是老人与小孩，青壮年成年人很少见到。作为空巢老人的子女，他们是家里的核心、顶梁柱，他们都到哪里去了呢？答案是显然的，外出打工去了。以下是易杨家村空巢家庭子女外出打工人数统计表。

表 3–13　易杨家村空巢家庭子女外出打工情况

组别	一组	二组	三组	四组	五组	六组	七组	八组	九组	合计
打工人数	35	17	20	25	13	19	38	13	21	201

由于种田的经济效益低下，易杨家村越来越多的青壮年劳动力离开家乡奔赴外地打工、经商。比较典型的是一组张才礼家两个儿子两个媳妇都外出打工，杨宏才、杨作善、张永庆和杨宏国家都是两个儿子一个媳妇在外打工。二组杨宏全家里两个儿子两个儿媳在外打工，宋近菊家里两个儿子两个儿媳带着一个孙子在外打工。三组杨恢俊两个儿子两个儿媳在外打工。四组杨宏胜家里两个儿子和两个儿媳在外打工，杨恢明家里三个儿子和一个儿媳在外打工，杨宏权家里、杨作宽家里都是两个儿子和一个儿媳在外打工。六组程辉美和程辉显家里都是两个儿子两个儿媳在外打工。七组李行远老人家里的四个儿子和四个儿媳带着两个孙子外出打工，李行丰家里两个儿子两个媳妇带着两个孙子在外打工，李正念家里两个儿子两个媳妇带着一个孙子在外打工。九组杨宏创老人家里两个儿子两个儿媳带着一个孙子在外打工，杨恢早老人家一个儿子一个儿媳带着一个孙子在外打工，杨庆文家里两个儿子和两个儿媳在外打工。

外出打工的地点是发散性的，以易杨家村为中心向四周发散。当然重点方向还是有的，主要是江浙和广东，其次是省城武汉，再次就是黄冈和红安县城，然后就是全国各地了。他们从事的行业多数还是第二产业，其次是第三产业。很多人的身份是打工仔和打工妹，也有少数自己做工程、做生意、当小老板。易杨家村的年轻人外出很多人从事工程钻探和地质钻探，一部分人有钻探设备，村里很多人通过钻探发家致富了。易杨家村最好的房子是个高墙大院的三层别墅，他们家有两个儿子在外面从事钻机生意，并且开始得比较早；是易杨家村从事钻机生意比较成功的，现在已是小老板，赚了很多钱，还为村里的乡亲提供了几十个就业岗位，是“先富带后富，最终走向共同富裕”的典型。

图 3–17　易杨家村发家致富的营生

图 3–18　发家致富后建造的三层欧式风格别墅

（二）易杨家村空巢家庭子女外出打工的特点

易杨家村子女外出打工，主要有以下的特点。

1. 外出规模趋于稳定。空巢家庭子女外出规模达到最大化，也就是基本上能出去的都出去了。近两年有极少量的回流，主要是因为家中重大变故，比如父母生重病或去世被迫回来。同时也有少数新成年的子女加入打工大军。两相抵消，所以空巢家庭子女外出规模稳定在 200 人左右。

2. 务工收入增长平稳。随着近几年中国人力资源市场的变动，农民工经历了几年工资上涨的行情，2016 年人均年收入 3 万元，比在家种田好很多。

（三）易杨家村农民工就业特征

1. 文化程度逐年提高。最初出门打工的一代基本上以未受教育和小学学历为主，近年来很多初中毕业和高中毕业未考上大学的农家子弟也加入打工大军，甚至还有个别大学毕业找不到正式工作的子女也进入劳动力市场成为普工。总体趋势是高学历占比逐渐提高，而低学历占比逐渐减少。学历与收入的关系呈正相关。低学历者一般收入较低，高学历者一般收入较高，学历越高收入也越高。

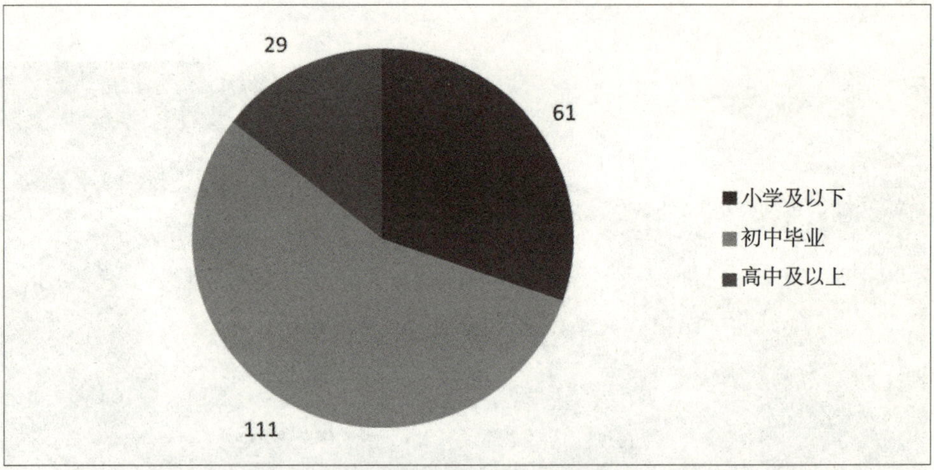

图 3–19　易杨家村外出打工者学历情况调查

2. 青壮年农民工占主力。易杨家村空巢家庭外出打工者的主力是21～49岁年龄段的青壮年，有152人；50岁以上的打工者有21人，20岁以下的有28人。

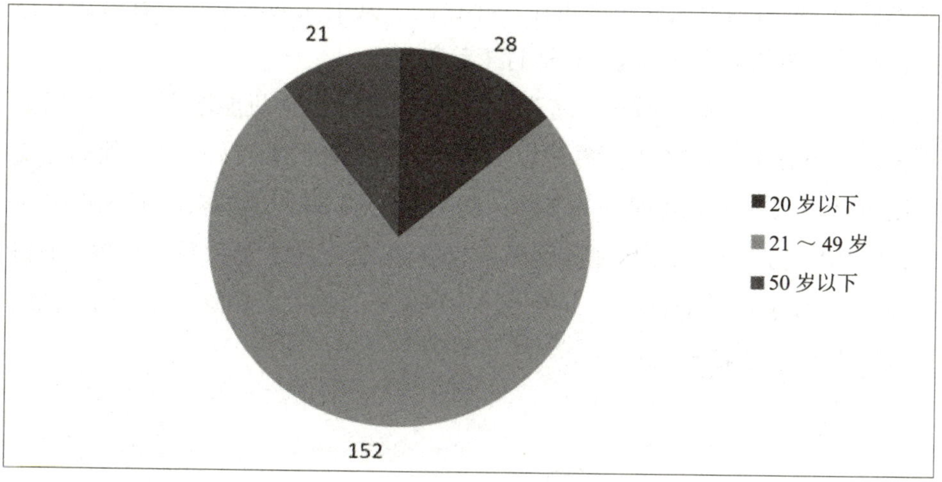

图3-20　易杨家村空巢家庭外出打工者年龄分布

3. 自发外出仍是主流。从农民工外出渠道看，外出就业主要靠亲朋好友介绍。依靠血缘、地缘、亲缘等自发方式仍是农民工外出的主要途径，自发外出农民工所占比重多年来一直占到70%以上。通过政府组织的劳务输出和工厂招工的途径外出打工所占的比例不到30%。

4. 外出打工较为稳定。从外出从业时间看，通常是6个月以上直至整年都在外打工，打短工的人很少，说明大部分农民工的工作稳定性相对较强，工作地点相对比较固定。

5. 跨省务工超过一半以上。从外出地域看，主要是江浙广东一带。省内打工的地点按人数多少依次是武汉、红安县城、黄冈及其他地区。

6. 第三产业比例提升。农村外出务工人员就业仍呈现出以第二产业为主、第三产业次之的情形。易杨家村外出打工者没有参与第一产业的。

（四）易杨家村农民工转移趋势

近年来，伴随着我省新型工业化、城镇化的深入发展和精准扶贫的大力推进，易杨家村空巢家庭子女外出打工出现了新趋势，主要表现在：

1. 就近就业者不断增加。虽然超过半数农民工远离家乡，以外省为主要就业地，但同时我们注意到，近年来，一是政府穿针引线，招商引资企业留住乡亲；二是县域经济实力不断增强，而省外务工成本过高，省内就近就地转移趋势显现，在省内就业农民工占比逐年提高。其中在县内乡外、省内县外打工就业的比重均有提高，就近就地打工趋势显现。

2. 年长者外出悄然增多。随着生活水平提高，身体机能增强，50 岁以上年长者外出务工小幅攀升。50 岁以上人员有成熟经验和良好心态，他们主要在城里从事家政服务和保安等工作。村里有个快 60 岁的妇女在武汉做钟点工，在中南民族大学家属区给四个教师家庭做饭，每家只做一餐（早餐、午餐或晚餐），每家每月 1500 元，一个月有 6000 元的收入。扣除房租和生活费，每月纯收入可达 4500 元。

第四章　易杨家村空巢家庭养老模式现状分析

第二章和第三章是通过入户调查获得的数据，下面我们来进行一些学术上的探讨，目的是搞清楚易杨家村的空巢家庭到底存在着哪些养老模式，这样的养老模式存在着什么样的问题，我们应该怎样去解决或加以改进。

一、易杨家村空巢家庭的养老模式的特点

易杨家村空巢家庭的养老模式中占比最高的是“自己劳动”模式，这实际上属于一种自我养老模式。这一模式在103户空巢家庭中占了30户。“子女孝敬”模式实际上就是传统的家庭养老模式。在易杨家村“子女孝敬”模式有21户，以“子女孝敬”模式为基础的各种组合有46户，其中“子女孝敬+自己劳动”模式有21户，“子女孝敬+自己劳动+养老保险”模式15户，“子女孝敬+养老保险”模式有8户，“子女孝敬+政府补助”模式有2户。统计结果显示易杨家村“子女孝敬”模式和以“子女孝敬”模式为基础的各种组合加起来总共有67户，说明在易杨家村家庭养老占了主流，养老保险和政府补助则起着辅助性的作用。购买养老保险的有25户，没有购买养老保险的有78户。

在辅助性养老模式中，具有保险意识并购买了养老保险的占比为24%。这个比例偏小，还有很大的提升空间。

易杨家村养老模式的主要问题是养老模式结构性失衡，表现为：

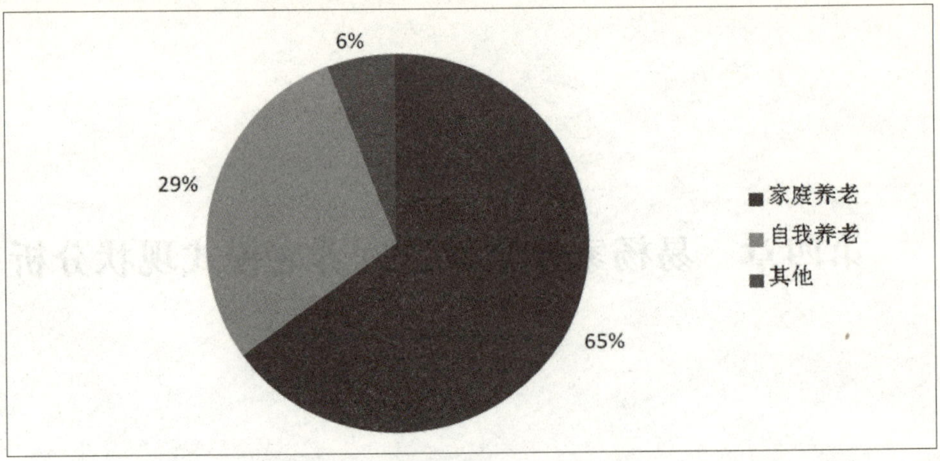

图 4-1 易杨家村空巢家庭养老模式

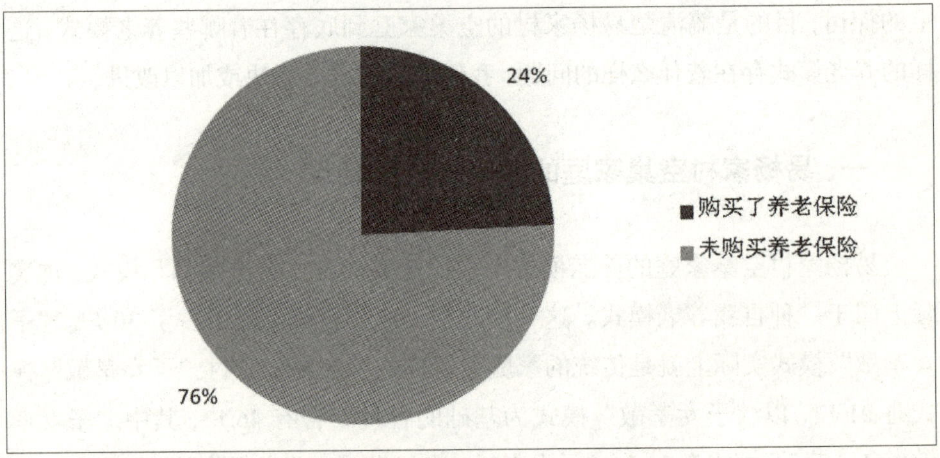

图 4-2 易杨家村空巢家庭购买养老保险情况

（一）以传统的家庭养老模式为主

易杨家村空巢家庭的养老还是以传统的家庭养老模式占主流，新型养老模式很少，甚至可以说几乎没有。传统养老模式的保障力度在当前国情下已显著下降，不足以满足现实的养老需求。在调查中受访空巢家庭中明确表示子女供给“绰绰有余”的只有 6 户，表示“基本够用”的只有 10 户。

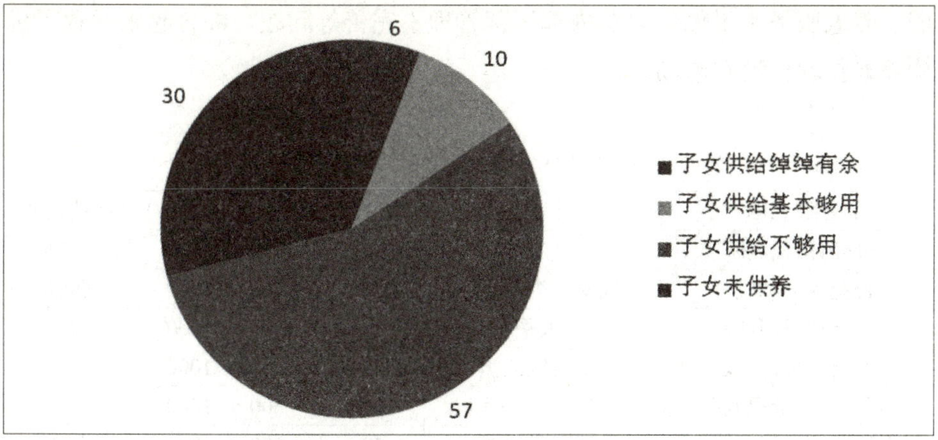

图 4–3 易杨家村空巢家庭子女供养情况

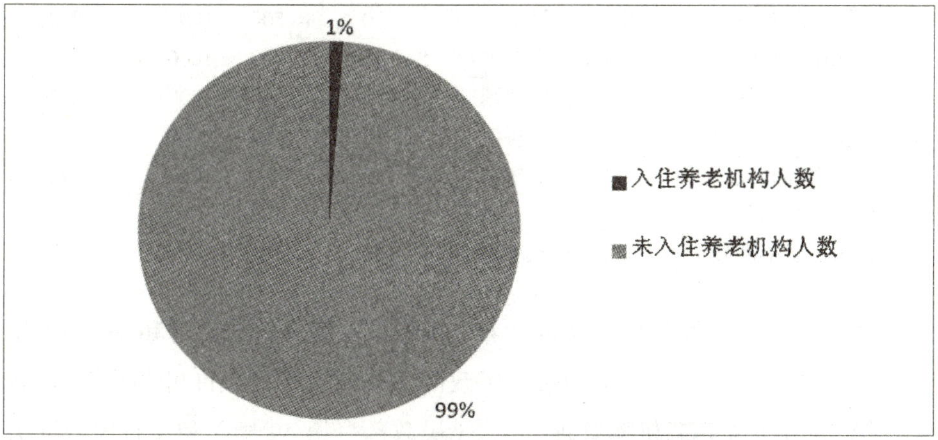

图 4–4 易杨家村空巢家庭入住养老机构情况

在调查中发现，近 3 年入住养老机构的有 2 人次，绝大部分空巢老人没有入住。

同时我们调查了解到红安县的养老机构以公办的福利院为主，有红安县的福利院，还有各乡镇的福利院，规模都不大，都只有 50 张左右的床位，但入住率反而不足。原因是农民的传统观念是养儿防老，他们固执地认为只有没儿没女的人才会去养老院；另一个重要的原因是养老院收费较高，农民负担不起。虽然在我们看来 500 ～ 1000 元的收费区间不算很贵，但是对于农村空巢家庭来说还是觉得有点高了。同时这些福利院还存在着基础设施相对薄弱、养老服务水平偏低以及内部运营管理不完善等问题。综合起来导致了机构养老在农村没有市场。

表 4–1 红安县养老院概况

养老院名称	地址	床位数	收费区间（元）	机构性质
永佳河镇福利院	红安县永佳河	50	500 ～ 1000	公办
杏花乡福利院	红安县杏花乡	50	500 ～ 1000	公办
太平桥镇福利院	红安县太平桥镇	50	500 ～ 1000	公办
红安县社会福利院	红安县城关镇	50	500 ～ 1000	公办
上新集镇社会福利院	红安县上新集镇	50	500 ～ 1000	公办
七里镇檀术福利院	红安县七里镇檀术	50	500 ～ 1000	公办
七里镇典明福利院	红安县七里镇典明	50	500 ～ 1000	公办
七里坪福利院	红安县七里坪	50	500 ～ 1000	公办
七里坪方西河福利院	红安县七里坪方西河	50	500 ～ 1000	公办
觅儿镇福利院	红安县觅儿镇	50	500 ～ 1000	公办
华河镇福利院	红安县华河镇	50	500 ～ 1000	公办
高桥镇福利院	红安县高桥镇	50	500 ～ 1000	公办
二程镇福利院	红安县二桥镇	50	500 ～ 1000	公办
城关镇福利院	红安县城关镇	50	500 ～ 1000	公办
八里镇社会福利院	红安县八里镇	50	500 ～ 1000	公办

2014 年湖北省民政厅发文推动养老机构依法实施行政许可和登记，突出特点一个“严”字。深入贯彻落实民政部《养老机构设立许可办法》（民政部令第 48 号）、《养老机构管理办法》（民政部令第 49 号）和《省民政厅关于养老机构设立许可的指导意见》（鄂民政发〔2014〕14 号），在全省指导和推动实施养老机构设立行政许可，明确责任，严格程序，并坚持事前审批与事后监管相结合，加强对养老市场的规范化管理，确保养老机构依法运营、健康发展。我们在调查过程中还没有看到民办的养老机构出现。

（二）自我养老模式比例过高

在统计中加入了 55 ～ 59 岁的准空巢老人，可能是他们拉高了自我养老模式的比例。但我们也应该看到 59 岁和 60 岁能有多大的区别呢，其实并没有本质的不同，区别只是便于研究的需要，而且准空巢老人很快就会成为真正定义的空巢老人。因此我们认为自我养老模式的比例偏高是值得我们高度关注的一个问题。

自我养老模式指的是老年人在年轻的时候存储各种资源，用来满足年老时自我养老的一种生活模式。存储的资源包括三方面的内容：物质存储、身体存储和精神存储。在山区农村，老年人拥有土地、农具等生产资料，自身拥有丰富的农业生产经验可以通过自身参与劳动赚取生存资料。易杨家村大部分老年人仍在从事一定的生产活动，但是由于身体状况，其经济收入受到了较大的限制。通常情况下，到年终的时候，除去生活上的必要开支以外，基本上没有所谓的存储。

表 4–2　易杨家村每亩地农业生产投入产出调查

农作物	成本						产出		
	整田	种子	化肥	农药	抗旱排涝	成本总价	产量	每斤单价	产出总价
水稻	160 元	100 元	200 元	100 元	100 元	660 元	500 公斤	1.3 元	1300 元
棉花	160 元	60 元	200 元	100 元	100 元	620 元	150 公斤	3.5 元	1050 元
花生	160 元	160 元	120 元	100 元	100 元	640 元	160 公斤	3.0 元	960 元
红薯	160 元	20 元	150 元	100 元	50 元	480 元	1300 公斤	0.3 元	780 元

以上所统计的成本数据都是硬投入的货币成本，还没有算人工成本。一个青壮年劳动力在家耕种几亩田地，在风调雨顺的情况下一年的收入最多也只能达到 1 万元左右。如果遇到比较大的洪涝灾害，收入可能立即腰斩，极端情况下可能颗粒无收，一年的辛劳付诸东流。而外出打工，虽然背井离乡，但每年收入比较稳定地维持在 2 ～ 3 万元左右。2015 年我省农村外出从业人员总量达 1119.43 万人，外出农民工获得的劳务经济总收入超过 3438 亿元，人均年收入突破 3 万元，达到 30713 元。[1] 在家务农与外出务工的效益对比，导致的结果是子女外出形成了空巢家庭，空巢老人在家种地、带小孩。

（三）新农保覆盖率低，保障力度弱

易杨家村参加新农保的比例偏低，表现为参保人数不足四分之一，每月

[1]　湖北省统计局官网 http://www.stats-hb.gov.cn/tjbs/qstjbsyxx/112309.htm.

大部分人只能收到 70 元人民币的收益，与当今的物价水平相比实在太低。

黄冈市新农保基金由个人缴费、集体补助、政府补贴构成。具体如下：

1. 个人缴费。参加新农保的农村居民应当按规定缴纳养老保险费。缴费标准目前设为每年 100 元、200 元、300 元、400 元、500 元 5 个档次，地方可以根据实际情况增设缴费档次。参保人自主选择档次缴费，多缴多得。国家依据农村居民人均纯收入增长等情况适时调整缴费档次。

2. 集体补助。有条件的村集体应当对参保人缴费给予补助，补助标准由村民委员会召开村民会议民主确定。鼓励其他经济组织、社会公益组织、个人为参保人缴费提供资助。

3. 政府补贴。政府对符合领取条件的参保人全额支付新农保基础养老金，其中中央财政对中西部地区按中央确定的基础养老金标准给予全额补助，对东部地区给予 50% 的补助。地方政府应当对参保人缴费给予补贴，补贴标准不低于每人每年 30 元；对选择较高档次标准缴费的，可给予适当鼓励，具体标准和办法由省（区、市）人民政府确定。对农村重度残疾人等缴费困难群体，地方政府为其代缴部分或全部最低标准的养老保险费。

新农保养老保险待遇由两部分组成，即“基础养老金 + 个人账户养老金”，基础养老金为每人每月 55 元，个人账户养老金月领取标准＝个人账户存储总额 ÷139。如果每年交100元，退休养老金＝55元+100×15÷139=65.79元/月；易杨家村空巢家庭的老人基本上都买的是这种最低档次（即每年缴费 100 元，连缴 15 年）的新农保，加上集体补助弱，政府补贴也不高，造成了保障力度弱的现象。

（四）低保属于救济性质，难以惠及多数

农村低保户的确定要经过申请受理、入户调查、民主评议、张榜公示等审核环节，真正做到按标施保，应保尽保。易杨家村有部分空巢家庭纳入了低保。在评定低保户的时候“一把尺子量到位”。一把尺子就是保障标准，2016 年红安县农村低保标准为 3420 元 / 人 · 年。为掐准量细，在这把尺子上加标“三个刻度”。一是印发“五必须九不准”，专项整治中及时清退明显不符合低保条件的对象。二是制定家庭收入评估标准。研究出台《红安县农村困难家庭收入评估办法（试行）》，明确各类收入评估标准和核算方法。在评估收入时，

坚持“宜粗不宜细，就低不就高”；在核算收入时，对家庭有病、残劳动力的采取系数法进行调节，最大限度地做到应保尽保。三是明确重点保障标准。对纳入低保后生活仍有困难的老年人、未成年人、重度残疾人和重症病患者，按照不低于低保标准的30%增发补助金，更好地保障其基本生活。

表4–3　城关镇易杨家村农村低保公示栏

根据《湖北省社会救助暂行办法》规定，农村低保户实行按标施保。经过入户调查、家庭收入汇总核算、民主评议、乡（镇）审核、县民政局审批，全村纳入农村低保23户28人，现公示如下，请予以监督，如有异议，请及时举报。

户主姓名	组别	困难类别	月金额（元）
张财信	一组	三	100
况满勤	二组	二	130
刘桂英	二组	二	130
杨宏坤	三组	二	130
杨恢仲	三组	二	130
杨宏义	三组	三	100
马永红	五组	二	130
李丽	五组	三	200
马喜权	五组	二	130
邹孝荣	六组	二	130
陈记明	六组	三	200
程全艳	六组	三	300
程全良	六组	二	130
程杏松	六组	二	130
李成辅	七组	三	100
李正淼	七组	二	130
李行丰	七组	二	130
梅实权	八组	二	130
谢小安	八组	二	130
梅实国	八组	二	130
杨强	九组	三	200
陈玲娥	九组	二	130
蒋燕花	九组	二	130

困难类型中的二类指的是残疾家庭，三类指的是重病家庭。

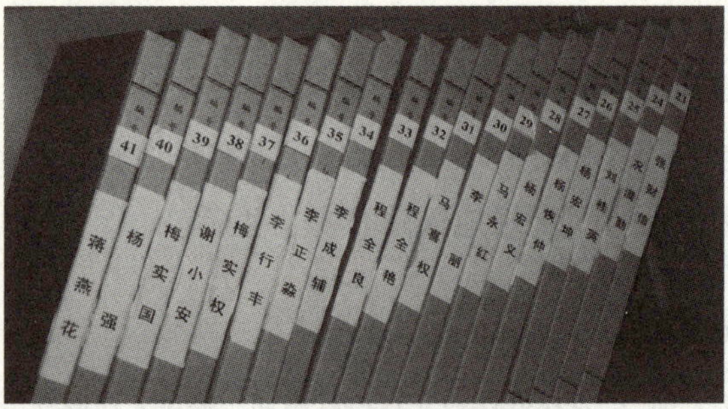

图 4–5　易杨家村低保户档案

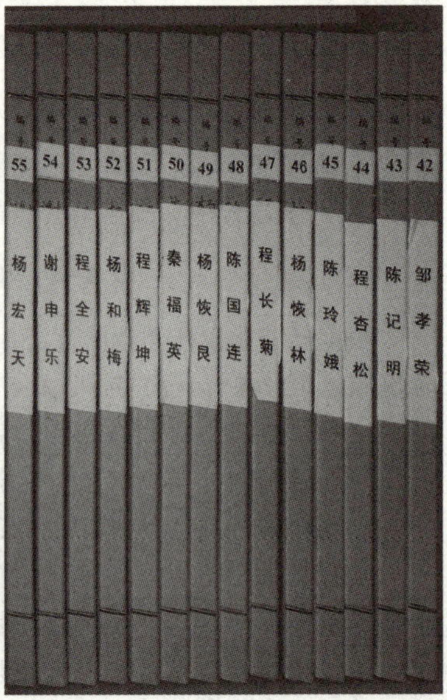

图 4–6　易杨家村五保户档案

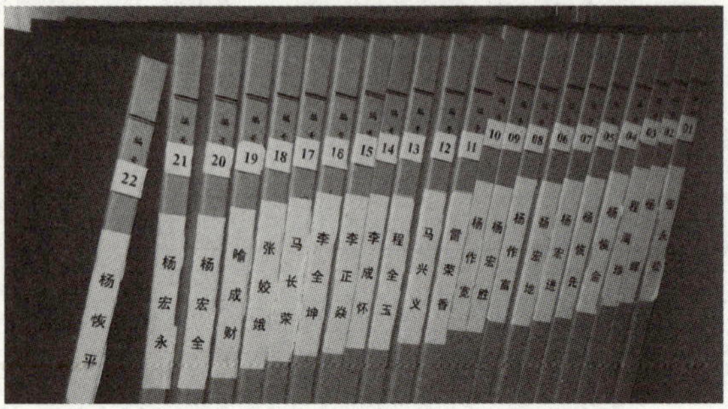

图 4–7　易杨家村贫困户档案

黄冈市 2014 年调整了农村最低生活保障标准。全市农村低保标准统一调整为 2440 元 / 年，月人均补助水平为 122 元。资金来源为低保专项资金和地方财政配套资金。2016 年再次调整为每年 3420 元，但还是低于全省平均水平。以上公示栏中的月金额是 2015 年的数字，调整之前的要更低。

表 4–4　2016 年湖北省城乡低保保障标准 [1]

地区	城市低保保障标准（元 / 人·月）	农村低保保障标准（元 / 年）
全省平均	476	3736
黄冈市	420	3420
红安县	420	3420

在这份公示栏上，有五户是空巢家庭户。他们分别是一组的张财信、三组的杨宏坤、七组的李成辅、李正淼和李行丰。一组的张财信，因为是女儿户，

[1]　2016 年湖北省民政事业发展报告，http://www.hbmzt.gov.cn/xxgk/mzbps/201702/t20170210_269215.shtml.

女儿出嫁后就成了空巢老人。女儿每年能给他大约2000元，而自己的开销每年有近万元，主要用于医疗费用和人情费用，所以老人还在坚持自己劳动以补贴家用。平时的日常照料主要是跟老伴相互照顾，紧急情况会打电话给女儿，女儿会过来照看一阵子。三组的杨宏坤身体有残疾，儿子儿媳常年在广东打工，孙子留在家里由老人照顾。儿子儿媳基本上没有给钱，相反老人还要自己掏钱负责孙子的生活和学习，负担很重，这是一个很典型的农村空巢家庭的标本：父母年迈，子女外出打工，还有留守儿童。七组的李成辅，儿子媳妇常年在山东济南打工，自己于2015年患了一场大病，在武汉治疗花了十多万元，把家里的积蓄全部花光，还借了一笔外债。

二、家庭养老——现实的选择

人是类存在物，养老是一种社会性行为，这种行为融入了本民族的价值观念，带有较强的道德属性。家庭养老是以血缘关系为纽带，由家庭成员（主要是子女或孙子女）对上一代老年人提供衣食住行及养老送终提供妥善安排，这一伦理行为模式的产生和发展有着深厚的经济、文化和社会基础。

在社会转型时期家庭规模的小型化以及核心家庭的普遍化，使农村社会特别是经济文化发展较为落后的山区农村社会的家庭养老面临着极大的挑战：首先，原先可能由多个子女共同承担的赡养老人的义务，变为法律和道德上只有一对青年夫妇承担，尤其是在“四二一”家庭模式情况下，一对夫妇可能要同时面对四位老年人。如果经济上完全依靠家庭养老，将会导致年轻夫妇不堪重负。其次，家庭规模的小型化直接削弱了子女对老人的照料能力。面对工作竞争压力不断增大，子女在照顾老年人方面会越来越感到心有余而力不足。第三，社会发展和医疗技术的进步使老年人寿命不断延长，而高龄老人生活自理能力越来越差，这意味着老年人所需要的养老服务大幅度增大，而与此同时子女能为老年人提供养老服务的能力却在显著下降。除此之外，我省山区农村劳动力流动性增强，大量青壮年劳动力外出打工，使老年人依靠子女提供养老服务在时间和空间上变得愈加困难。

对于广大的山区农村空巢家庭来说，在国家的养老保障体系尚未健全的情况下，家庭养老在现阶段还占有十分重要的地位。山区农村空巢家庭老人的文化水平相对低下，传统观念根深蒂固，他们无任何储蓄，即使有也很少，难以抵御各式各样的生活风险。受年龄和体力的影响，使原本经济来源单一的老年人获取生存资源的能力锐减，从而对家庭的依赖程度日益加深，这就是现实的矛盾。表现如下：一方面空巢老人的养老对家庭的依赖度加深，另一方面却是家庭的养老功能正在弱化。家庭养老功能弱化的原因不能完全怪罪于子女的孝心退化，最根本的原因是农村青壮年劳力的大量外出流动。[1]

首先，外出流动导致了代与代之间在居住空间上出现分离，三代以上的多代家庭减少，使得对老年人的赡养因为人力资源的不足而使形势变得更加严峻。

其次，作为老年人照料的主力军的农村年轻女性也加入到流动队伍中，而且近年来还出现了新的增长趋势，越来越多的50多岁的妇女也加入了城里的家政服务大军。她们离家外出打工肯定会削弱对自己家庭老年人的照料。

第三，子女外出打工使得小家庭可以获得较高的经济收入，实现经济上独立，而此时老年父母掌握的农耕社会的经验技能却在快速贬值，老年人在农耕时代所获得的家庭中的权威地位遭到冲击并逐渐丧失了对子女的控制力。

第四，伴随着子女大规模外出流动，传统的“孝道”文化有所衰落，破坏了代际间的社会契约和权利义务链条，传统养老文化加速流失，瓦解了家庭养老的社会文化基础。

最后，从外部控制来看，打工在外使得子女在某种程度上摆脱了农村赡养老人舆论的控制，而打工地陌生的邻里关系还不足以对其构成舆论压力，对老人不尽或少尽赡养义务的子女有了逃避赡养义务的空间。

因此我们说，山区农村青壮年外出流动带来的以上这些客观后果都极大地削弱了家庭赡养功能。

随着社会的快速发展，人口老龄化的速度不断加快，家庭养老伦理功能不断弱化，老年人养老需求呈现出多样化趋势，单一的家庭养老保障供给主体和服务主体已无法满足社会养老的需求，探索并构建多元化供给主体的社

---

[1] 陈芳：《家庭养老功能的弱化与出路：欠发达地区农村养老模式研究》，《人口与发展》，2014年第1期。

会化养老服务体系便成为当今中国社会发展的必然选择。[1] 虽然这是一种理想的状况，但在社会化养老服务体系尚不健全的今天，家庭养老在经济欠发达的山区农村仍然是一种无法替代的现实选择，原因如下：

第一，老年人养老的首要基本内容就是经济支持，在当前情况下经济支持主要由家庭提供。首先，我国目前乃至今后相当长一段时期将长期处于社会主义初级阶段，人口老龄化过快的步伐，在未富先老的情况下庞大的老年人口数量与现有的综合国力差距较大，对众多的山区农村老龄人口，财政无法负担。其次，改革开放以来，农村的经营体制发生巨变，以家庭为单位的分散经营导致广大农村集体经济实力羸弱，计划经济体制下本来不多的集体积累早已消失殆尽，甚至个别地区农村集体经济早已名存实亡，因此村集体经济无力负担沉重的养老问题。最后，就农民个人而言，他们大部分刚刚解决温饱问题,处于这一时期的老人倾其全力还不足以把众多的子女抚养成人（标志是儿子结婚、女儿出嫁），完全没有可能未雨绸缪地解决自身的养老问题。国家无财力、集体无积累、老人无余力的客观现实都说明，在广大农村地区由家庭成员提供物质供养是农村老人现实又无奈的选择。

第二，家庭成员（主要是成年子女）为上代老人提供养老经济支持符合社会公正原则。人们常说“可怜天下父母心”，中国的父母可以说是世界上最无私的父母、最疼爱儿女的父母。他们对子女有着近乎本能的奉献精神和强烈的责任感。改革开放以来，山区农村社会生活中不良习俗抬头，突出表现在婚事的大操大办、青年男女在物质上相互追逐攀比。更为奇怪的是，越涨越多的订婚彩礼、越盖越大的结婚用房、越来越多的结婚筵席甚至第三代出生和抚养的费用，顺理成章地都由父母来承担，子女却心安理得。这足以耗尽父母一生的积蓄，不少父母甚至为此大举借债，有生之年还要尽力还清债务。因此可以说中国的子女享受了父母所能给予的全部权利。

基于中国亲子关系的特殊性，父母丧失劳动力之前财富的主要流向是家庭，主要受益人是他们的子女，那么在父母丧失劳动能力之后由其子女提供“反哺式”的赡养于理于情都是理所应当的。只要中国的老人没有改变对子女无私奉献的观念和实际行动，子女不承担赡养老人的全部义务就违反了权

[1]　任德新、楚永生:《伦理文化变迁与传统家庭养老模式的嬗变创新》,《江苏社会科学》, 2014 年第 5 期。

利、义务对等的社会公正原则。

第三，社会化养老服务在提供生活照料和精神慰藉方面存在着先天不足。人到老年以后，生理机能退化往往会引起心理上一系列变化。俗语所说的“老小老小”“老小孩”非常形象地说明了这一点。在具备了基本的物质生活保障之后，生活上无微不至的照料、精神上贴心的慰藉对老人来说就显得异常重要。生活上的照料和感情上的关怀是家庭这一初级社会组织的内在功能，其他社会机构提供的服务再多、再好也无法替代家人的照料和关怀。所以说不管哪种类型的社区服务，其以“契约”为基础的社会关系，由于受制于经济因素和道德观念的服务水准，都不可能完全替代家庭的居住形式、基于先天血缘的亲情关怀，对老年人精神养老具有重要的作用。

面对当前家庭养老功能弱化的现实，怎样强化家庭养老的功能呢？首先，加快农村经济特别是县域经济的发展，增加农民的经济收入，提高家庭养老的经济支持能力。其次，建立健全家庭养老的激励机制和利益诱导机制，调动家庭的养老积极性。这一点可以向新加坡学习。关于新加坡的养老模式，本书第七章有详细论述。再次，强化家庭养老的道德教化功能，增强全社会的老龄意识和养老意识，营造强大的弘扬传统美德的社会舆论氛围。最后，不断完善有关家庭养老的法制建设，让家庭养老由伦理约束走向法制规范，依法处理养老问题的违法行为，让法的硬约束为山区农村空巢老人提供强有力的外在保障。至于其他的养老模式何时能取代家庭养老，这要看两方面条件，一是提供养老服务的一方有没有能力和意愿提供全方位、高质量的养老服务；二是被服务者由于经济的、观念的、生活方式的因素对其是否认可。目前乃至今后若干年内，家庭养老的地位在农村特别是经济不发达地区仍然是不可动摇、无可替代的。[1]

三、自我养老——无奈的选择

自我养老就是老年人根据自身的条件，经历、经验等在达到一定的年龄后继续参与劳动为社会贡献力量，从而获得一定的报酬，实现自己不依靠子

[1] 高爱华：《目前我国农村养老模式的现实选择》，《河南师范大学学报》（哲学社会科学版），2003 年第 2 期。

女能够继续健康地生存。我们看到的现状是，大部分山区农村的大部分老人在有劳动能力的时候，无论年纪多大，基本都是“自我养老”，而老人自养最主要的依靠则是土地。只有在老人丧失了劳动能力、生活不能自理时，才会由子女养老。特别是在经济欠发达的我省山区农村，自我养老的比重是很大的。

从易杨家村的调查来看。山区农村空巢家庭老人自我养老的时间比较长，从 60 ～ 70 岁基本是依靠土地养老，有部分身体健康的老人“以地养老”的时间甚至可以推延到 80 岁左右，我们亲眼看到年过近八旬的老人在地里干活的情景。随着农业机械化在农村的普遍推行，农业生产中的诸多环节可以通过机械操作，种地对体力劳动的要求越来越低，当然雇佣机械整田、收割要花钱。因而，老人只要身体基本健康，自己种点口粮田是完全没有问题的。真正需要子女养老的时间一般是三到五年。因此可以看出，子女养老在老人整个养老过程中所占的比例很小，老人在大部分时间里是依靠土地自养。

（一）自我养老的优点[1]

1. 从养老的质量来看，“自我养老”质量高于“子女养老”。在依靠土地自养的情况下，老人除了能维持基本的生存需要以外，还能通过土地赚到一些零用钱，从而可以维持自己基本的娱乐、医疗等开销。子女养老则至多能保证老人基本的生存需要，正所谓“有饭吃、没钱花”，正如很多老人所说，“以后不能动了，儿辈给口饭吃就行”。老人自身对于子女养老的期待也不高，认为子女养老的标准就是“给碗饭吃”。因而，从养老质量而言，“自我养老”比“子女养老”质量要高。

2. 经济上可以自给自足。老年人在家自己种点粮食，再搞点庭院经济，自给自足是没有问题的。同时还可以在必要时为子代家庭提供一些基本生活物资，如米、蔬菜、油等。在人力资源市场上老人已经不能算是完整的劳动力，没有老板愿意雇佣他们，进城务工没有任何优势，但还具备参与农业生产的能力。因而，利用老人的劳动能力进行自养，不仅发挥了老人的自身价值，可以保证老人基本的生活水平，还可以在一定程度上减轻国家的负担。

[1]　李永萍：《“养儿防老”还是“以地养老”：传统家庭养老模式分析》，《华南农业大学学报》（社会科学版），2015 年第 2 期。

3. 可以获得较高的家庭地位。自养的老人在经济上不依赖于子代，并且还能在必要时为子代提供一些基本的生活资料。因而，老人在大家庭中具有一定的主体性，还能部分维持自己作为父辈的权威。如果完全由子代供养，则会丧失自己的自主性而产生对子代的依附性。自尊心强的老人难免受气，心里不舒服。

4. 种田对于老人而言也是一种另类的休闲活动和锻炼方式。如今随着农业机械化的发展，小型农机已经普遍应用，这极大地降低了农业生产的劳动强度，需要重体力劳动的时候可以花点钱请人代为机耕，因而种田对体力劳动的要求不是很高，只要老人的身体基本健康，都能完全胜任，而且这种劳作对于很多农民而言本身就是一种休闲活动。很多老人已经习惯了劳动，闲下来会浑身不自在，劳动使他们感受到生活的踏实和安全感。

5. 自我养老符合“健康老龄化”和“积极老龄化”的新理念。世界卫生组织（WHO）1990 年提出实现“健康老龄化”的概念，就是不仅使人长寿，而且使人健康地长寿，要尽量缩短人生中临终前需要照料的程度和时间，最终实现老龄人无疾而终。1999 年世界卫生组织又提出了“积极老龄化”的概念。所谓积极老龄化是将老龄人看成具有巨大社会潜能的社会财富，应努力挖掘这一财富。积极鼓励老年人参与社会发展，满足他们的精神追求和实现自我价值，缓解人口老龄化带来的社会问题，减轻社会的养老负担。

6. 自我养老的社会意义有两层含义：一是强调要尽可能地发挥老年人的“余热”，充分利用老年人的经济和社会价值；二是要树立人生的“经济”意识，即自己在一生中所创造的社会财富要大于或等于自己从社会中所索取的资源，使自己的人生为社会积累财富，而不是消耗财富。按照马克思的观点，人是类存在物，人的本质属性在于其社会性。个体的人的存在离不开人类，那么个体的人如有可能也应该为人类社会的财富积累做贡献。

自我养老的可能性取决于老年人的身体状况。按照世界卫生组织 2000 年对人类年龄层的划分：44 岁以下是青年人，45 ～ 59 岁之间的人是中年人，60 ～ 74 岁之间的人是轻龄老年人，75 ～ 89 岁之间的人是中龄老年人，90 岁以上的人是长寿老年人。那么按照这个标准，60 岁刚刚退休的健康老年人是能够继续为社会做贡献的。60 ～ 74 岁之间的轻龄老年人是人生素质发展的顶峰，拥有丰富的人生阅历和人力资源优势，完全能够继续为社会创造价值。同时他们是人类经验的传承者，为年轻人做好传帮带的工作。实际上我省山区农村 70 岁以下的低龄老人只要具有一定的劳动能力就依然会选择继续参加农业生产劳动，从农业生产中获取经济收入，维持老年期基本经济需求的自我满足。我们在易杨家村的调查显示，越是低龄老人，劳动收入占日常生活经济来源的比重越大，自我供养的能力越强；越是高龄老人，劳动收入所占的比重越小，对子女的依赖越强。

（二）自我养老的适用范围

自我养老不是适用于所有的山区农村家庭，它的适用范围是有限的。只对大概 70 岁以下的老年人适用，那些年轻的，因为这一年龄段的老人基本上身体还可以，劳动能力还在，劳动经验也很成熟。他们在进行农业生产劳动的时候，只是在耕地、收割等环节需要找人帮忙，其他技术含量较高的田间管理等活自己还能基本应对。对于体弱多病的老人来说，则不适用这种模式。

易杨家村自我养老模式的空巢家庭中，我们看到很多至今仍在耕作的老人中，真正自愿劳动且乐在其中的家庭也不是很多，更多的家庭选择自我养老模式只是一种无奈的选择。易杨家村选择“自我养老”模式的空巢家庭共有 30 户。在调查过程中我们问他“为什么年龄这么大还要到地里劳作？”，他们的回答通常是以“没办法呀”开头，后面就是一连串的各种不同的原因，大致有：母子父子关系紧张，子女不愿意供养；儿子在城里打工也赚不了很多钱，还要攒钱娶媳妇；儿子刚刚在县城买了房，还要帮儿子还一点房贷；孙子还在读大学，每月的生活费要 1000 元，父母给的不够，爷爷奶奶每月多少还要给一点；自己看病吃药也要一些钱总不能总是找儿女要吧，等等。这类空巢家庭我们定义为“无奈地选择自我养老模式”，共有 19 户。对于同样的问题，回答“积极地自愿选择”的空巢家庭共有 11 户。他们选择的理由通常是：自己还能做得动，农活对自己不是难题，并且还可以减轻儿女的负担，等哪天自己做不动了再让儿女养；做了一辈子做惯了，不做事浑身不自在还会生病；田地里空气好，看着农作物绿油油的茁壮成长，自己心里很高兴，也是一种休闲活动。城里人还开着车下乡花钱体验农活；干活也是一种运动，可以活动筋骨，通经活络，延缓身体机能的减退，等等。

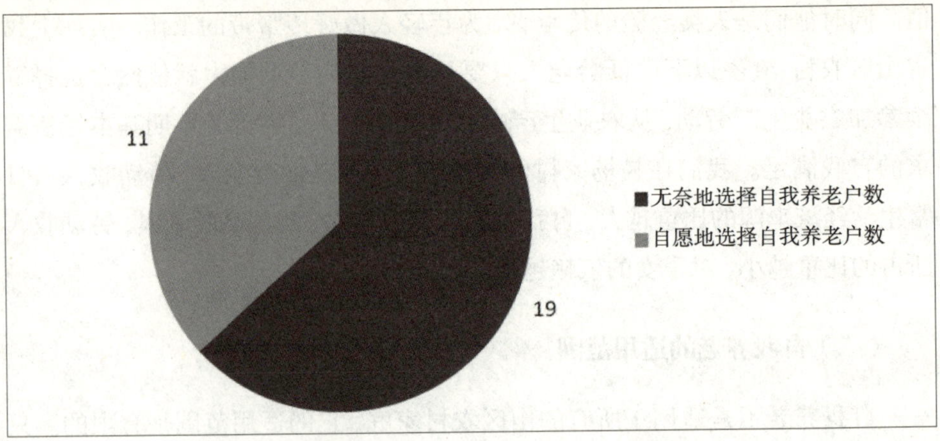

图 4-8 易杨家村自我养老选择的主动性调查

正如前文所述，自我养老有着严格的适用范围。在适用范围之内，老人自主选择自我养老，经济上没有压力，身体上还处于健康状态，在自我养老的过程中达到怡情养性、陶冶情操，有一种自我价值实现的快乐感受。而如果超出了适用范围被迫选择自我养老，情况就恰恰相反，被迫选择的自我养老显然不是一种理想的养老模式。

（三）自我养老的无奈

目前，在易杨家村空巢家庭中自我养老成为占比较高的养老模式之一，除了少数家庭老人的自主选择外，更多家庭则是别无选择，饱含着令人心酸的无奈。这种无奈体现在以下方面。

1. 家庭的物质经济资源有限。改革开放以来，我省山区农村社会发展取得了巨大的进步，但是从宏观上来说我省大多数山区农村的经济发展水平整体上还处于较低发展阶段，山区农村家庭的整体收入水平还是比较低。老年人群在山区农村属于弱势群体，是贫困高发的脆弱群体，特别是高龄老人由于年龄增长和身体机能老化，一般都无法继续从事农业生产劳动，无力通过从事农业劳动而获取个人经济收入，因此老年贫困发生率较高。现在农村多代家庭的代际支持出现下移的现象，即长辈的资源更多地向下辈单方向流动，而下辈向长辈的反哺却越来越少。这种情况发展到极端就形成了山区农村家庭内部的代际剥削，即父母对子女的经济补贴远远大于子女对父母的回馈。

其主要表现有：父母定期补贴成年子女的生活费用；父母替子女抚养下一代，即隔代抚育；成年子女住父母家里，不交或少交生活费；父母资助子女购置高档消费品如住房等；父母为子女筹备日益膨胀的结婚费用等。子女在外打工虽然收入比在家务农要高，但随着物价飞涨，住房消费、子女教育消费等占了很大部分，整个家庭能够用于老人养老的资金就显得捉襟见肘了。

2. 农村孝道观念日益淡薄，许多农村年轻人不愿养老。几千年来，孝道观念成为我国家庭和谐、社会稳定的基石，是中华民族的核心价值之一，始终被中华儿女信守并亲身践行，影响着一代又一代的中华儿女。改革开放以来，随着市场经济的发展，如今有相当比例的农村年轻人价值观念扭曲，道德水准下降。一些错误腐朽的思想观念如拜金主义、利己主义等开始冲击人们原有的价值观念，由于山区农村经济发展水平和教育水平较低，农村居民所受的影响则更为明显。在经济社会不发达的山区农村，孝道观念受到极大影响，并且日益淡薄，部分年轻子女对父母老人只知索取从不思回报，根本没有孝顺之心。他们认为赡养父母不属于自己的义务，拒绝向父母提供精神和金钱上的应尽养老义务，甚至出现有些子女歧视、虐待、遗弃父母等违法行为，对老人的身心健康造成了严重伤害。

3. 山区农村社会养老的缺失。一是现有的农村养老体系覆盖面窄。农村社会养老原来是农村集体养老，这一部分主要针对五保户而言，覆盖面比较低，对于过去老龄化不严重时尚可应对，老龄化加剧后显然就力不从心。二是社会养老保障力度较弱。新农保参保比例较低，而且保障力度太弱。易杨家村参加新农保缴的都是最低档的每年 100 元，连缴 15 年，60 岁以后每月的保障金只有 70 元，对于养老只能说是杯水车薪、于事无补。

由于家庭养老功能的弱化和社会养老的缺失，山区农村老年人只得被动选择自我养老的养老模式。子女离开农村进城打工，老人就必须承担土地耕种、家务劳动和隔代幼小子女的照料。打工子女收入较高的还能从经济上照顾父母，收入低的不仅不能给予父母经济来源，而且还靠父母从经济上照顾自己的子女。因此，农村老年人不仅不能安享晚年，反而还要付出更多的劳动来养活自己。显然山区农村自我养老并非一种理想模式，与世界卫生组织所倡导的“健康老龄化”和“积极老龄化”有着较大的距离，更多的是一种无奈的选择。

第五章 理想养老模式

山区农村空巢家庭的存在是日益严峻的社会现实。从我们的实地调查来看，他们的生存状况不容乐观。这类家庭面临的问题很多，但首要挑战就是养老问题。如果养老问题解决了，其他问题将迎刃而解。像易杨家村那样，以自我养老和家庭养老的模式为主已不适应当前的现实。目前，国内各地探索的养老模式多达数十种，但这些养老模式各有自己的适应人群，也有自己的弊端。2017 年 3 月，国家发布《“十三五”国家老龄事业发展和养老体系建设规划》，提出“十三五”的目标是进一步健全以居家为基础、社区为依托、机构为补充、医养相结合的养老服务体系。这样的一个综合养老服务体系是农村空巢家庭理想的养老模式。对于易杨家村来说是一个美好的愿景，“十三五”期间不一定能够完全实现，但假以时日这个愿景是可期的。

一、当前国内主要的养老模式

老年人口的不断增加对养老问题提出了严峻的挑战。传统的养老模式是养儿防老，到了老年由子女出资赡养，安度晚年。但这种养老模式随着工业化、城镇化的高歌猛进，越来越不能满足日益增长的养老需要。养老问题逐渐凸显出来，各地进行了一些有益的探索和实验，一时养老模式出现了“百花齐放”的局面，令人眼花缭乱。我们先对它们进行梳理。

（一）机构养老

机构养老包括养老院、养老公寓等多种情形。适用于喜欢过群体生活的老年人，尤其是孤寡老人。这一模式下的老人住于养老院，或组建大型的老年社区，组织大量的老年人自愿前来入住，社区内为老年人提供所需要的各方面专门化服务。机构养老将是未来养老的一大主体方式。

（二）居家养老

居家养老是指老年人按照我国各民族生活习惯，选择居住在家庭中，而不是入住在养老机构内，安度晚年生活的传统养老方式。适合人群是那些受传统文化影响的老年人。他们选择在家颐养天年，特别是高龄老人和对到养老院和护理院养老存在着一定的偏见或顾虑的老人。

（三）社区养老

老年人在家庭居住与社会化上门服务相结合的一种新型养老模式。这种模式可以确保老人、子女、养老服务人员和政府各取所需，促使资源得到充分利用。社区居家养老弥补了家庭养老的不足，是目前政府大力倡导的一种新型养老模式。适合人群是那些子女工作太忙照顾不到，又不想离开家的空巢老人。

（四）乡村养老

乡村的空气新鲜，生态环境优良，生活成本低廉，吸引了众多的退休老人前去养老。有的城市老人本来家乡就在农村，退休后叶落归根；有的老人收入低，居住城市感觉生活成本昂贵，希望在农村养老可生活得轻松些；有的老人喜欢贴近大自然，终日种草养花，爬山戏水，与大自然做伴也是人生一大乐趣，所以催生了乡村养老这一养老模式。

（五）集中养老

以乡镇为单位举办养老机构，将村庄的“三无”老人适度集中一起居住养老，所需经费由政府来买单。此举解决了农村老人的众多问题，受到好评。

适合人群为农村的“无儿女、无固定收入、无法定赡养义务者”的老人。

（六）小型家庭养老

利用自己的住房，将其装修成适合老年人居住的场所，一般10张床左右，雇用养护员或由原家庭成员为受养员服务。适合人群是半自理和不能自理的老人。

（七）钟点托老

在居住社区内像举办幼儿园那样举办一两个托老所，或者老年活动室等，向老人们提供饮食、娱乐、图书等，老人们白天在此托管，子女们也感觉到很放心。适合人群为住在社区内的老人。

（八）异地养老

鉴于不同地域的房价、生活成本和生态环境的巨大差异，从那些生活成本高，居住环境恶劣的大城市移出，迁到生态环境优越、生活成本较低的城镇养老居住。适合人群是那些经济条件不太好但喜欢旅游的老人，旅游养老两不误。

（九）基地养老

在大城市周边生态环境优越、交通便利、经济相对不够发达的区域，建造大规模的养老基地，将城市的老年人自愿移入居住，实施基地养老。这一做法既可大大提升养老的品位和生活质量，又相对节约了养老成本。老年人居住在基地养老后，还可以将原居住于城市的已闲置住房，通过出租或出售的方法获得额外财富价值。适合人群为有一定经济实力，喜欢亲近自然又不愿离家太远的老年人。

（十）旅游养老

如今，出现了一些候鸟式的老人，分别在祖国各地名胜景点购买住宅，一年四季作观光游览式的养老。适合人群是退休后身体状况颇佳，经济条件非常好，乐于趁腿脚灵便时好好游览祖国大好河山的老人。

（十一）货币化养老

货币化养老是由相关部门拿出一定的资金，以货币券的形式向特困老人发放，老人可以持券到社区购买服务，从而实现居家养老。适合人群为城市特困和孤寡老人。

（十二）以房养老

老人将自己的产权房抵押或者出租出去，以定期取得一定数额养老金或者接受老年公寓服务的一种养老方式。通过一定的金融机制或非金融机制，将住房蕴含的价值在自己生前变现套现用来养老。以房养老目前已经受到社会的极大关注，适合人群为手头有房的老人。以房养老模式中根据具体操作的不同，又可以分为以下不同的方式。

1. 售房入院养老

老年人将自己的住房对外出售，用这笔钱居住到较好的养老院养老，既可以节约社会资源，又使得养老生活增添了众多的乐趣，将部分售房款送交寿险公司办理养老寿险，可以保障自己晚年的生活无忧。适合人群为有房产、又不愿与子女同住，喜欢热闹的老年人。

2. 售后回租

人们将已具有完全产权的住房先行出售，再通过“售后回租”的方法达到以房养老的目标。既可以获取一大笔款项用于养老生活，又能保持晚年期对住房甚至是原有住房的长期乃至终生的使用权，照常有房可居，为老人的养老增添了相当的保险系数。适合人群为不愿意离开家，投资比较谨慎的老年人。

3. 租房入院养老

人们将具有完全产权的住房先行出租，再通过另租房居住或入住养老公寓、养老院的方法达到以房养老的目标。既保障晚年期照常有房可居，并获取持续稳定的租金收入用于养老生活，又能保证在自己身故后原有住房仍能照常遗留给子女，符合国人养儿防老、遗产继承的传统习俗。适合人群为有一套以上住房或住房面积较大的老人。

4. 大房换小房

老人退休后，卖出原居住的大屋，再买进适合居住的小屋，用售房购房的差价款作股市或债券投资，可为养老提供更有实力的保障。老人还可将该笔差价款办理养老年金寿险，每年支取现金用来养老，等到一定年份再将该小房用以房养老的办法，继续获取现金流入，从而有助于老人安度晚年。或者把这个小房子对外出售，自己住到养老院安度晚年。适合人群为住房处于市区较为中心位置的老人。

5. 家内售房养老

美国的许多家庭有一种富有特色的家庭内部售房养老的交易行为。父母将自有住宅出售给子女，借以换得房款做养老金。这是将父母与子女的赡养与继承关系，用金钱的方式加以明码标价、等价交换，对不愿意赡养父母而只喜欢承继房产的子女是一大打击。适合人群为容易接受新观念的老年人。

6. 遗赠扶养

老人同亲朋好友约定，由对方负责给自己养老，自己死亡后，将住房遗赠给对方。这是我国几千年来民间社会广泛流传，今后仍由国家法律认可的“遗赠扶养”模式。它作为“你给我住房，我为你养老”的以房换养的鼻祖，已有了悠久历史。适合人群为没有子女又希望和熟悉的人同住的老年人。

7. 招租养老

老人在家中招来年轻的大学生做房客，一扫往日的沉闷暮气，身边既多了人员照顾，又有一笔可观的房租作为生活费补充；对年轻大学生而言，也有助于解决住房和情感归宿问题；城市的住房资源也得到较好运用，极大地缓解了住房的紧张局面，可谓是一举三得。适合人群为城市中的孤寡老人。

8. 合居养老

一些老人可以商议将自己的住房出售，将钱财合并一起，对养老问题做个特殊组合，在较好的地段合资购买面积较大，功能较好的住宅，大家居住在一起，合作购房，共同居住开销，结成一个养老的生活共同体搭伴养老。养老生活成本也大幅度降低，又消除了寂寞空虚感。适合人群为若干志同道合且又收入较低、住房环境较差的老年人。

尽管养老模式有很多，但真正适合我国国情，特别是适合山区农村空巢家庭的新型养老模式却不是很多。国家经过多年的理论研究和实践探索，从这些模式中选取了几种组成一个最佳组合，由国家发布作为全国各地养老体系建设的方向。这一养老体系的组合就是居家为基础、社区为依托、机构为补充、医养相结合的养老服务体系。这是一个理想的养老模式，若干年后这一综合体系将会建成。

二、居家养老为基础

（一）居家养老模式的兴起

2008年全国老龄办会同发展改革委、民政部等部委共同出台的《关于全面推进居家养老服务工作的意见》对居家养老给出了明确的定义，指出“居家养老服务是指政府和社会力量依托社区，为居家的老年人提供生活照料、家政服务、康复护理和精神慰藉等方面服务的一种服务形式”。这一养老模式不脱离家庭，以家庭为核心，以社区为依托，有别于传统的家庭养老，又不同于机构养老。这种养老模式也被人称为“没有院墙的养老院”。

居家养老模式兴起的根源是传统家庭养老功能的弱化和社会化机构养老的缺陷。

一方面，随着社会的发展特别是现代社会的急剧变迁，家庭规模的小型化且空巢化，空心化现象增多，使家庭养老的能力和功能急剧下降。独居老人和空巢老人家庭迅速增加，家庭养老对他们是可望而不可即的，他们的养老照顾越来越依赖于社会化养老服务。社会流动的增加和居住形式的变化，给传统的家庭养老带来巨大的挑战。传统的孝道文化悄然发生变化，传统家庭养老的文化和制度根基已经动摇。老年人养老需求的越来越多样化与家庭成员满足老年人需求的能力出现了很大的差距。

另一方面，单纯依靠社会化的机构养老已无法解决我国的养老问题。机构养老将老年人集中起来提供养老服务。从理论上讲，这一模式具有一定的比较优势和规模效应，能够实现养老资源的优化组合与合理配置，由此减轻养老负担，提高老年人生活质量。然而，由于我国人口老龄化的独特特点是未富先老、未备先老，国家的社会保障制度还不够健全和完善，这就决定了我国机构养老不是解决养老问题的良策。从现实上讲，社会化的养老机构（如敬老院、养老院等）无论在量上还是质上都很难满足农村老年人多方面的需要。在经济资源条件比较落后的边远山区农村，机构养老费用相对于农民的支付能力来说是比较高的，而且机构养老难以满足老年人精神慰藉方面的需求，发展困难重重。

（二）居家养老服务的内涵

居家养老的最大特点是老年人居住在自己的家中，养老服务主要是依托社区由社会力量提供，在家庭的基础上更强调政府和社会在承担社会养老方面的责任和义务。由此决定了养老服务具有如下的内涵：从服务场所来看，居家养老所提供的服务地点是在家庭，这是居家养老模式区别于机构养老模式的最明显的特征。从服务对象来看，居家养老的服务对象是居家的老年人，包括健康的老年人和失能半失能的老年人。从服务内容上来看，居家养老的服务内容是为老年人提供日常生活照料和卫生保健服务，在医疗辅助、健康管理、个人照料、疾病预防、精神慰藉等方面予以支持。从服务形式上来看，居家养老的服务形式包括正式照护和非正式照护。老年人所需要的服务主要由社区来提供，老年人在生活照料、医疗健康以及精神慰藉等方面的问题都由社区内的有关机构来解决。健康老人可以自主到社区设置的各种服务机构，利用服务设施获取服务。失能老人或生病老人可以获得社区相关机构和人员提供的上门服务。从服务目的上来看，居家养老的服务目的在于提高老年人的独立自主能力和老年人的日常生活能力，控制和降低老年人的失能水平，改善老年人的生活质量，管理健康资源和社会资源。[1]

（三）居家养老服务的必要性

我国在未富先老、未备先老的情况下快速步入老龄化社会，居家养老对于缓解我国当前的养老问题具有重要的意义，具有时不我待的紧迫感和必要性。

1. 人口老龄化形势严峻。我国农村老年人口近几年快速增长：一方面我国农村人口基数大；另一方面我国经济发展水平的提高和医疗卫生技术的进步，使得我国人口平均寿命有了很大的提高，从改革开放之初的 68 岁

[1] 张岩松：《社会养老服务体系建设研究》，东北财经大学出版社 2016 年版，第 56 页。

提高到目前的73岁。严格执行的计划生育政策，使得高龄老年人口在总人口中占据的比例较大。第六次人口普查结果显示："我国农村总人口已达到662805323，其中，60岁及以上的人口达99303297人，占农村总人口数的14.98%，高于全国平均水平。"[1]

2. 农村老年人养老服务需求急切。随着大量青壮年劳动力进城务工，导致大量空巢家庭出现，空巢老人、留守儿童在农村生活。很多老人要进行农业生产活动、照顾留守儿童，由于年事已高身体方面随时可能出现状况。与城市相比，农村的医疗服务设施较为落后，看病就医更加不便。因此老人对生活照料、医疗服务需求更加迫切。

3. 我国农村社会保障制度保障水平低。现阶段我国农村保障制度主要有五保制度、最低生活保障制度、新型农村合作医疗制度、农村社会养老保险制度。新型农村合作医疗制度帮助农民在抵御重大疾病，减轻农民医疗负担方面发挥了重要作用。但目前的新农合报销比例偏低，农民遇到中等以上的疾病，仍然负担较重。我国农村养老保险制度始于20世纪80年代中期，其保障水平低，多数地区的养老金水平只能起到生活补贴的作用。[2]

（四）居家养老服务的可行性

居家养老服务作为新型的养老模式考虑到了现实国情和农村现状，在试点地区受到了农民朋友的认可和支持，各方面的主客观条件基本成熟，具有可行性。

1. 符合我国农村的经济发展现状。在农村现有的经济条件下，我国难以单独由政府成为老人养老服务的主体，因此养老事业需要发挥多方面的力量共同参与，如社会、家庭、志愿者、社区等。相比于农村其他的养老模式，居家养老的资金来源是多方面的，可以是政府的、社会的、家庭的等。居家养老模式在农村的应用一方面有利于保障农村老人的养老，另一方面又有助于缓解政府财政压力。

2. 符合农村传统的养老习惯。自古以来，孝文化在中国农村家庭养老中

---

[1]　中华人民共和国国家统计局编:《中国统计年鉴2012》,中国统计出版社2012年版。

[2]　魏敏:《农村居家养老模式研究——以广东省江门市为例》,广西大学2014年硕士论文。

发挥着主要影响力，家一直是人们心中的港湾。养儿防老、在家养老送终是中国老人固有的观念。在任何时候，老人渴望家和亲情的温暖。居家养老肯定了家庭养老的传统地位，促进了家庭的和谐发展。居家养老模式有效结合了机构养老与家庭养老的优点，居住在家，在熟悉的环境和圈子中生活，既满足了老人对家的眷恋，又能使老人在家得到社区提供的专业服务和照顾。

3. 居家养老服务受到政策支持。我国居家养老的理念始于20世纪80年代，居家养老的进一步发展是在21世纪。2008年全国老龄办会同发展改革委、民政部等部委共同出台了《关于全面推进居家养老服务工作的意见》，这是由国家提出的关于居家养老的纲领性文件，提出了全面推进居家养老服务的目标。2017年3月发布的《"十三五"国家老龄事业发展和养老体系建设规划》提出："十三五"的目标是进一步健全以居家为基础、社区为依托、机构为补充、医养相结合的养老服务体系。全国各地正在根据中央精神结合本地实际制定实施细则，加紧落实这一规划。

（五）居家养老的优势

居家养老结合了家庭养老和机构养老的优点，克服了它们的缺点，做到了扬长避短，具有明显的优势。

1. 居家养老符合老年人意愿，满足了养老需求。居家养老不离开家庭，符合老年人居家的愿望和心理需求，是绝大多数老年人都能接受的选择。多数老年人心理上和感情上不愿意离开家和亲人，独自到养老机构度过晚年。居家养老没有改变老年人的生活环境和生活习惯，维持了老年人原有的社会关系网络，使老年人精神上不会感到寂寞和孤独。居家养老模式也符合中华民族孝道传统中尊老孝亲的思想和尊老为本、敬老为先的观念。

2. 分解和减轻了养老压力。现在普遍存在的"四二一家庭"（一对夫妇既要抚养子女，又要赡养双方的四位老人）结构使得家庭核心主体面临着强大的养老压力。居家养老可以分解家庭成员的压力。在居家养老模式下，家庭成员更多地承担的是与老人的交流，提供精神上的慰藉，而其他的养老需求大部分由社区相关机构和人员提供。同时，居家养老模式由于有了社会化的参与，也减轻了政府的财政负担，这在未富先老、未备先老的基本国情下是十分重要的。

3. 整合资源，节约社会成本。老人居住在自己家中，可以充分利用家中的资源养老，也可以根据自己的习惯和特殊喜好安排自己的饮食起居。如果实行居家养老模式，老人在家里居住，政府就不用建立更多的养老机构来满足需求，节约了大量的社会成本。居家养老还可以整合人力资源，节约社会人力成本。许多年纪稍长但健康的老人可以成为居家养老机构中的服务人员，这样可以使年轻人从养老事务中解放出来，在更能发挥自己优势的岗位上工作。

4. 提供就业岗位，促进社区发展。居家养老可以提供大量的就业岗位，盘活社区的闲置资源，使社区的大龄妇女得以就业。社区能充分发挥优势，有针对性地开展老人服务项目，提高老人的生活质量，促进社区自身的建设向前发展。

（六）居家养老与其他养老模式的区别与联系[1]

居家养老与传统的家庭养老不同。家庭养老作为一种历史最为悠久的养老方式，老年人的养老（内容包括经济供养、日常照料和精神慰藉等方面）主要依靠家庭成员来提供。居家养老服务是在社区服务的基础上发展起来的。居家养老服务与家庭养老、社区养老服务等概念有联系，但也有明显区别。在现实中很多人容易把居家养老服务与社区养老服务混为一谈。

我们从居家养老服务与社区养老、家庭养老相区别的角度，并结合全国各地居家养老服务的实践，可对居家养老服务的内涵做出一个简单的概括：它是老年人按照自己的意愿仍然居住在自己的家庭中，不仅家庭成员（包括子女、配偶以及老年人自己）提供经济供养、生活照料和精神慰藉，而且社区、社会组织、企业和志愿者个人也为老年人提供生活照料、精神慰藉和医疗护理等养老服务，而且以后者为主，国家则提供相应的政策支持和制度保障的一种社会化养老服务。

居家养老与传统的家庭养老既有联系，也有区别。家庭养老是相对于社会养老而言的，两者的共同之处是老年人都按自己的意愿居住在自己的家庭中，不同的是为老年人提供生活照料、医疗护理和精神慰藉的主体有所不同，

---

[1]　青连斌：《我国家庭养老的困境与居家养老服务发展的趋势》，《晋阳学刊》，2016年第4期。

前者既包括了后者，又远远超出了后者。居家养老把社会化的养老服务延伸到家庭，是对传统的家庭养老模式的补充、创新和超越，本质上是一种社会化的养老服务。

居家养老与机构养老的区别比较明显，主要是老年人养老地点的不同，居家养老的地点在家庭，机构养老的地点在特定的机构，但两者都是社会化养老服务方式。居家养老的成本比机构养老要低很多，有专家算过这样的一笔账：投资兴建一个100张床位的养老院，大约需要2000万元，这还不包括土地使用转让费、建成之后的运行管理费用，如果用2000万元去购买服务，则可以支付1000名老人16年的居家养老费用。

居家养老与社区养老、机构养老是我国三种基本的养老方式，但居家养老与社区养老在服务内容和服务形式等方面存在诸多的交叉与重叠，居家养老的许多服务，是依托于社区提供的养老服务，社区养老服务中的很多服务内容也是直接面向居家养老的老年人的。因此，居家养老与社区养老在服务内容、人员配备、服务方式等方面虽各有侧重，但又相互交织，都必须以社区作为中介和支撑才能发挥作用。

现在可以小结一下，居家养老本质上是一种社会化的养老服务方式。具体而言：

1. 在养老地点的选择上，居家养老的老年人仍然按照自己的意愿居住在自己熟悉的生活环境中，居住在自己的家庭里，而不是入住到特定的养老机构中去。

2. 在提供养老服务的主体方面，既包括传统的家庭养老的主体即家庭成员（成年子女或孙子女），也包括社区、公益性社会组织、义工和志愿者、提供养老服务的公司、企业，也包括政府和养老服务机构。其中家庭成员和社区在居家养老服务的主体中占有最主要的地位，发挥着最重要的作用。

3. 从养老服务的服务内容看，既包括衣食住行等日常生活照料服务，也包括娱乐、休闲、情感支持、心理疏导等精神慰藉，甚至还包括送医送药上门、医疗护理等。

4. 从养老服务的形式看，居家养老具体服务形式具有灵活性、多样性和多层次性，生活能够自理的老年人可以自己走出家门，自主利用社区养老服务机构和设施提供的各种文化、休闲、娱乐等养老服务；社区、养老服务机构也可以派出专业人员，或者是志愿者和义工到老人家中，为不能自理的失能半失能老人提供上门服务。

（七）居家养老的潜在问题思索

居家养老模式是当前备受学术界专家和政府推崇的养老模式，是我国综合养老体系中的基础模式。但这一模式能否顺利建成，有以下潜在问题必须提前做好规划和准备。

1. 资金问题。在居家养老模式中离不开社区强有力的支持，社区要为在家养老的老年人提供生活照料、医疗护理、精神慰藉和文化娱乐等方面的服务。要提供满意的服务需要大量的硬件设施和物资，与此相应的，需要大量的资金投入。资金来源有哪些？政府、机构、社会组织、爱心人士等都可能成为资金的提供者，它们各自的权利和义务等法律关系如何？这些问题都要清楚地界定。

2. 人员问题。提供居家养老服务，特别是对失能半失能老人提供上门服务需要大量的人员。目前的情况是具有资质的专业人员很少，志愿者队伍则很不稳定，流动性很强。因此，队伍建设也是居家养老必须提前考虑的重要问题。

3. 政策问题。国家要谨慎出台有关居家养老的各项政策，政策的目标应是调动政府、机构、社会组织、爱心人士等各方面的力量积极参与到养老事业中来，而不是相反。出台政策之前一定要经过广泛调研，听取各方意见，借鉴国内外成功的经验，吸取它们的教训。

三、社区养老为依托

（一）社区、社区养老、农村社区养老的概念

社区指的是由一定数量成员组成的、形成频繁社会交往和互动关系的、具有共同利益需求的、产生心理认同和自然情感联系的、地域性的社会共同体。农村社区是以农村村民委员会为组织依托，以村委会驻地村和所辖自然村为活动范围，聚居在一定地域内的农村居民在农业生产方式的基础上所组

成的社会生活共同体。在我国农村社区的主体是行政村，范围与村委会的管辖区域一致。

社区养老服务是指政府和社会力量依托社区，为在家养老的老年人提供生活照料、医疗护理、精神慰藉和文化娱乐等方面的服务，老年人接受社区养老服务的地点是家庭或者社区。社区养老以社区为中心，由各种社会力量共同提供养老资源。一方面，它是家庭养老的延伸，可以为在家中居住的老人提供直接的生活照料服务，是居家养老服务的重要支撑；另一方面，它是机构养老的社区化，可以为家庭日间暂时无人或无力照护的老年人提供日间照料服务。

农村社区养老就是以农村社区或村庄为依托，整合政府、行政村、社区、家庭和个人的力量，利用村集体或社区的服务设施，让农村的老年人在熟悉的环境中得到生活照料、精神慰藉和医疗保健等服务。农村社区养老利用农村的优势和特点，发掘农村社区养老资源，形成适合农村经济发展状况的社区养老模式。农村社区养老服务是农村居家养老服务的重要支撑，具有社区日间照料和居家养老两大功能。

在农村社区养老中有一种特别的形式叫作农村社区互助养老，是一种非常具有中国农村特色的社区养老方式，非常适合像易杨家村这样的边远山区农村。它是指由社区或村集体牵头主办，对老人进行集体供养并开展互助服务，达到互助共济的养老服务方式，它特别强调群众参与、依靠邻里关系、老人间的互助给予老人在日常生活方面的照料和帮助。在农村实施互助养老，是基于农村居民之间的相同价值观、长期的文化认同感、邻里的熟悉度而创新提出的，具有一定的可推广、可复制的实践意义。[1]

（二）农村社区互助养老的特点

农村社区互助养老模式体现了我国农民的首创精神，具有十分鲜明的特点。

1. 经济性。社区养老服务不以营利为目的，而是造福于社区老年居民，以较小的花费为老年人提供较好的服务。实行农村社区互助养老成本较低、农民养老负担较轻。农村互助养老可以充分发掘本村内的养老资源，实现养

[1] 董金凤：《邹平县农村社区养老服务问题研究》，山东农业大学 2016 年硕士论文。

老资源的优化配置及合理利用。现在农村小学由于生源减少，大批的村办小学被合并撤销，空余大量的校舍。这些校舍稍加粉刷改造就可成为农村社区老年照料中心，所以农村互助养老不需要兴建大量的房舍，可以充分利用村里原有的空置房舍兴办互助中心，这样成本自然会大大降低；另一方面农村互助养老也不需要工作人员，或只需要少量工作人员，入住的老人可以实行互助养老。这样一来，农村老年人入住所需费用比进入养老机构要大幅减少，农民完全可以负担得起。

2. 全面性。实行农村社区互助养老，可以为老年人提供更多的生活照料和精神慰藉。老人们各有特长和优势，他们可以利用自己的这些强项为别的老人提供优质服务。比如烹调手艺好的可以为别的老人提供可口的饭菜，会说会唱的可以给大家聊天解闷。在同一个村里生活的老年人拥有共同的经历，熟知彼此的过往，在价值观上高度认同。农村互助养老不会改变老人生活的人文背景。他们互相照料关怀，也不会感到孤独和寂寞。大家我帮你你帮我，互不亏欠，空巢老人更容易接受互相提供的养老服务。

3. 灵活性。社区养老服务是非制度性措施，内容和形式上都富有很强的弹性。在实践中可以根据具体服务对象的具体需求，针对不同老年人的情况，采取不同的服务形式。农村互助养老的形式可以多种多样。具体的形式完全取决于经济发展水平的不同和农村空巢老人对养老服务需求的不同，农村互助养老可以分为福利型、补贴型、互助型等多种类型。如果村集体经济实力雄厚，这种养老服务可以是完全福利型的，基本上不需要老年人自掏腰包；如果村里集体经济较好，可以在设施和生活上给予补贴；如果集体经济薄弱，主要靠自助互助、集资和政府支持实行互助养老。

4. 服务性。大力发展社区养老服务，可以弥补养老保障基金的不足，增强居家养老服务保障功能。通过社区提供的养老服务，可以提高社区的公共福利水平，满足老人对社区养老服务的要求，帮助有困难的老人克服困难。在人口老龄化加速、老年人口不断增加的总趋势下，社区为老年人提供的养老服务是别的机构或社会组织所不能替代的。

5. 区域性。社区互助式养老提供的养老服务具有一定地域性，即只在一定区域的范围内提供服务，这是社区互助养老服务与一般社会养老服务在空间范围上的主要区别。农村社区互助养老的范围通常指的是一个农村社区，大体上与一个行政村（下辖若干个自然村）的范围相同。

6. 局限性。农村互助养老模式的存在与发展需要一定的现实环境和条件，包括政府政策、社会及家庭财力、农村人口结构与老年人口比例等方面。其局限性主要体现在互助养老的具体运作在很大程度上依赖于政府的人力、物力、财力支持，一旦政府在这方面缺位或者不积极作为，那么互助养老面临的将是难以为继的处境。

（三）农村社区互助养老模式的作用

毫无疑问，农村社区互助养老模式在经济社会发展欠发达的边远山区农村其养老功能十分强大，作用明显。

1. 弥补家庭养老功能的不足。改革开放以来我国农村社会发生了极大的变迁，青壮年劳动力大量外出打工，留下大量的空巢家庭在农村。由于子女常年不在身边，农村的家庭养老功能已急剧弱化，照料老人尤其是无子女或子女外出不在身边的老人问题尤其突出。农村社区养老服务则可以有力地弥补家庭养老功能的不足。没有社区养老服务，现代社会家庭养老便难以为继。

2. 弥补机构养老功能的不足。目前机构养老承担了一部分的养老任务，但机构养老存在一些问题。养老机构数量不够多，床位不足，而且地区分布不均衡。养老机构提供的养老服务质量参差不齐。机构养老收费较高，成本昂贵。机构养老无法排解老年人的孤独寂寞感，难以提供精神慰藉。所有这些问题机构本身难以解决。农村社区养老服务能够克服机构养老的缺点，不仅投资少、收费低、服务广，而且形式多样的社区养老提供的服务可以帮助老年人日常生活，还能加强老人与社会的联系，促进身心健康、延缓衰老、安度晚年。

3. 整合社区资源，提高资源利用率。社区养老社区办，社区养老的力量来自于社区本身，可以使社区的闲置资源得以充分利用，从而降低国家在养老方面的相关支出，减轻国家财政的负担。社区养老服务站还可以为一批人提供就业岗位，解决就业难题。

（四）农村社区互助养老模式的优势[1]

互助养老模式是老人们通过互助实现自我管理、自我服务，可节约养老服务人力成本，减轻国家财政负担。同时，作为服务者的老人能够感受到自我价值的实现。所以农村社区互助养老模式与传统的家庭养老模式和机构养老模式相比有着无可比拟的优势。

1. 由于服务者与被服务者均为老年人，他们有着共同的价值观和想法，在生活和精神上可以相互帮忙和慰藉，有效的沟通在弥补老人们精神上空虚的同时也使得提供的服务更具针对性。

2. 定期对提供服务的老人进行医药护理和老年保健知识的培训，使老人接受医疗服务的同时，自身也能增强自我照顾的能力等。

3. 关于生产帮扶问题，将高龄老人的农务交给低龄或健康老人打理，生产成果由老人们根据各自所提供的生产要素进行分配。这样的互助活动既丰富了老人的生活，同时也减轻了老人们的生产负担。

综上所述，农村社区互助养老模式确实有助于高效低成本地解决目前的农村养老问题。它不仅吸收了社区养老的优点和可操作性，还将浓重的互助氛围融入朴素的乡情之中，宣扬了传统的中国文化。更重要的是农村社区的互助养老模式可以节约政府开支，盘活集体经济，实现了经济上可持续发展，十分契合我国老年人口多、资源缺乏的国情。所以，它的顺利实施对于我国农村养老服务事业的发展具有非凡的意义。

（五）农村社区互助养老模式容易出现的问题

首先，老年人对互助养老模式认识的欠缺。现如今在山区农村传统养老思想仍占主要地位，传统的几代同堂、儿孙满堂等养老观念仍然根深蒂固。如何打破传统血缘养老思想，融合农村互助养老新思想？因为不能够接受互助养老新思想将直接影响到老年人自身养老需求的满足情况，降低互助养老模式的普遍率，降低服务质量，影响互助养老模式开展的积极性。

其次，信任度的缺失也会成为互助养老的又一问题。老年人不放心将自

[1]　李顺：《农村社区的互助养老模式研究——以河南省 A 县为例》，西南财经大学 2014 年硕士论文。

己交由非儿女以外的人照顾，反之，作为儿女对于互助养老这一新型养老模式也会持观望态度。如何消除隔阂，建立互相信任、互相帮助的互助型养老模式也是我们需要解决的问题。

最后，外部环境的影响。主要包括政府政策支持的力度，社会力量的参与程度等都会影响到山区农村互助养老模式的顺利运行。

四、机构养老为补充

目前我国已进入深度老龄化社会。随着家庭结构的变迁，家庭养老的功能极剧弱化，机构养老模式在养老体系中占据着重要的地位。一部分农村老人也会选择在养老机构里养老，安度晚年。我国的机构养老服务起步比西方国家晚，随着我国加速进入人口老龄化社会，机构养老服务作为社会化养老的重要组成部分受到了越来越多的重视。

（一）机构养老的概念和类型

1. 机构养老的概念

机构养老是指以社会福利院、敬老院、老年公寓、老年护理院、临终关怀等养老机构（不含社区里的托老所等养老居所，那是属于居家养老的设施）为载体，为老年人提供生活照料服务的养老方式。社会福利院和敬老院是我国传统的养老机构，由政府开办或政府与集体合办，为特殊老年人群体提供服务的社会福利机构。社会福利院主要面向城市“三无”（无法定赡养人、无固定生活来源、无劳动能力）人员。敬老院主要面向农村“五保”老人。老年公寓是专为老人建造的生活设施齐全、功能完备、可长期居住的养老机构。老年护理院主要收治慢性病老人，如老年痴呆、中风偏瘫等疾病的老人，除了为入住老人提供生活照料之外，还要对老人进行康复治疗。临终关怀机构专门收留久病年迈，将要去世的老年人，以减轻入住老人身体和精神痛苦、进行姑息支持治疗为目的。实际上我国的大部分养老机构在服务对象和功能上存在交叉的现象，难以十分清晰地对它们进行分类，只能按照它们的主要功能和对象进行大致的分类。

机构养老模式最大的特点是老人离开自己的家，到养老机构生活。老人的“衣、食、住、行”均由养老机构直接提供。老人在这里可以享受到机构提供的生活照料、精神抚慰、医疗护理等多种服务。机构养老的另一个重要特点是付费有偿服务。费用的来源有依靠亲人资助、国家补贴或者老人自助等方式。机构养老与社区养老、居家养老并称为我国养老体系的三驾马车，共同服务于老年人群体。作为居家养老和社区养老的重要补充，机构养老与其他二者不是竞争和排斥的关系，而是互为补充的关系，三者之间协调发展、共同进步。

2. 机构养老的类型

机构养老的类型，按照投资主体不同可划分为三种，即福利性、非营利性和营利性养老机构。福利性养老机构由国家、集体（农村乡镇）筹资兴办，其目标性强，所收养、服务的对象主要是针对农村“五保”老人，属于社会福利事业单位。由民间（个体、民营或外资企业）筹办的养老机构，按照其是否营利的特点，将其分为营利性养老机构和非营利性养老机构两大类。营利性养老机构一般不享受国家优惠政策，属于老龄产业，市场化程度高，税后利润可以分红；而非营利性养老机构属于我国老年社会福利事业的组成部分，享受国家优惠政策扶持，无须缴税，盈利部分也不能分红，只能用于养老机构滚动式发展。

机构养老的类型，按照养老机构性质可分为公办养老机构、公办民营型养老机构、民办公助型养老机构和民办养老机构。公办养老机构由政府出资兴建、管理并运营，各地的公有制养老机构大都属于这种模式。公办民营型养老机构是一种政府出资兴建并提供主要运营费用，由民间组织承包经营的模式。这一类型的养老机构其所有权和运营权是分离的。国家和集体不再包揽一切，而是交给社会组织运营，政府充当“后台老板”。这种模式的好处是既保留了养老机构的公益性和福利性，同时也提高了养老机构的运营效率。民办公助型养老机构是指民间组织开办养老机构，为老年人提供非营利性的养老服务。这类养老机构的运营资金主要来自于入住者的缴费。另外，政府的运营补贴以及社会的捐赠也是其运营资金的重要来源。民办养老机构主要是指由私人部门投资兴办的营利性养老机构，在工商部门登记注册为“民办企业单位”。目前，福利性和非营利性的养老机构是我国社会福利机构的主要载体，营利性的养老机构近年来也得到了一定的发展。

（二）我国农村机构养老的发展史

我国农村机构养老有着悠久的历史，从20世纪50年代中后期我国开始对农村五保户进行供养。“文化大革命”中这一供养体系遭到破坏。改革开放以来，农村养老机构得到了恢复和发展。

1. 改革开放之前（1956—1978年）。在这个时期，我国独有的五保制度开始形成。五保的对象是老、弱、孤、残的公社社员，保障内容是保吃、保住、保穿、保医（孤儿为保教）、保葬五个方面。供养的模式有两种：分散供养和集中供养。为了解决一部分“五保”对象无人照料的问题，有的地方开始试办敬老院，敬老院经费由人民公社和生产队公益金供给。“文化大革命”时期，国家的经济社会遭到严重破坏，五保工作难以为继，各地敬老院也处于瘫痪状态。

2. 家庭联产承包责任制时期（1979—2000年）。农村经济发展迅速，但与此同时集体经济相对衰退下来。敬老院的收入主要靠村级提留及乡镇统筹，经费紧张，供养水平较低。但随着经济社会的发展，敬老院的规模和供养人数还是在不断发展。在此期间，农村敬老院也随着五保供养制度的完善而进一步规范化。1997年民政部颁布了《农村敬老院管理暂行办法》，敬老院以供养五保对象为主，有条件的敬老院可以向社会开放，吸收社会老人自费代养。这些规定，在一定程度上推进了农村敬老院的社会化发展。

3. 农业税费改革时期（2000年至今）。税费改革取消了乡统筹费，原来由乡统筹费开支的乡村两级九年制义务教育、计划生育、民兵训练和优抚支出，由各级政府通过财政预算安排。同时对村提留征收使用办法也进行了改革。五保户供养经费除原来由集体经营收入开支的继续保留外，其余凡由农民上缴村提留开支的，采用新的农业税附加方式统一收取。这样，农村五保事业由集体福利性事业变成了国家福利事业。2006年民政部发布了《关于农村五保供养服务机构建设的指导意见》，规定“在我国农村基本建成以县、乡人民政府兴办的五保供养服务机构为骨干，社会力量举办的五保供养服务机构为补充……初步满足农村五保供养对象的供养需要，并逐步开展对农村其他老年人、残疾人和未成年人的供养服务”。这一时期在国家和社会的支持下，以五保集中供养为主的农村机构养老取得了较大的发展。[1]

[1] 马红:《农村机构养老研究——以湖南某县为例》，湖南师范大学2010年硕士论文。

（三）机构养老的特点

机构养老因其服务对象的特殊性而具有自身的特点。

1. 公益性。我国绝大多数养老机构是以帮扶、救助城市“三无”老人和农村“五保”老人，大多不以营利为主要目的，所以其公益性特征尤为明显。

2. 服务性。养老机构的服务不同于其他服务，具有“全人全员全程服务”的特征，即从老人入住养老机构开始，养老机构的所有工作人员在满足老人衣食住行等基本需求之外，更要努力满足老人在其他方面的需求，直到老人“离去”。

3. 专业性。机构养老具有的优势是拥有专业化的服务，使老人能得到较专业的生活照料和医疗护理。集体生活能排解老人的孤独感，也可以确保老人的安全，老人的社会交往范围增大，甚至有再婚选择的可能。机构养老能够为老年人提供量身定做的个性化服务，满足老年人的个性化需求，提高老年人晚年的生活质量。专业分工和规模经济的效应可以节约照顾老人的成本，既能够减轻子女的经济负担，也可以让子女从繁杂的老人日常照料中解脱出来。养老机构居住环境比较好，有无障碍设计，更方便老人尤其是肢体不便的老人居住。

4. 高风险性。目前农村入住养老机构的老人一般年龄较大，而且很多老人还患有疾病，是意外事件、疾病和死亡经常伴随的高危群体。此外，养老服务业又是一个投资大、回报周期长、市场竞争激烈的高风险行业，如果没有市场意识、经营意识，没有严格的管理和风险防范机制，必然增加养老机构投资与经营的风险。正是这样的高风险性使得很多社会资本在进入这一领域时望而却步。

五、“医养结合”新模式

让老年人“老有所医、老有所养”，“医养结合”型机构养老模式是近几年逐渐兴起于各地的一种新型养老模式。由于其将现代医疗服务技术与养老保障模式有效结合，实现了“有病治病、无病疗养”的养老保障模式创新，已经成为政府决策部门关注的热点问题，相继出台了很多医养结合的相关政策。

医养结合是我国当前老龄化背景下一种将养老与医疗有机结合的新型养老模式。该模式能够实现老年人生活照料与医疗服务的无缝对接，提高社会养老服务质量和老年人健康水平。无论是居家养老、社区养老，还是机构养老，共同面临的问题是医疗需求难于满足，目前养老机构及床位远远不能满足现有老人的正常需求。

（一）“医养结合”养老模式的内涵[1]

“医养结合”养老模式的内涵包括服务主体、服务客体、服务内容和管理机制四个方面。服务主体，即“医养结合”服务的提供方，包括老年公寓、社会福利院、敬老院、临终关怀院、各级医院、社区卫生服务中心和社区居家养老服务中心等机构。服务客体，指的是“医养结合”服务的对象。“医养结合”养老服务面向不同健康状况的老年人，包括健康、基本健康、不健康和生活不能自理四类老年人，重点面向生活不能自理的老年人，主要包括残障老年人、慢性病老年人、大病恢复期老年人及绝症晚期老年人等。服务内容，即“医养结合”能够提供的服务项目。“医养结合”养老模式不仅提供日常生活照料、精神慰藉和参与社会活动，更为重要的是提供治疗、预防、保健、护理、康复和临终关怀等多方面的医疗护理服务。管理机制，指的是对“医养结合”养老模式的管理及相关政策制度，包括“医养结合”服务的管辖部门、管理方式、扶持政策的制定与实施等。

（二）“医养结合”养老模式出台的背景

我国自1999年进入老龄化社会以来，老龄化程度不断加深，老年病患者日益增多。我国当前老年人医疗服务水平不高，养老问题面临新考验。“医养结合”就是在这种背景下产生的新型养老模式。

1. 医养分离养老模式的弊端

我国长期以来采取的是“医”与“养”分离的养老模式，即医疗系统与养老系统二者之间相互独立、自成体系；在该体系框架下，养老机构或社区所提供的服务仅限于一般的生活照料服务，一般不能提供医疗服务；条件较好

[1] 黄家豪、孟昉：《“医养结合”养老模式的必要性、困境与对策》，《中国卫生政策研究》，2014年第6期。

的一些养老机构或社区也只能提供很简单的医疗服务，因此如果有照护服务需求的老年人，比如患有慢性病的老年人入住养老机构或者居住在家，他们将得不到较好的医疗服务；同时，对于在疾病治愈之后需要继续康复治疗的大部分长期住院患者，因为找不到继续康复治疗的地方（养老机构或社区不能提供后续康复治疗服务，家庭成员则无力提供后续康复治疗服务）而选择继续滞留在医院。这样，不仅老年人得不到较为专业的生活照料和精神慰藉，不利于病情的康复，还会浪费巨大的医疗资源，使医保基金不堪重负。[1] 在老年人生活自理能力下降以及慢性病患者日益增多的形势下，医养分离的养老模式已经不能满足新形势下老年人的多元化需求，亟待改革创新。

2. 新形势下养老出现新需求

随着社会的进步，养老需求也出现了新的变化。现代养老出现了四个方面的新需求：一是养老的健康、文化以及精神需求更为凸显出来，养老的需求从满足物质生活需求向满足心身健康需求方向发展；二是养老的原则从经验养生向科学养生发展，老年人更渴望享有公平和高水平的医养结合服务；三是养老目标从追求生活质量转向追求生命质量、从追求长寿转向追求健康；四是养老的意义由从被动治疗向主动养生转变。[2]

3. 产业结构调整期可以催生新的养老产业

所谓“医”，一是预防和推迟老年病的发生；二是对健康危害因素进行有效管理，早发现早治疗，不产生严重的后果，大大提升老年人的生命质量。所谓“养”，则是要创造老年人参与社会活动的环境和适应老年人生活的社会。积极探索“医养结合”新模式，既有助于满足老年人的多层次需求，提升生活品质，又能补上我国服务业的“短板”，释放巨大有效需求，催生上千万新增就业岗位。[3]

---

[1] 杨贞贞:《医养结合的社会养老服务筹资模式构建与实证研究》，浙江大学 2014 年博士论文。

[2] 张立平:《把老年“医养结合”养老服务做成最美的夕阳产业》,《中国老年学杂志》，2013 年第 21 期。

[3] 夏家红:《武汉市“医养结合”模式评析》,《长江论坛》，2014 年第 6 期。

（三）“医养结合”的主要模式

我国目前医养结合的主要模式为主要有以下几种[1]：

1. 公立医院设立老年养护病房

公立医院中的部分一级或二级医院转型为以老年照料和疾病康复为主的医院，根据老年人的需要提供医疗、康复、生活照料等服务。有的医院设立了医疗、护理、康复、保健、养老和临终关怀“六位一体”的老年科，探索了“医养结合”和“全程托护”新型老年患者住院管理模式。服务对象是一般护理院无力承担的患病老人，根据老人自理能力分为全护、半护、自理 3 个等级。老人可享受专业的护理服务及病情观察，口服药物在门诊领取，即为“养”；当老人慢性疾病急性发作或者出现其他疾病，给予办理住院手续入院治疗，即为“医”。

2. 养老机构提供医疗服务

部分养老机构设立医务室，为入住老年人提供保健康复、长期护理以及慢性病治疗等基础服务。服务对象为长期患各种慢性重病、卧床不起、失去生活自理能力的老人。医务人员提供专业化的医疗照护和生活照料。医务室具备医疗资质，病房内设置科室包括常见的内科、外科、中医科、化验室等。医生护士 24 小时值班，紧急情况下能够实施及时的抢救措施，护理员与老人同吃同住，保证老人的生活质量。该模式提供的医疗服务一般为基本的护理，对医疗服务水平要求较低，机构服务人员经过基本培训或学历不太高的医务人员皆可承担此项服务。

3. 社会资本办医养结合机构

目前，“十三五”规划、国家卫生计生委等部门文件的出台，皆对医养结合行业产生了巨大的利好效应。在可预见的将来大量社会资本进入医养结合市场成为必然趋势，社会资本兴办医养结合机构将成为重要的一种模式。比如房地产开发商与民政部门、卫生部门联合，共同打造医养结合机构。或者社会资本与卫生、民政、医保等相关政府部门共同合作，扶持民营照护院的建设与发展。在多方合作下，老年人可以用较少的花费享受到机构照护，社会

---

[1] 佘瑞芳：《我国医养结合服务发展现状分析与政策建议》，《中国医院管理》，2016 年第 7 期。

资本也愿意举办并能够微利运营。

4. 居家养老购买医疗服务

由于社区卫生服务机构的加入，以社区为基础的居家养老服务模式也将成为医养结合的重要模式。该模式的特点是：老年人在家中由家人照顾日常生活，民政部门通过购买服务的方式，社区卫生服务机构为辖区内的老年人提供预防保健、康复护理、慢性病多发病常见病的治疗服务。

建立“医养结合”的养老模式对于具有养老和医疗双重需要的老年人来说是非常有利的。对于任何一个医养结合的社会养老服务对象来说，可以从三个维度加以分析，得出合适的养老模式。首先看他生活自理能力的情况，其次看他是否能够从家庭获得照护资源，再次看他是否患有慢性病等情况。比如一个老年人，生活基本能够自理，家里不能提供照护，自身患有慢性病，那么他就需要医养结合的养老模式，因为他必须得到一定的医疗帮助；如果自身没有患慢性病，则可以不需要医养结合的养老模式，用普通的居家养老或社区养老所提供的日常照料即可。再比如另一个老人，生活不能自理，家里可以提供照护，自身患有慢性病，则需要医养结合的养老模式提供必要的医疗帮助；如果自身没有慢性病，则可以不需要医养结合的养老模式，用普通的居家养老或社区养老所提供的日常照料即可。

“医养结合”模式是医养分离的传统养老模式的创新与升级，是解决医疗资源配置的不合理与人口老龄化程度不断加深带来的需求与挑战的重大突破和模式创新，但我国医养结合模式的发展仍处于刚刚起步的初级阶段，很多方面都亟须完善。

六、想象中的易杨家村空巢家庭养老蓝图

2022 年或 2027 年，在各级政府的大力支持以及社会组织、爱心人士的积极参与下，易杨家村的多元化的综合养老体系基本建立起来了。

易杨家村的青壮年劳动力仍然在外打工经商，老人留在村里形成了大量的空巢家庭。这时的空巢家庭比 2016 年的时候又增加了 50%，达到了 151 户。空巢老人的数量也大幅度增加，由 2016 年的 168 人增加到 292 人。空巢老人大幅增加的原因有两个，一是 20 世纪 60 年代生育高峰时期出生的一批人已

经进入老年，二是由于社会经济发展和医疗水平的提高，人均寿命有了进一步的延长。这时的留守儿童倒是减少了，因为家长普遍认识到孩子教育的重要性，也开始逐渐认识到隔代教育的缺陷，所以大量的家长外出务工经商的同时也带上了孩子，孩子在家长务工的地区学校里上学。

不变的是易杨家村的版图面积和村组划分，仍然是原来的九个组，地域边界也没有变。耕地面积比 2016 年减少了 23 亩。耕地减少的主要原因：一是公路由原来的 3 米扩宽到 4.5 米，两辆车在路上会车比较轻松了，修路占了大约 11 亩耕地面积。另一个导致耕地面积减少的原因是村里修建了一个综合性的社区养老服务中心，地点紧邻易杨家村村委会，占地 12 亩。中心内设医务室兼老年人日间照料服务中心，设病床 15 张。中心拥有 1 名大学本科学历的全科医生，3 名护士和 5 名护工。护工是义工性质，来自于九个组中的大龄农村妇女。全易杨家村拥有 25 名经过政府组织正规培训的义工。她们按照需要轮流进入服务中心照料在此入住的失能老人、重病老人和临终老人。住在这里的老人是要收费的，大约每月 600 元人民币，子女在外打工的每月收入近万元人民币，因此是完全负担得起的。

易杨家村还有 20 位空巢老人，自身也有需要照料的疾病，由于老人的意愿，不愿意住进老年人照护中心。他们选择了另一种形式——家庭病床，即老人住在家中，需要医护人员帮助的时候，只需要按动床头的按钮，照护中心的医护人员一般 15 分钟之内即可到达并提供高质量的医疗服务。家庭病床的服务也是收费的，但价格很低，每次 3 元，相对于当时的市价近乎免费，家庭都能负担得起。

易杨家村大部分的空巢老人则选择了居家养老服务。老人在日常生活中需要任何照料，只需要一个电话打给网格信息员。网格信息员一般都由各村民小组的组长兼任，他们对本组空巢家庭和空巢老人的情况了如指掌。网格信息员将本组某老人的具体养老需求反馈给村里的网格管理员，网格管理员立即安排合适的义工上门服务。这些服务由村里（社区）提供，都是免费的，村里（社区）还提供免费的老年人活动中心供老人活动。老年人活动中心内设棋牌室、阅览室、电脑机房、老年学院教室，丰富了老年人的晚年生活，对他们的身心健康十分有利。

易杨家村还有 3 位空巢老人入住了县城的养老院。县城有 5 家养老院，其中3家是公办的，2家是民营的。公办养老院的价格是政府制定的，收费每月1500元人民币。民营养老院实行的是市场价格，大约是公办养老院的2～3倍。易杨家村有2位老人住进了公办养老院，有1位老人住进了民营养老院。这3位老人的子女常年在外地工作，不是一般的打工者，而是资产甚丰的小老板，为自己的父母支付养老费用是没有问题的。

易杨家村空巢家庭的老人们再也不用为自己的养老发愁了，子女们也完全没有了后顾之忧，他们在祖国各地务工经商、大展宏图。

第六章　山区农村养老体系建设中存在的问题

近年来，全国多地本着解决我国养老问题的紧迫感和使命感，以极大的热情投入到新型养老体系的试点和探索实践中，取得了可喜的成绩，提出了多种以地域命名的养老模式。这些探索中也暴露出很多问题，这些问题是我们在建设我省山区农村养老体系的过程中很可能也会遇到的问题。

一、当前发展居家养老中存在的问题

（一）落后的养老观念

改革开放 40 年，差不多两代人的时间，我国农村社会发生了巨大的改变。这些巨变对山区农村老年人特别是空巢家庭老人的养老问题产生了多方面的影响。最大的影响在于家庭养老功能急剧弱化。

易杨家村的调查结果显示，当前山区农村家庭养老面临的主要困境是：

第一，女性外出务工的比例不断提高。改革开放前期外出打工者主要是家中的男性，女性则留在家中从事农业生产、家务劳动和照顾老人和小孩。改革开放后期随着女性受教育程度的普及，妇女在家庭中的角色也逐步从家庭主妇向劳动力过渡，分散了女性家庭成员照顾家中老年人的精力和时间。

第二，“啃老族”侵蚀着农村老年人的福利资源。客观上来看，国内劳动力供给和需求比例失衡严重，就业结构性矛盾较为突出。一些农村生源的大学毕业生在正式就业之前往往有一段时期需要家里的支持，处于啃老状态。

工作之后有一部分年轻人在城里买了房，由于房价畸高，也离不开父母的支持，有的需要父母帮忙凑首付，有的需要父母帮忙还房贷。这些情况不仅没有为老年人提高生活质量提供必要的物质保障与服务支持，而且侵蚀着农村老年人的福利资源。

第三，“代际中心下移”导致老年人的家庭养老有效支持不足。当前，“四二一”的家庭模式使夫妻处于代际关系的核心，衔接着三代人的责任和义务。在中国国情下，“水往下流”的观念盘踞脑海，在行为上的后果就是代际照顾的中心下移，即“一”个孩子得到了重点的照顾，而“四”个老人则相对而言受到了忽视。造成“重幼轻老”问题，进而使老年人的养老需求很难得到满足。[1]

在家庭养老功能减弱的情况下，居家养老是一种很好的选择。老人居住在自己家中，家人提供心理慰藉，其他主要养老功能由社会力量承担。但农村很多老人有着根深蒂固的家庭养老观念，认为养儿防老天经地义。很多老人对居家养老服务的对象、内容、运作模式等内容知之甚少，或完全无知。在调查中发现有很多老人对居家养老并不是很了解，有些老人甚至还将居家养老误认为是机构养老，或认为居家养老属于社会救济。许多老年人认为养老就应当是子女进行照顾，如果花钱请别人来照顾，会被别人说闲话，同时这些老年人的子女也会因怕被人闲话而不接受他们的父母去购买养老服务。易杨家村一位空巢老人的话很有代表性，他说：“我有两个儿子一个女儿，不需要社会力量提供的养老服务，只有那些没有后人的孤老、五保户才需要。”另一方面是消费观念落后，农村老年人一般舍不得在自己身上花钱，而是要把钱攒起来留给自己的子孙后代，所以他们不愿意花钱去购买养老服务，即使政府给予农村老年人一些财政补贴，钱发到老年人手里，他们也不舍得花到自己身上去购买养老服务而是要把钱储蓄起来。[2]

农村老人对居家养老模式认识上的偏差各地都存在，只是程度不同而已。平原地区的农村程度轻一些，山区农村的程度重一些。产生这种问题的原因是多方面的，最主要还是政府宣传工作不到位。宣传力度不够，老人未能全面地了解这样一个新鲜事物。政府作为居家养老工作的主导者，在居家养老

[1] 杨晶晶：《农村居家养老服务的地方实践研究》，华中农业大学 2013 年硕士论文。

[2] 侯雅倩：《我国农村居家养老服务发展问题研究》，山东财经大学 2013 年硕士论文。

实施的初步阶段，要主抓全面规划和引导，重点做好宣传工作。另一个重要原因是有些地方的相关部门及相关工作人员在养老目标和实施战略上认识不够，在实际运作中将居家养老模式看作是社会救助的一种手段，其服务对象主要针对农村特困老人以及孤寡老人，把服务变成一种救助，偏离了居家养老服务最初的目标。

（二）服务资金严重不足

农村居家养老服务工作的开展必须要有一定的资金支持作为基础。随着山区农村经济与社会的不断发展和老年人口数量的逐渐增多，农村老年人的养老服务需求在将来也会逐步呈现出多元化与高水平的趋势，这就对资金的投入提出了更高的要求。但是从实际的情况来看，我国农村居家养老服务工作存在着资金严重不足的问题。一方面，资金的不足制约着农村居家养老服务在大范围的普遍发展，另一方面资金的不足还制约着农村居家养老服务发展水平的提高。服务资金不足的问题归根到底在于筹资渠道的过于单一和政府的财政支持力度不足。首先，就筹资渠道单一而言，目前我国各地农村居家养老服务试点实践的资金主要来源于各地财政拨款和部分彩票公益金的资助，资金规模小、来源不稳定，严重制约了居家养老服务在边远山区农村地区的可持续发展。其次，就各级政府财政投入而言，政府的财政投入虽逐年递增，但总体来说力度不够。山区社会经济发展程度不高，政府财力更加捉襟见肘。

由于二元经济结构长期存在，我国绝大多数农村经济收入水平低，生活条件差。农业税的取消进一步削弱了乡镇等基层政府的财政实力，山区农村乡镇企业发展较慢等本身制约着农村公共事业的发展，许多地区开展社会化养老福利事业显得力不从心。资金问题在农村发展社会化养老服务中的瓶颈显得尤为突出。

大部分开展居家养老试点地区的政府补贴资金主要是当地根据自身情况划拨的地方财政资金。民政部门用于居家养老的经费，主要源于社会福利彩票的福利金，其收入的不确定性难以使农村居家养老进入良性运行轨道。居家养老经费还有一种来源是社会捐赠，但这种来源则更加具有不稳定性和不确定性。这种随意性和波动性很大的投入方式再加上相关配套政策、措施的不到位，使居家养老服务难以进入良性循环的轨道。民政部门投向农村的费用很少，许多行政村的老年活动经费明显不足。相应的居家养老服务设施紧缺、简陋，日间照料中心床位不足，专门服务队伍人员不稳定。

（三）基础设施不足

居家养老服务应有的设施包括老年食堂、文化活动中心、医务室、休息室及老年学习室等。由于城乡二元经济结构等各方面因素的限制，边远山区农村的养老服务基础设施建设与城市相比却明显落后。山区农村居家养老服务设施不完善主要表现为服务设施少、简陋、质量低。具体来说主要体现在以下几个方面：第一，养老服务基础设施的数量总体来说偏少。边远山区开展农村居家养老服务工作，需要一定规模的基础服务设施来为村里老年人提供多样化的服务。但是在大多数山区农村地区，居家养老服务中心、老年活动室和休闲健身器材等基础服务设施偏少，有些基础设施甚至没有，这严重影响农村居家养老服务工作的顺利开展。第二，养老服务基础设施的覆盖面较为狭窄。山区农村的养老服务基础设施大多集中在乡镇等比较繁华的地区，而整个山区农村地域宽广，一些农村老年人住在离乡镇较远的地方，再加上他们腿脚不便、交通不方便等原因，这些老年人放弃了对该类基础设施的利用。第三，山区农村老年人对养老服务基础设施的人均拥有率较低。山区农村老年人的数量规模庞大，而养老服务基础设施的总数少，这就造成了山区农村老年人日益增长的养老需求与农村养老服务基础设施不足的矛盾。截至2014年底，湖北省建有城市社区居家养老服务中心和农村老年人互助照料活动中心，分别占城市社区和农村村委会的45.3%和16.3%。从我省约有97%的老年人选择居家养老的比例来看，发展城乡社区养老服务已成为加强社会养老服务体系建设的重点和关键。[1]

（四）服务队伍规模小、专业化程度低

我国现有的人事管理及人力资源政策中，对居家养老的工作者没有明确的职业定位，多被等同于家政人员。他们经济收入低、社会地位低。由于资金不足，对专门从事居家入户服务的工作人员的激励效应较差。待遇低、工

---

[1]　2014年湖北省民政事业发展报告，http://www.hbmzt.gov.cn/xxgk/mzbps/201504/W020150401311252937430.pdf。

作量大、条件差使得该岗位缺乏足够的吸引力。同时，由于边远山区农村社区的号召力和组织力较弱，未能鼓励更多的村民加入到养老服务的志愿者队伍当中。现实社会中村民助人、互助的意识有所下降，一些农民自己的父母都不照顾，更不要说照顾其他老人。即使组织到一些志愿服务人员，他们的总体素质也参差不齐，且志愿者服务队专业性和组织性不够强，队伍不稳定，无法为老人提供系统的服务。居家养老服务雇佣的服务人员种类单一、数量偏少，处于严重匮乏状态。

第一，缺乏具有专业知识的服务人员。在各地试点中，山区农村提供居家养老服务的专职服务人员大多数是当地的农村妇女，她们文化程度较低，主要完成家务照料、洗衣、送饭等简单工作，缺乏基本的专业护理知识和心理疏导能力。她们中大多数没有接受过专门的服务培训，不具备养老服务护理员的专业资质。即使有过一些培训，也由于专业性不强，培训不连贯、不系统，所起作用甚微。

第二，缺乏专业的管理人员。目前，各级地方政府还没安排专门人员对山区农村的居家养老服务工作进行管理，大多数山区农村居家养老服务的管理岗位是由当地村干部兼任。这些村干部大多数没有接受过系统的专业管理知识的培训，也缺乏相关的社区管理、机构管理、老年学、护理学和养老服务等相关的专业知识。同时他们对居家养老服务的整个工作流程与政府政策缺乏深入的了解，仅仅凭借自己的经验，遇到问题解决问题，缺乏科学的分析和方法，不利于工作的良性发展。

随着山区农村经济的发展和人们物质生活水平的提高，老人的养老需求也在不断提高，这样就迫切需要建立一支素质高、有爱心、有责任心的专业化队伍，为老人提供高质量、多样化的服务。

（五）服务内容与质量差

在各地试点的过程中，有的山区农村勉强建立了居家养老的框架体系，开始为当地老年人提供服务，但能够提供的服务内容较少，而且质量不高。

1.服务范围狭窄

目前山区农村社会支持主体主要提供的是老年人的日常照料。在医疗保健方面，山区农村针对老人的医疗设施贫乏，老年人疾病预防方面的工作难以开展。医疗救助方面存在门槛高、报销比例低等问题，康复和护理也在很大程度上被忽视，医疗护理服务体系有待完善。在文化建设方面，缺乏专业的心理辅导救助站，精神生活重视程度低，娱乐活动开展较少。老人诉求无门，尤其是寡居老人精神层面的诉求难以被满足。

2. 服务内容单一

从居家养老的服务内容来看，它强调提供个性化养老服务的细分思维，养老需求决定了养老服务的具体内容和被照料的程度，有什么样的需求就应该提供什么样的服务。然而实际上大部分山区农村社区供应的养老服务项目都偏少，且主要面向那些有一定的经济自立能力和文化娱乐兴趣的低龄老人，而受家庭转变理论和迁移理论的影响，日益增多的高龄老人和失能、半失能老人对服务的要求更高，要求更多的服务项目、更专业的服务水平、更特殊的个性化服务，如上门服务、临终关怀、特殊疾病护理等。因此，建立多角度、多层次、多元化的服务体系是完善居家养老社会支持的必要工作。[1]

3. 山区农村居家养老服务供给内容与需求不匹配[2]

由于医疗资源城乡分配不均，山区农村老人面临医疗救助及康复护理资源短缺的现状。山区农村老人对居家养老服务的供给内容倾向于选择那些包含医疗救助和康复护理的服务项目，养老需求逐渐倾向于专业化。然而现实中在山区农村居家养老服务供给内容方面，没有更好地切合老人更为急需的医疗护理类需求和日常生活照料类需求，存在不分轻重缓急的现象。例如一些场地设备简陋缺乏适用性，设备选择未考虑老人和家庭照料者的特殊需求；养老机构由于交通不畅、位置偏远等因素导致服务利用率不足；老年食堂、日托照料中心、康复护理等老人和家庭照顾者急需的服务设施短缺。

4. 服务的供给也呈现出非专业化特征，老人对养老服务的质量并不太满意，家庭照顾者也缺乏专业化养老护理知识与技能

山区农村居家养老服务的对象是农村 60 岁及以上的老年群体，他们多是文化程度低、语言沟通不顺畅、慢性病缠身、失能与半失能群体，由于缺乏有效沟通和专业化的服务技能，居家养老服务就很难开展，对家庭照料者的技

[1]　伍淑:《湖南农村老年人居家养老的社会支持体系研究》，中南大学 2014 年硕士论文。

[2]　王跃跃:《农村居家养老服务供给与需求问题研究》，西北大学 2016 年硕士论文。

能指导也就难以给出合理化建议。山区农村居家养老服务多是由村委会推进的，由于缺乏相应的人力资源管理能力，对专业服务人员的“留下来”“留得住”吸引力不足。而且居家养老服务多是薪资比较低、体力活居多、工作内容复杂且工作量大的岗位，在山区农村多数人的思想里被认为是“保姆”，这就导致一些社会工作者缺乏下乡意愿。

（六）管理体制机制不完善

当前居家养老服务的相关法律法规还不完善，政府职能的定位也不够清晰，整合社会资源的能力较差，这些成了居家养老服务发展需要改善和改进的问题。

1. 相关法律法规和制度不完善

首先，明确高效的领导部门是一项工作顺利开展的前提。然而，在山区农村开展居家养老服务工作中，并没有明确的领导部门，也就没法明确各部门的职责，出现了多头管理的无序和复杂局面。目前，我国各地农村居家养老工作由老龄委、人社局、财政局和民政局等多个职能部门共同参与，各个职能部门由于职责划分不明确，导致运作效率低下，无法形成合力，进而导致山区农村居家养老服务工作发展缓慢。

其次，健全的法律法规和制度能够保障农村居家养老服务工作的有序开展。但目前，我国的农村居家养老服务工作还处在各地零星试点的阶段，各地呈现多样化发展状态，国家还没有制定健全的法律法规，也没有科学有效的制度来指导和规范农村居家养老服务工作的开展。国家和各地政府目前只是出台一些相关指导意见，这些指导意见大都只对农村居家养老服务工作的指导思想、组织领导工作、工作目标和遵守的基本原则等做了宏观的规划与安排，没有结合各地农村特别是山区农村的具体情况制定更加具体的工作制度与相关的政策配套措施，缺乏可操作性，以至于导致山区农村居家养老服务工作开展过程中的重点、难点、问题和发展情况都无章可循、无法可依，大大影响了农村居家养老服务工作的进程与效率。

2. 政府管理与监督失衡

政府管理与监督失衡的根源在于政府的角色定位不清。虽然居家养老服务工作的开展应该以政府为主导，但是主导并不意味“亲力亲为”。目前，我国居家养老服务主要处在由政府扶持推动的阶段，从基础设施的建立到居家养老服务内容和对象的设定、具体实施过程都是由政府来完成的。政府既是居家养老服务政策的制定者，也是实施过程中的推动者，政府很多时候不自觉地“亲力亲为”，还是居家养老服务实施过程中出现问题与矛盾的仲裁者。这就造成了一种不合理的现象，那就是政府在居家养老服务建设过程中既是主导者、管理者，也是监督者。就好比运动场上的某个人，既是裁判员，又是运动员，这当然是一种荒谬的现象。实际上，政府的职能就在于专心做好裁判员，而不是运动员。政府只需要制定出正确的政策，并积极提供资金支持，具体的居家养老服务工作的开展交由社区、机构、专业人士去做。政府对实施过程实行严格的监督、监管，对资金的运用严格审计，对实施的结果进行评估和验收，对实施过程中的问题和矛盾进行调节和仲裁。政府做到这些就足够了，根本没必要“亲力亲为”。

3. 管理机制不完善，资源整合能力差

大部分山区农村地区县、乡镇、村三级居家养老服务管理体系不完善，不能很好地协调运转。农村居家养老服务的组织运行机制、监督评估机制和激励机制有待建立健全。在运行机制上，老年人基本信息的收集和调研、人员调配、组织培训、农村资源整合以及开展活动等方面的综合管理不到位。包括基层干部管理能力不足，管理体制不畅，管理水平较低。尤其是山区农村社区，作为开展具体服务，与群众密切联系的基层民主组织，需要处理多方面关系，日常工作繁杂，一些非专业管理人员难以应对。在监督评估机制上，基本未实施规范有效的社会化服务监督和系统评估方案。具体评估工作简单，随意性较大，更多的政策当中对监督评估未做出安排。对家庭养老的引导和督促不够，没有专门负责机构，也没有老年人维权保障制度，农村家庭养老纠纷不断。同时，激励机制不强，未有效调动各方面积极性，资源整合力度不够。社区居家养老服务资源广泛分布于政府有关部门、社会、养老机构、农村社区，如民政部门可以提供资金救助生活贫困老人，社会提供的捐赠服务和志愿者服务以及养老机构也可以为附近的居民提供上门服务，农村社区可以提供的资源如闲置的房屋、活动场所等，但所有这些资源都缺乏专门机构进行整合，导致政府的作用被无限扩大。[1]

[1]　王秀花：《农村社区居家养老服务体系构建研究》，重庆大学 2012 年硕士论文。

二、当前发展机构养老中存在的问题

（一）社会化程度低

当前的机构养老虽然有少量由社会力量举办，但不可否认的事实是其中的大多数主要还是由政府包办。机构养老虽有国家的倡导，国务院在“十二五”和“十三五”的养老体系规划中都突出了机构养老在我国养老体系中的重要地位，但由于机构养老的回收周期长及其高风险性，阻碍了社会资本和社会力量的进一步参与。截至“十二五”末，湖北省社会化养老程度并不高，社会办养老机构与国办机构床位比例为 1.43：1，落后于全国 2.3：1 的平均水平。[1] 机构养老服务的社会化程度低主要表现在以下方面。[2]

1. 服务供给主体单一。绝大多数山区农村养老服务机构都是政府、集体投资兴办的，在养老机构的建设、运营和老人补贴等各方面均由政府支持。由于各地的经济发展水平不同，地方政府的财政能力有限，难以对养老服务的其他供给主体（如社会资本、非政府组织）兴办农村养老服务机构提供示范作用和辐射作用。非政府组织和社会资本对于农村机构养老服务的参与大多体现在捐赠部分衣物、粮油、生活用品和少数的辅助器具（轮椅、拐杖）等。另外，山区农村养老机构每年也会得到一定的社会公益金扶持，但对于养老机构的长期运营与发展而言，公办养老机构还是主要依靠政府。山区农村养老服务机构投资大、资本回收期长、发展前景有限等原因，无形中将民办养老机构拒之门外，阻碍了社会资本进入农村机构养老服务领域，不利于农村机构养老服务的社会化发展。少量民办养老机构则自主经营、自负盈亏，它们中多数盈利情况不乐观，只能苦苦支撑。

2. 服务对象方面，社会化受益面窄。当前农村养老机构的服务对象针对性很强，集中供养率低。我们都知道，农村养老服务机构的主要收养对象是农村的“五保”老人。调查中发现，红安县各乡镇的养老院、敬老院中，大约

---

[1] 2014 年湖北省民政事业发展报告，http://www.hbmzt.gov.cn/xxgk/mzbps/201504/W020150401311252937430.pdf。

[2] 杨再美：《贵州省农村机构养老服务的社会化问题研究》，贵州大学 2016 年硕士论文。

有八成是“五保”老人，也就是说仅有二成是对外开放收养的社会老人。可见，农村养老机构的社会化服务对象受益范围比较狭窄。“五保”老人是国家免费供养，社会老人入住养老机构是要收费的。随着山区农村具有养老需求又具有支付能力的老年人逐年增加，养老机构必须要考虑对社会老人开放的问题了。

3. 服务内容方面，社会化服务项目不足。养老机构主要提供日常生活照料，服务形式比较单一。本来养老服务的很多内容是可以通过机构以外的社会化服务来获得的，但现实是社会化服务项目供给明显不足。一方面是农村养老机构市场化不明显，未能将机构部分服务项目推向市场，由市场来提供，如养老机构可以将医疗服务交由当地卫生院（医院）来提供；另一方面表现在农村养老机构与当地社区服务中心、卫生院等机构缺乏对接机制，未能充分地利用这些社会资源所提供的多样化服务。

（二）机构普遍资金紧张，可持续性运营能力不强

山区农村养老机构的日常运营资金主要来源有三部分，一是依靠政府拨款；二是社会捐赠；三是自费入住老人缴纳的托养费。其中第一种是主渠道，后两种作为补充。省级政府对集中供养五保户的平均给付金额标准比较低，还需要市、县财政对供养机构给予额外补贴。而政府给予养老机构床位运营补贴流程和周期都比较长，这部分资金相对养老机构的实际需求作用较小，对机构的日常资金周转不能起到有效的缓解作用。而来自社会捐赠的部分则有很大的不确定性，尤其是民营机构得到的社会关怀更少。自费老人所缴纳的托养费一般仅能够用于老人的日常支出，刚好保本，利润空间很小。而维持养老机构经营需要充足的周转资金，因此，对养老机构而言，扩宽资金来源渠道和资金额度是当前急需解决的问题。当前的现实是，民营养老机构经营基本处于微利到亏损的边缘，而公办机构的资金结余也非常有限。现实表明，农村特别是山区农村养老机构普遍缺乏持续运营的资金，可持续经营能力薄弱。养老机构资金的不足，主要是以下几个原因。

一是政府投入力度不够大。一方面，地方财政收入不足及政府的重视程度有待提高；另一方面，国家对老年福利的投入不足也是重要因素。

二是资金来源单一，无论是建设资金还是日常运营资金，其来源主要靠

政府部门，而社会化的来源少而且不稳定。农村老年人基数过大、养老机构资金紧张导致未来机构养老服务很难向社会老人全面开放。在当前国情下，机构养老完全依靠政府不太可能，还是要想办法激发社会资本参与机构养老服务的积极性，拓展机构养老的资金来源。

（三）农村养老机构工作人员总体数量不足，缺乏专业人员

我国民政部颁布的《老年人社会福利机构基本规范》中明确指出："老年人社会福利机构应有大专以上学历、社会工作类专业毕业的专职社会工作人员和专职康复人员。"但大多养老机构没有满足国家的要求，主要原因是养老机构的运转经费紧张。山区农村养老机构没有按国家规定纳入事业单位的范畴，导致机构工作人员的待遇没有可靠保障，主要靠地方财政和养老院运转经费支持，很难吸引到专业的人才，不能给老年人提供高标准的服务。调查组调查了多家养老机构，机构中服务人员平均工资在800元左右，她们的劳动跟所得不成比例，很多人才也流失了。

从养老机构职工总量上看，一般根据国际上发达国家的数据认为，养老机构职工数与在院老人数比为1∶5较为合适。在《民政部关于农村五保供养服务机构建设的指导意见》中，对员工与养老院老人的比例有一定的规定，原则上要求不能低于1∶10的配比，但现实中很多养老机构没有达到这一标准。由于近几年农村养老机构床位数量不断增长，入院老人不断增加，工作人员也出现一定程度的增长，但工作人员增长数量与入院老人增长数量比例相距较大，农村养老机构面临较大的用工压力。另外，养老机构工作人员结构方面，女性工作人员占全部工作人员的比例过高，而男性工作人员多担任机构负责人和后勤事务，女性担任护理人员的比例较高，除去管理人员外，每名护理人员实际照顾老人的比例要远高于民政部规定的比例。

（四）服务能力和质量有待提高

当前山区农村机构养老服务设施、功能、标准比较低。从基础设施方面看，农村养老机构多为旧房改造，比如将废弃的小学校舍改造为敬老院。一些民营机构租房经营，改扩建时还受到房屋条件的限制，很难给老年人提供令人满意的生活环境。在服务设施方面，养老机构普遍缺乏文体娱乐设施和

医疗康复设施，对老年人精神生活和医疗康复方面的需求还不能提供有效的服务。目前我国尚未制定养老机构服务的分类分级标准以及相关的法规和行业标准，对不同老人所提供的服务内容及质量没有统一标准，考虑到未来快速增长的养老服务需求市场，机构养老服务在标准化、规范化建设方面还有待加强。如参照国外将老人分为生活自理、半自理、不能自理三类，根据老人的身体情况为他们提供不同的服务。养老机构为老年人提供了住所，提供生活照料，满足老年人吃、穿、住的基本生活需求，实现了老有所养。在老有所医方面，养老机构部分满足了老人的看病问题。在老有所为、老有所学、老有所教、老有所乐方面，养老机构还未能达到要求，这是老年人高层次的需求，理应得到满足。

（五）相关配套政策不完善，制约养老机构发展[1]

养老机构的发展需要相关的政策配套，才能解除社会资本参与的顾虑，激发他们的参与热情。现实中相关配套政策还不完善，制约了养老机构的发展。

第一，相关土地的供给匮乏。就整体而言，我国的土地资源比较有限，而且以前在建设城市的过程中，忽略了养老的问题，给养老机构的发展没有预留充足的土地。随着经济的不断发展，城市建设也在迅速发展，需要的土地越来越多，导致土地资源更加紧张。土地资源紧缺必然引起土地价格上涨，另外，用工成本也随着经济发展而水涨船高，这些综合因素使得新增养老床位困难重重。如某养老院，早年位于街道中心，占地较小，仅40张床位。随着城市的发展，敬老院的供养压力凸显，但其周围现在都已经是居民区了，没有多余的空间让其进一步扩展。

第二，社会福利政策不完善。国家的社会福利政策是关系山区农村养老机构能否有效运行的一个重要因素。首先，目前我国政府的相关政策不健全。近些年来，国家虽然先后出台了一系列关于养老的政策法规，要求地方政府根据国家政策指导当地养老机构的发展。遗憾的是，这些政策并没有给出具体的法律规范，只是一些倡导性实施规范，这就导致地方政府在实施的过程中会出现大而化之的现象，给养老机构的发展带来问题。其次，以前受制于财政收入，在养老方面没有充分重视，缺乏完善的扶持政策，现在虽然国家富

[1]　贾婷婷:《人口老龄化形势下农村机构养老问题研究》，郑州大学2014年硕士论文。

有了，但毕竟人口众多，仅依靠政府很难解决养老困境。加之慈善体系不完善，对养老的发展支持远远不够，导致我国在养老发展方面相对滞后，问题和困难依然很多。举例来说，在养老院里开设相应的医疗机构，为老人提供相关的医疗服务的问题至今难以解决。国家制定的一些优惠政策在具体实施的过程中，由于牵涉的部门较多，并没有落实到位。例如在对某养老院采访的时候，从与该院院长的谈话中了解到，该院建院40余年，通过不断发展，现已收留了整个村的五保老人，但政府并未给予水电费方面及其他的优惠政策。

（六）对养老机构的传统认识限制着机构养老的发展

家庭养老从古至今一直是我国的主导养老方式，机构养老方式要想被大多数人接受还需要很长一段时间。农村敬老院一开始是为五保孤寡而设立的，虽然国家现在已允许敬老院向社会老人开放，但山区农村大部分人对敬老院的认识还停留在过去。

在对孤居的空巢老人走访中，当问询到是否有意愿住到养老机构中生活时，老人们的回答主要有以下几种：一是认为自己有儿女，虽然子女不在身边，但自己身体还行，不需要人照顾，没必要去养老院；二是认为去养老院还要花钱，自己这样也能过得去；三是不愿意离开家，认为去养老院是儿女不孝的表现，让别人笑话。在这些老年人看来，土地是生存的根本，宁愿待在自己家中老去也不愿尝试住进养老院，从这些人身上可以看出，传统观念下机构养老发展还需解决观念意识层面的问题。

与老人的交谈中也可以感觉到，子女对老人入住养老机构的态度不明确，一些老人在子女外出务工的情况下，还承担着照顾孙子女的责任；身体不好的老人，同样也没有意识到养老机构能够改善老人生活环境。中国传统的消费观念中，山区农村家庭无论子女还是老人都不愿拿出更多的收入用于养老，养老消费意识在山区农村地区还没有建立起来。

总之，目前大多数山区农村居民对于敬老院的认同度比较低，一方面是因为他们觉得敬老院是给五保孤寡对象居住的，有儿女的老人住进去就代表儿女不孝；另一方面敬老院服务水平不高，也导致部分人不愿意入住。发展农村机构养老服务事业还需要从关怀老人的角度出发，加强宣传力度。

三、当前发展“医养结合”中存在的问题

（一）体制机制不顺，政府多头管理

当前我国还没建立完善的“医养结合”养老服务体系，各地的“医养结合”还处于试点时期。关于“医养结合”如何运作至今尚未建立起完善的管理体系，仍属于多部门管理。各级政府出台的一系列促进“医养结合”养老服务发展的政策呈现出碎片化的特点，没有很好地发挥各部门之间的协同作用。[1]目前，“医养结合”养老机构的监管主要由国家及地方各级老龄工作委员会、民政局、老干部局、卫生等机构进行，涉及民政、医保、卫生等诸多职能部门，处于多龙治水的局面。这些部门中虽各有职能分工，但仍存在职责交叉情况。在实际的运作中，普通养老机构由民政部门负责审批和管理，社区居家养老服务归老龄办组织和实施，医疗卫生机构由卫生部门负责认定和管理，医保报销归社保部门负责管理，而且各部门制定的各项政策和标准有时还存在不统一的情况。如民政部门与卫生部门各有一套护理等级分级制度：卫生部门主要是以身体健康状况的水平来判断老人能否进入养老机构，而民政部门主要是以生活照护的需要水平来判断老人能否进入养老机构。而且，对于什么程度的失能老人要进入什么类型的轮候区，能够享受什么样的照护标准，两部门的规定也都不相同。正是因为我国“医养结合”模式缺乏统一而明确的管理体系，因此，很容易出现利益纷争、互相扯皮、推诿责任的现象，造成我国“医养结合”养老模式仍处于无序发展的阶段。[2]这种多头管理的机制有时还会造成多头不管的现象，使政府很多好的政策不能落实。如由普通养老机构转型为“医养结合”的，有机会获得政府一次性建设财政补贴和运营补贴，但由医疗机构直接转型为“医养结合”的却得不到任何补贴。同时为了鼓励社会力量参与兴办养老机构，各地政府在土地、税收、医疗、排污、水电气暖、通信和培训等方面相继出台了一系列优惠政策和扶持措施，但这些优惠政策

[1]　倪语初、王长青、陈娜：《老龄化背景下我国医养结合机构养老模式研究》，《医学与社会》，2016 年第 5 期。

[2]　韩俊江、张箴薇：《我国“医养结合”养老模式发展政策探讨》，《china labor》，2017 年第 3 期。

基本上难以落实到位。[1]

（二）筹资机制不完善，社会力量参与积极性不高

按照卫生部2010年印发的《诊所基本标准》，医务室建筑面积不得少于40平方米，内设独立的诊室、治疗室、处置室和输液观察室等医疗场所，可见养老机构内设置医疗机构的标准较高、成本较大。同时，养老机构要保证医务室全天候运营服务，必须配备全科医生2名、护士或其他卫生技术人员2名，如按每个月人均工资2000～3000元的标准，一年需要开支人员工资10万～15万元，对微利甚至不盈利的养老机构而言不堪重负。如果要建设成等级更高的康复院或护理院，养老机构的建设和运营成本会更大。高级别的三级医院主要关注于盈利高的常规医疗，对于在医疗机构内设置养老机构的积极性并不高。[2]

由于兴办"医养结合"养老机构的各方面要求远高于普通的养老机构，当然所需成本也较高。养老机构转型所需花费的资金大增，在这种情况下，资金筹集模式显得尤为重要。

由于"医养结合"养老机构盈利少、投入大、回报慢，因此当前主要是由政府资助开办。"医养结合"养老机构的发展面临政府资金投入不足、筹资渠道单一等问题。在目前的国情下，"医养结合"养老机构仅仅依靠政府单方面的投资将不能得到有效的发展。尽管依靠社会力量运营养老机构已成为共识和趋势，但面临投入高、盈利难、回报慢等问题，民营资本并没有大规模进入起到弥补政府财政投入不足的作用。[3]"医养结合"养老机构如果要得到长足发展就必须建立起完善的筹资机制，发挥政府的主导作用，发挥市场和民办机构在筹资方面的优势，提高各方面参与主体的积极性。[4]因此，如何建立一

[1] 黄佳豪、孟昉:《"医养结合"养老模式的必要性、困境与对策》,《中国卫生政策研究》，2014年第6期。

[2] 黄佳豪、孟昉:《"医养结合"养老模式的必要性、困境与对策》,《中国卫生政策研究》，2014年第6期。

[3] 王玉芬:《探索医养结合模式的政策思考》,《开放导报》，2016年第3期。

[4] 倪语初、王长青、陈娜:《老龄化背景下我国医养结合机构养老模式研究》,《医学与社会》，2016年第5期。

个稳定而又长效的筹资机制是“医养结合”养老模式需要优先解决的根本问题。

（三）收费较高，服务质量不足

“医养结合”型养老机构因为其更高层次、专业的医疗服务而导致收费标准也随之大幅提高，高到与我国老年人的收入水平不符。如北京市提供“医养结合”服务的恭和苑养老院每月收费标准根据户型的不同分别高达7800元、9800元和12800元；合肥市滨湖医院内设置的养老院如果只是提供生活照护，每个月的收费在3500～4000元，老年人产生的医疗费用按照正常的住院费用结算。[1]从全国范围看各地区“医养结合”型养老机构的收费一般达到当地居民人均收入的2～3倍甚至更高，大部分老年人显然难以负担。而且目前我国大部分地区医保结算还没有覆盖到养老机构，老人不能报销慢性病医药费，医疗护理、康复治疗等费用也不在医保范围之内，导致老人负担过大。真正能够负担得起养老医疗的老人很少，不少老年人被高昂的养老费用阻止而无法入住“医养结合”的养老机构。国家的医保制度是保基本的，这个问题如果不解决，将大大制约“医养结合”养老机构的发展。

“医养结合”养老机构在高收费的同时，服务质量却没有相应地提升。主要表现在专业人员缺乏，服务内容单一僵化。养老机构内的护理人员专业医疗水平不高，在招聘时，以照顾老年人的生活起居为标准，缺乏对医疗专业知识的要求。随着“医养结合”养老产业的进一步发展，这些人员远远不能满足其所需要的医疗专业技能要求。此外，养老领域的高层次人才更少，人员的最高学历为本科。目前我国各类养老服务人员共约100万人，经过专业技能培训的仅30万人左右，其中取得职业资格的仅有5万人。[2]服务人员素质的低劣带来的直接后果就是服务质量难以保证。“医养结合”服务需要的是更加专业的护理人员和医疗卫生服务人员，但除了医院设立或转型的养老机构医疗水平较高，大多数“医养结合”养老机构的医疗水平相对偏低，难以满足失能、半失能和患病老人的医疗需求。

---

[1]　黄佳豪、孟昉：《“医养结合”养老模式的必要性、困境与对策》，《中国卫生政策研究》，2014年第6期。

[2]　倪语初、王长青、陈娜：《老龄化背景下我国医养结合机构养老模式研究》，《医学与社会》，2016年第5期。

（四）“医养结合”各服务主体方面的困难

“医养结合”养老服务的主体主要有医疗机构、养老机构和社区。这几个主体在推进“医养结合”养老服务方面，由于自身的原因存在着各自的困难之处。

1. 医院层面推进的困难

由于医疗和养老体系长期割裂，养老机构、医疗机构分别隶属于不同部门管理，民政系统管养老，卫生系统管医疗，难以实现政策的有效协同，造成养老机构与医疗机构功能单一化，医疗机构“治病不养老”，而养老机构“养老不医护”。“医养结合”的养老机构功能定位不清晰，出入院标准不明确，如按养老机构纳入民政管理，则老年人住院的床位费与护理费等不能享有医保报销待遇，将全部由老年人自行负担；而如按医疗机构管理，床位费与护理费虽可以享受医保，但老年患者的住院费用远远超过了医保规定额度，超过部分由医疗机构承担，这又会导致基层医疗机构业务收支亏损较为严重，影响医院开展“医养结合”养老服务的主动性和积极性。

2. 养老机构层面推进的困难

“医养结合”养老机构方面，存在着服务设施较为落后，专业人才短缺，整体素质偏低，护理康复型养老床位数供需矛盾较为突出，“一床难求”现象在某些地方较为普遍，明显不能满足快速的人口老龄化发展需求，成为制约“医养结合”养老服务业可持续发展的瓶颈。

3. 社区层面推进的困难

由于我国尚未建立独立的长期护理保险制度，养老机构中的医疗护理、康复服务一般以自费为主，现行老年医保覆盖面与报销项目还有待进一步地完善。同时，缺乏老年病人分类分级评估标准，未建立规范统一的“医养结合”养老服务标准、工作流程和双向转诊衔接机制，缺乏有效的“医养结合”养老服务的绩效评估与约束机制，基于居民电子健康档案的区域，其“医养结合”养老服务公共信息平台还不健全，使医疗与养老资源还不能共享，不能有效引导老年病人合理使用护理床位，难以深度推进医养融合的发展。[1]

---

[1] 孙统达、李维嘉、董晓欣：《医养结合养老服务业发展模式探讨》，《中国农村卫生事业管理》，2015 年第 11 期。

第七章　国内外建设养老体系的经验借鉴

国外发达国家经过长期的建设和经营，建立起了比较完善的养老服务体系，虽然与我国有着国情的差异，但是它们的某些思路和具体的措施对我们有着积极的借鉴意义。近年来，为应对老龄化的挑战，国内各地也在积极地探索有中国特色的养老体系模式建设，模式众多，称得上“百花齐放”，对处于同一国情中的我们，具有更积极的参考价值。需要说明的是，由于经济发展水平的不同，纵观世界各国和我国各地，在建立养老保障体系的过程中基本上遵循着先城市后农村这样一个序列来推进的。特别在我国以居家养老为基础的养老服务体系的探索和试点也是从城市开始的，广大农村尤其是山区农村，这种探索才刚刚开始。城市探索所取得的经验和教训，可以为农村包括山区农村来吸取和借鉴。

一、国内各地养老体系的探索

“十三五”期间，我国要建成“以居家为基础、社区为依托、机构为补充、医养相结合的养老服务体系”。近十余年来，居家养老服务在国内许多城市社区和部分农村社区得到了较快的推广和发展，各地根据本地区的实际推出了一些具有地区特色的居家养老服务的新模式，对我国包括山区农村社区在内的整个居家养老服务，以及以居家养老为基础的养老服务体系的建设具有重要借鉴意义。

（一）山东

山东省是沿海省份，经济社会发展水平较高。近年来，山东省各地在探索建立新型农村养老服务体系的建设中成绩斐然。这里我们来看山东省济南市、青岛市和泰安市的实践。

济南市在居家养老实践中，首先按照经济水平和身体健康状况将老年人分成A、B、C三类，对不同类别的老人实行不同的政策，分别实施无偿服务、低偿服务和有偿服务。A类为70岁以上（特殊情况下可放宽到65岁），享受低保待遇的“三无”孤老，或子女因故无力履行赡养义务的老年人，为鼓励先进，此类老人还包括70岁以上获得省级以上劳模称号的重点优抚对象。济南市对A类老人的政策是每月由政府出资购买20个小时的送时服务。B类老人为70岁以上，每月收入低于800元人民币的独居老人与残疾子女共同生活的老人；或子女因故无力履行赡养义务的老年人，以及市级劳模等重点优抚对象。B类老人的政策是每月由政府出资购买10个小时的送时服务。C类老人为上述类型之外有经济能力并具有居家养老服务需求的老年人，济南市对于C类老人的政策是他们可根据自己的需要自费购买居家养老服务。

济南市的居家养老服务人员由各个区下辖的街道办事处面向辖区的“40～50岁”人员公开招聘，经培训上岗。服务员每次服务完成之后，可从被服务者那里获得服务券，每月底到社区居家养老服务站换取与服务券等面值的现金作为工资。[1]

青岛农村居家养老服务的运作模式可概括为“政府主导、中介组织、实体服务”。青岛市政府对于农村居家养老服务体系建设十分重视。2009年，青岛市政府发布《青岛市人民政府关于加快发展养老服务业的意见》，为全市农村居家养老服务的建设提供了政策依据。

为推进农村居家养老体系建设的顺利实施，青岛市区两级财政安排居家养老服务专项拨款，专款专用，并承诺逐年加大财政投入。从2013年开始，青岛市财政每年安排专项资金不低于1.7亿元，为全市农村居家养老服务提供了较强的经费保障。青岛市由市、区两级财政出资为困难老年人购买居家养老服务，确保困难老人能够获得居家养老服务中的基本项目服务，对失能、

[1] 李文娜：《我国农村居家养老发展问题探析》，武汉科技大学2011年硕士论文。

半失能的困难老人免费提供居家养老服务，财政部门则按照一定的标准对居家养老服务机构给予补助。

青岛市农村社区的居家养老服务，一般以提供日常家政服务为主，比如洗衣做饭、打扫卫生和照料起居等。青岛市居家养老服务中一个特色项目是利用现代科技设备为养老服务。他们为有需要的高龄老人安装内置 GPS 定位功能并与 110、120 和 119 平台联动的“一键通”呼叫手机。老年人在需要服务的时候只需按下“一键通”呼叫器，服务中心就会收到信息，很快就会有服务人员上门服务。当老年人遇到突发疾病等紧急状况时，可通过“一键通”迅速连接老年人救助指挥中心，应急救援人员可以迅速为老年人提供最便捷的服务。

为解决资金不足的问题，青岛市鼓励民间资本投入，建立居家养老服务机构。对服务质量优良和社会效果较好的居家养老服务机构每年给予最高 10 万元的运营补助。[1]

泰安市发展新型农村社区养老服务在山东全省来说相对比较晚，但他们发挥后发优势，探索并推广了别具特色的老年公寓项目。在老龄化程度不断加深的今天，泰安市前瞻性地对新型农村社区养老服务作出规划。在新型农村社区建设的过程中，泰安市在各个社区推广小户型老年公寓的建设。具体而言，在每一个新型农村社区的规划中预先规划出一片土地，在这块土地上建设一到两栋小户型的老年公寓。以低价或抵价的方式卖给农村老年人，将本社区的老年人集中居住，集中管理，集中提供服务。在老年公寓中配备有完善的生活设施和娱乐设施。此举既解决了老年人的居住问题和养老服务问题，又大大减轻了子女的负担，使子女可以放心地外出打工经商而没有后顾之忧。泰安市的公寓型老年社区服务，在新型农村社区养老服务实践中算是比较新颖而独特的一种方式。[2]

（二）江苏

江苏省一个比较显著的特点是农村老年人参保率高，覆盖面广。江苏省经济社会发展水平在全国处于前列，特别是乡镇企业实力强劲，为江苏农村

[1]　侯雅倩:《我国农村居家养老服务发展问题研究》,山东财经大学2013年硕士论文。

[2]　李双江:《新型农村社区养老服务模式研究》,上海工程技术大学2016年硕士论文。

老年人的养老保险提供重要支撑，形成了具有特色的江苏省农村老年人保障模式，即“以家庭保障为基础，社区保障为核心，商业性保险为补充”。江苏农村老年人保障模式在资金上主要来自乡镇企业所提供的社区公共资金。江苏省农村社区存在着一支庞大的乡镇企业大军，它们的年产值和所获利润相当可观。同时，也是因为乡镇企业使得村（社区）集体经济实力大增，可以对农民参加养老保险提供较高的缴费补助，农民需要自费缴纳的比例较低，因此农村社会养老保险在当地有比较高的覆盖率。而且江苏农民缴纳的一般是较高档次的养老保险，60 岁以后每月所获的回报也较高。

在推进农村社会养老制度加强养老保障建设的同时，江苏省各地市基层单位也在积极地探索和推进农村居家养老服务体系的建设。

太仓市从全局角度和战略高度将养老服务社会化工作纳入全市国民经济和社会发展总体规划之中，在总体规划中制定了专章《社会福利事业发展专项子规划》，提出了社会养老机构建设、示范养老机构建设、“爱心护理院”建设、“关爱工程”即农村敬老院建设等重点项目。这些重点项目无一例外地被列为政府主抓的优先级别项目。

无锡市在探索居家养老服务体系建设中大力构建上下结合三位一体的居家养老服务组织网络。这一组织网络由市、区民政部门、街道（镇）和社区的居家养老服务中心构成，组织严密，职责明确。市、区民政部门作为居家养老服务体系建设的主管领导机构，其职责是负责制定政策和宏观监控；街道（镇）作为具体的组织机构，其职责为负责组织、协调以及服务人员的培训和考核等管理工作；街道（镇）、社区的居家养老服务中心、养老机构、日托站等作为提供居家养老服务的服务机构，其主要职责是提供各类具体服务，满足老年人的多样化需求。

苏州市的居家养老服务组织网络与无锡市有所不同。他们也是建立一种三级网络，行政级别与无锡市的三级网络基本对应，职责相似，但名称不同。苏州市在区一级建立居家养老指导中心，街道（镇）建立居家养老服务中心，社区、村建立居家养老服务站三级联网为居家老人提供养老服务。养老服务的内容以日常照料为主，遇到紧急情况也可以提供及时的服务。

江苏省在大力建设居家养老服务组织网络的同时，也在不遗余力地发展义工服务队伍。在专业服务人员不足的情况下，义工是一种重要的补充。在义工队伍建设方面，无锡市滨湖区特色鲜明，该地以通过“时间银行”储蓄劳动时间的形式，让低龄、健康的老人为高龄老人提供义工服务。低龄、健康的老人将自己为他人服务的时间存入“时间银行”，待自己年老体弱需要服务的时候可以将其取出使用，获得别人提供的服务。江苏各地还常常由党团员和志愿者组成义工服务队伍，与老人结对，定期上门为老人整理家务，陪老人聊天解闷。

（三）上海

上海进入老龄化社会比全国平均时间要早。早在20世纪90年代末上海就已经开始进行基于政府购买服务的居家养老实践。经过二十多年的探索与发展，上海市以政府购买公共服务为核心的居家养老模式建设已经形成较为成熟的体制和制度。其运作机制是“政府主导，中介组织，实体服务”。

1999年，上海市静安区率先启动试点，由区政府、街道办事处、区老龄委三方联合建立了老年生活护理援助中心。第二年开始试运行，为社区老年人提供便捷而专业的日托照料和上门护理服务。截至目前上海全市形成了覆盖广、多层次的立体服务网络，为全国居家养老服务的推广起到了表率的作用。

上海市居家养老的资金来源主要是市区两级财政和彩票福利金等。以“服务券”为载体向确有困难的老人发放补贴，补贴标准根据老年人经济状况、身体状况的不同来划定。所有服务人员通过社会培训机构进行培训，培训合格后颁发证书，服务人员凭证上岗，服务人员的岗前培训率达到了100%。为加强居家养老服务管理，上海市明确各级民政部门作为该工作的主管部门，市、区县、街道（镇）为三级居家养老服务中心具体实施养老服务。对社区助老服务社、日间服务照料机构，通过建章立制明确各部门主要职责。

上海市居家养老服务提供的全套服务大约有30多个项目，主要包括生活护理、谈心聊天、代办服务和“六助”服务，这里的“六助”指的是助餐、助浴、助洁、助医康复、助急、助行。老年人可以根据自己不同的个性化需求选择其中的某项或多项服务。社区则充分发挥其有利条件开展丰富的服务和活动，包括开展关爱特殊老年人的结对关心活动，开设老年活动室，开展文体娱乐、保健预防等活动。

上海市充分发挥本市的科技优势，在养老服务中利用先进的电子技术装备提高养老服务的效率和服务质量。上海市为长期独居的老人配备“安康通”援助呼叫器，老年人通过一键按钮可以在紧急情况时及时与服务中心联络，获得救援和帮助。近年来，上海还在嘉定探索了农村居家养老的“村级托老所”模式也很有特色。村级托老所满足了入住老人离家不离村的养老要求，适合农村养老实际。

通过多年的努力，到 2018 年，上海市已经建成家庭、社区、机构共同参与的综合养老体系，命名为“9073”模式——90% 的老年人以自助或家庭成员照顾为主的居家养老服务，7% 的老年人可以得到有政府福利政策支持的社区养老服务，3% 的老年人接受机构养老服务。

（四）湖北

湖北省农村养老保障体系的探索也有多年了，取得了很大的进展，武汉市作为省会城市做得较好，但全省总的来说发展水平还不高。为了给本省山区农村养老服务体系的建设提供现实的参照，我们选取同为大别山区的湖北省黄梅县作为案例进行考察。黄梅县在农村养老服务体系的建设上，起步较晚，现正处于大力推进阶段。当前的中心工作集中于硬件设施建设、组织建设、制度建设等方面，边建设边提供服务。

为加强社区居家养老服务中心和农村老年人互助照料活动中心建设（以下简称老年人活动中心），2013 年黄梅县发布《黄梅县社区居家养老服务中心和农村老年人互助照料活动中心建设实施方案》（以下简称《方案》）。《方案》要求，老年人活动中心要与本村（社区）服务设施统筹规划建设，充分利用城乡闲置学校、办公用房等公共服务设施及各种可利用的资源，因地制宜采取改建、扩建、租赁、置换、购买等方式进行建设，经济条件好的村（社区）可以新建老年人活动中心，做到合理布局、就近方便，规模适度、设施实用，量力而行、尽力而为。目标是 2013 年全县完成 100 个村（社区）老年人活动中心建设项目，重点推进 40 个规范化的老年人活动中心建设；2016 年实现全县村（社区）级老年人活动中心的全覆盖。这一目标现已基本实现。

黄梅县制定了老年人活动中心的建设标准。根据各地实际完善老年人活动中心配套设施，做到“六室一房一厅”（棋牌娱乐室、电视室、图书阅览室、日间休息室、医疗保健室、管理人员值班室，厨房，餐厅）、“十有”（有电话网络、有影音设备、有文体健身器材、有图书报刊、有桌椅板凳、有休息床位或卧具、有清洁卫生的饮用水、有一般急救药品、有卫生安全的洗手间、有安全消防器材）。互助中心要做到“三室一场”和“八有”，即有多功能活动室、临时休息室、图书室和室外活动场地，有茶水、有书报、有棋牌、有电视、有音响、有电扇、有健身器材、有安全便捷的厕所。

对于老年人活动中心的建设有如下基本要求：

1. 合理选址。活动中心要建在本辖区方便老年人出行、生活的地段，选择在建筑底层部位。活动中心房屋面积不少于200平方米，并有一定面积的室外活动场地，所处位置应相对居中，交通比较便利，方便老年人出入。

2. 建立机构。首先，建有老年人活动中心的村（社区）要相应成立工作领导小组，书记主任亲自抓，并指定一名工作能力强、有责任感的热心人士专抓中心工作。其次，要成立村（社区）老年人协会，发挥协会的“领头雁”作用，鼓励老年人互帮互助、结对帮扶，积极开展各种活动。其三，要组建专业服务队伍，发动党团员、低龄老人、爱心人士组成志愿者队伍和专业服务队伍，开展助老服务，实行低偿与无偿、自助与互助、专业与业余等服务形式的有机结合，坚持自助、互助、无偿服务为主。其四，要开展服务培训，选定服务项目，确定服务事项，审定服务价格，签定服务协议。

3. 建章立制。制定老年人活动中心各项管理制度，如《财产管理制度》《图书借阅制度》《安全管理制度》等，要做到内容完整，条款具体，装订成册并公示上墙。

老年人活动中心可以提供如下三种类型的服务：

1. 互助自助服务。根据本村（社区）具体情况重点开展下列服务：一是配餐就餐服务，为老年人提供日常膳食供应；二是日间托老服务，解决家中老年人无人照顾、独居老年人突发疾病无人看护的服务需求；三是文体娱乐服务，为老年人提供有益身心健康的娱乐活动、知识讲座、学习培训等服务；四是健康保健服务，建立社区（村）老年人健康档案信息，并提供健康教育、疾病防治、康复训练等服务；五是心理疏导服务，与老人聊天谈心、倾听诉求，适时做好心理安慰和疏导，帮助老人愉悦身心，排解烦恼。六是法律维权服务，提供法律咨询、法律援助，维护老年赡养、财产、婚姻等方面的合法权益等服务；七是帮扶救助服务，为困难、高龄老人提供解困、扶持、救助等服务。

2. 组织上门服务。主要为有服务需求的老人提供生活料理、精神慰藉等服务。包括打扫卫生、清洗衣物、助浴理发、烧火做饭、陪护看病、代为购物、谈心聊天等。试行政府购买服务业务，服务分有偿、低偿和无偿三类，由服务对象自由选择服务。收费服务按时按次依据核定的价格收费，并签定服务协议。

3. 开展活动服务。要定期和不定期开展各项活动，如组建帮扶小组，以老年人协会正副会长，老党员，老干部，村干部，志愿者为成员，帮助生活困难、行动不便的老年人走访帮扶活动；九九重阳节开展以“尊老、敬老，老有所为”为主题的庆祝表彰活动；80岁以上老年人生日祝贺活动；村庄、庭院保洁活动；80岁以上老年人定期体检的关爱活动；爱心慈善捐赠活动等。

（五）港澳台

香港在养老服务中，特区政府的社会福利署特别强调“社区照顾”“社区为本”的养老理念，提出香港养老服务的目标是为长者提供服务，尽可能地将他们留在社区安享晚年，让长者过着健康、受尊重及有尊严的生活，并积极发展他们的潜能，让他们继续贡献社会。

长者社区支援服务是特区政府为本港老人提供的一项惠民社会政策。香港的长者社区支援服务主要分为“中心为本”和“家居为本”两大类别。“中心为本”类别鼓励长者到长者地区中心、长者活动中心、长者日间护理中心等各类中心集中接受各种服务。“家居为本”类别则为居家的体弱长者提供上门服务，服务内容主要包括日常照料等。

长者社区支援服务在运作机制上，执行“政府出钱，非政府组织和私营机构办事”的合约管理方式，特区政府积极建立与非政府组织以及私营机构之间的合作伙伴关系。非政府组织和私营机构是提供养老服务的主体，它的大部分经费来自于政府的资助，还有部分来自于服务收费和慈善捐赠。

在服务队伍的建设上，香港大力弘扬义工文化，建设义工队伍。调动公众广泛参与长者社区支援服务。经过培训的义工队伍为长者社区支援服务构建了比较完备的支持网络。[1]

澳门特区养老服务的主要职能部门是特区政府的社会工作局长者服务

[1] 卫俊栋：《我国农村社区养老服务研究》，中央民族大学2011年硕士论文。

处，该处倡导的养老模式是“家庭照顾，原居安老”，尽可能满足老年人在家养老的心理诉求，同时，减轻了社会养老机构的压力。澳门特区的社区照顾整体而言主要特点也是政府出资，民间运营，收费低廉。

澳门特区的社会养老供给可分为两类。一类为社区供给，一类为院舍供给即机构供给。澳门建立了比较完备的社区老年人居家养老服务体系。为老年人提供居家养老服务的机构很多，主要有社会工作中心、老人日间中心、长者日间护理中心、耆康中心以及家居照顾志愿队等。在这些机构中，社会工作中心具有一定的行政职能，是居民和社会工作局之间的中介和纽带。除了具有一定的行政职能之外，社会工作中心还负责为个人或家庭提供综合性的社会服务。老人日间中心、老人日间护理中心和耆康中心给老年人提供日常生活所需的各种服务，服务项目众多，包括生活照料、娱乐活动、社交活动等，既能满足老年人物质生活的需要，也能满足他们精神生活的需求，更重要的是老年人能够留在家中进行养老，多代同堂，享受天伦之乐。

从经费来源上看，主体是政府，这些中心大多能收到政府的拨款，同时也有一小部分资金来自社会捐赠。由于资金较为充裕，因此，澳门老年人养老服务的收费一般比较低。许多中心也多是官办民营性质，经营活动大都是由民间社团来进行。

台湾地区是一个老龄化比较严重的社会。台湾地区老年人选择的养老方式有两种，即正式照顾体系和非正式照顾体系。正式照顾体系即包括机构养老供给以及社区式养老供给等多种方式，类似于大陆的机构养老；非正式照顾体系指的是家庭养老供给，类似于大陆的居家养老。所需费用大部分由当地政府部门承担。

台湾地区在养老中对老年人实行分类管理，主要按照年龄和健康状况进行分类，将老年人分为四类，即65岁以上的老年人、55岁以上的原住民、50岁以上的身心障碍者和日常生活功能受限且独居的老年人。对于这四类老人，所提供的服务也不一样。老年人情况不同，所提供的补助标准也不同。

台湾地区社区照顾式养老服务，主要内容有上门服务、日间照顾、居家服务、居家护理、营养餐饮服务、独居老人关怀访视、机构式照护和失智症照顾等。

台湾地区建立了比较完善的养老保险体系，这一养老保障体系由三个部分组成，其一是台湾地区举办的保险和津贴等，其二是雇主为员工办理的企业退休金，其三是商业养老保险。养老保险体系所提供的资金足以满足老年人养老需求。[1]

（六）国内探索的启示

纵观各地养老体系的建设，都是以政府主导为主。如青岛和上海的农村养老模式就是“政府主导、中介组织、实体服务”。不管各地的经济社会发展程度如何，政府对于养老这项社会福利事业责无旁贷。经济社会发展较为发达的地区起步较早，养老服务体系建设成效显著。经济社会欠发达的地区，起步稍晚，正在全力推进。政府在各地养老体系建设的过程中扮演着多重角色，包括养老政策的制定者、养老资金的提供者、养老服务的监督者、养老绩效的评估者。

在解决养老资金来源问题上应多渠道解决资金难题。养老事业需要投入大量的资金，在现有的国情下完全由政府大包大揽不太现实，因此需要吸引社会资本的投入，并且鼓励个人和组织捐赠。各地在实践中，对社会资本参与养老市场持鼓励态度。政府以优惠政策、税收减免、运营补助和绩效奖励等形式大力扶持民间资本建立居家养老服务机构或专门养老机构。民营养老机构建设后，政府大量购买它们所提供的服务。

对养老对象的管理实行区别对待，分类补贴。多地在养老实践中，将老年人按照经济状况和身体健康状态的不同分成若干类别，提供不同的服务。如山东省济南市将老年人分成 A、B、C 三类，分别享受不同的送时服务。各地养老机构提供的服务内容也是丰富多样，可以供不同情况的老年人按照自己的需要和意愿进行选择。

在养老实践中有效地利用现代通信技术，服务养老需求。山东省青岛市给老人配备“一键通”呼叫器，上海给老人安置“安康通”呼叫器，这些呼叫器还可与 119、110、120 等应急平台联通联动，可以给老年人在紧急情况下提供及时的救援和帮助。现代通信技术的发展十分迅猛，可以预见，将来的移动通信 5G 技术、大数据技术和人工智能技术运用于养老服务，会给老年人养老带来更多的快捷和便利。

---

[1] 阳鸿文:《我国农村空巢老人养老方式研究》，西北大学 2012 年硕士论文。

政府对社区、机构提供的养老服务评估绩效，加强监督。这是政府的重要职能，也是政府主导的重要体现。不管是公办的养老机构还是民营的养老机构，不管是公办养老机构的服务人员，还是民营养老机构的服务人员，都要接受政府专门部门的绩效评估，对他们提供的养老服务质量进行监督，以切实保障老年人的合法权益，多地在实践中出台了一系列服务质量标准等行之有效的规章制度。

二、国外养老体系建设的经验

目前我国山区农村以社区为依托的居家养老服务还处在发展的最初阶段，处于摸索状态，还存在许多问题。而许多发达国家已经探索出较为完善的居家养老服务体系和服务模式，积累了丰富的经验。所以，我们有必要借鉴国外居家养老服务的成功经验，从而探索一条适合我国山区农村情况的居家养老服务体系的发展之路。

（一）日本

日本与中国相似，有着尊老爱老的优良传统。在世界文化版图上，日本属于儒家文化圈，深受中华文化的影响，表现在养老上，日本居家养老强调家庭意识，提倡孝文化，强调家庭成员的关爱与赡养，并且以法律条文的形式规定了子女对父母的赡养义务。日本先后实施了《老年福利法》《老人保健法》等法律来推行社会养老服务。20 世纪 90 年代开始逐步建立社区综合福利体系，推进家庭护理服务。日本老年人养老的运行机制主要是“护理保险 + 居家养老”。

日本的护理保险是一种强制险。40 岁以上的国民必须购买，他们每年只需缴纳 3000 日元，65 岁后可以接受这项保险所提供的服务。有了这项保险，失能老人和痴呆老人不需要去医院，就可以在家接受专业护理。

日本护理保险制度的主要特点是：

1. 对参保人群严格按照 65 岁年龄界线分为两类：第一类被保险人为 65 岁以上的人群，这类被保险人个人承担的保费比例为 17%；第二类被保险人为 40 岁以上 65 岁以下的人群，他们个人承担的保费比例为 33%。

2. 费用共担。护理保险费的缴纳采取政府和个人共担的原则，除个人缴纳部分之外，其余费用由政府买单。

3. 长期护理服务审批严格。老年人需要得到护理服务时，“护理认定审查会”在走访调查的基础上，参考主治医生意见书，作出最终决定并判定护理等级。以此确保护理服务用在真正需要的人身上。[1]

日本在护理保险的基础上推进居家养老服务，建立了一套以社区为基点的居家养老服务模式。居家养老服务的提供者主要是政府组织、政府资助的民间组织、志愿者团体、公司式养老机构等。居家养老服务人员包括医生、护士、康复师、家庭服务员等。“护理士”根据护理等级制定护理计划，提供上门护理服务。[2]

社区的养老服务主要包含以下方面的服务内容：

访问服务。服务者为老年人提供上门服务，送医送药，体检会诊，并为老年人提供基本生活护理指导等。

日间托付服务。白天的时候把老人接到社区老人护理中心等机构，吃过晚餐以后再将他们送回到家里。

短期入住服务。老年人的家人有时因某种原因短期外出，比如因工作需要而出差，可以把老人送到社区内提供短期入住的场所。在这里，老年人可以享受到机构提供的各种养老服务，家人没有后顾之忧。

长期服务。这种服务时限较长，一般是三个月及三个月以上。主要针对那些生活自理能力较差需要长期照料的老年人，照顾他们的生活起居和基本医疗服务。

老年指导及咨询服务。为老年人举办各种健康讲座传播健康理念等，让老人了解一些可以自理的医疗护理知识，也为老年人提供心理咨询或其他咨询服务。

日本的老年节是很重要的节日，全国各地都会庆祝这一节日。有很多老年人自己编排节目，让老年人充分展示自己的才华，让他们感觉自己仍然能

[1] 李文娜：《我国农村居家养老发展问题探析》，武汉科技大学 2011 年硕士论文。

[2] 许泽宁：《借鉴国外模式探讨我国社区居家养老建设》，《内蒙古大学学报》，2015 年第 3 期。

够融入社会，做到老有所为、老有所乐。[1]

（二）新加坡

新加坡的老龄化程度很高，在亚洲仅次于日本，因此养老问题是新加坡国家治理的重要内容。新加坡的老年人不叫“老龄人士”而叫“乐龄人士”，老年人能够快乐地安享晚年，可见新加坡的养老制度是成功的。新加坡十分重视家庭在老年人养老问题上的作用。经过十余年的建设，新加坡现已建成以中央公积金制度为基础、家庭为支柱、社区和政府共同发挥作用的综合养老体系。

新加坡的中央公积金制度很有特色，为新加坡的老年人养老提供稳定的财政基础。新加坡的中央公积金制度实质上是一种强制性的长期储蓄制度，使得老年人在退休以后仍然有稳定的经济来源，能够支付其自身所需的各项养老服务的费用。在制度设计上，中央公积金制度中有专门的家庭保障计划，包括“家属保障计划”和“家庭保护计划”。前者实质上是一项定期人寿保险，目的是为公积金会员及家属在会员终身残疾或者身亡时提供应急资金；后者实质上是一种强制性保险，其目的是保证会员具备归还建屋局贷款的能力。公积金制度的实施解决了新加坡养老的经济问题。[2]

在中央公积金制度的基础上，新加坡政府制定政策并采取一系列的措施发展居家养老服务。

首先，政府不遗余力地宣传孝道文化，在全社会创造了尊老敬老、赡养老人的良好氛围。新加坡政府倡导老人在家“就地养老”，要求子女恪守孝道。新加坡政府认为，孝道是伦理道德的起点。孝道可以稳固家庭，家庭稳固了，社会才能保持稳定。新加坡政府在舆论上大力号召全社会关爱老年人，为居家养老服务的开展营造了社会环境。

其次，新加坡特别注重家庭成员在居家养老服务中的作用。新加坡的法律体系中有一部《赡养父母法》，这是世界上第一个专门为“赡养父母”而立的法。新加坡政府为了方便子女赡养父母，制定了一系列优惠政策鼓励子女与父母同住或者就近居住。比如，新加坡在设计组屋的时候，会设计适合几

[1] 彭雪：《农村社区养老服务现状、问题及对策研究》，四川农业大学2013年硕士论文。

[2] 郭竞成：《居家养老模式的国际比较与借鉴》，《社会保障研究》，2010年第1期。

代同堂居住的户型。子女如果在父母居所附近购房，可享受一定的价格优惠。政府为进一步鼓励子女与老人同住，还推出一系列津补贴计划，为低收入家庭赡养老人提供养老、医疗方面的补贴，以减轻其家庭负担，激励其赡养老人的积极性。

第三，新加坡政府大力建设多层次的社区养老服务体系，为在家的老年人提供居家养老服务。政府推出“乐龄保健护理规划”，为老年人提供专业的护理和医疗保障。同时，政府还在社区内建立“邻里联系中心”与“乐龄活动中心”等机构，开展“乐龄互助”活动，丰富并照顾老年人的生活。政府通过优惠政策，吸引和激励社会机构参与到提供居家养老服务中来。对于一些生活自理能力欠缺的老年人，政府鼓励社会机构在社区内开设并经营日间托老所和复原中心等机构，对社区内的老年人进行日常生活照护。新加坡政府对这类提供居家养老服务的社会机构免除其公司税，而且对其运营成本给予一定的补贴。

第四，新加坡政府还重视社区内老年活动设施的建设。新加坡规定每个社区都要提供一定的空间和建筑作为老年人的活动中心，为老年人的健身、娱乐和交往提供场所。这些活动中心一般由一些福利机构或民间机构负责管理。

正是因为政府为赡养老人的家庭提供了得力的经济援助和一系列有效的措施，使新加坡普通家庭的老人在医疗、住房等方面确实享受到实惠，因此绝大部分新加坡老年人愿意选择居家养老的方式，而且能够在年老之后享受爷孙同堂的天伦之乐。

（三）英国

英国在1970年步入了老龄化社会。从那时起养老问题逐渐成为一个亟待解决的社会问题引起英国政府的重视。英国政府的目标是建立起一套完善的社区照顾制度。经过50多年的尝试和发展，这一目标已经达成。英国1990年颁布《社区照顾》法案，将社区照顾模式以法律的形式固定下来。1993年在全国进行全面实施。目前，社区照顾被广泛应用于英国社会服务的各个领域，在养老问题上特色鲜明。

1. 社区养老服务体系

英国政府高度重视本国的社区老年服务工作。一方面，政府不断出台相关优惠政策，引导非政府组织机构或其他社会组织及志愿者向社区老人提供养老服务；另一方面，加大政府对社区养老服务工作的资金投入，并为民间社区养老服务组织提供资金上的支持，高标准建设和完善社区养老的服务设施，对社区照顾的从业者进行业务培训。英国的社区养老服务体系规范化程度很高，政府明文规定了工作人员的任职资格和所在职位的职责。英国社区照顾的服务体系主要由经理人、主要工作人员和照顾人员组成。经理人是某一社区照顾的总负责人，掌管资金的分配、人员的聘用及工作监督。主要工作人员负责照顾好社区内一定数量的老年人，为他们发放养老金，了解老年人的需要并解决一些重要问题。照顾人员是受雇直接从事老年人生活服务的人，多为老年人的亲人或邻居，政府给予他们一定的服务补贴。[1]

2. 社区照顾服务内容

社区照顾的主要内容包括如下各项服务：

第一，生活照料。生活照料又分为四种形式，即居家服务、家庭照顾、老年人公寓和托老所。

第二，物质支援。在老年人活动的地方安装扶手等设施方便老年人活动的设备。政府还为66岁以上的老年人予以水电费、燃气费、暖气费、通信费等的优惠，减免国内旅游车船票，鼓励老年人旅游。

第三，心理支持。包括心理预防、治疗、护理以及咨询等内容。社区医生免费为老年人检查、看病，保健人员为老年人提供上门健康指导和传授养生保健方法。

第四，整体关怀。政府为了改善老年人的生活环境，提高老年人的生活质量，出资兴办功能齐全的老年人活动中心。老年人休闲娱乐有专门的场所。

3. 资金来源

英国社区照顾的资金来源以政府为主，社区、家庭和个人的支出不太多；从事居家服务的工作人员既有志愿服务者，也有政府雇员，他们提供的服务一部分免费，一部分收费，即使收费也很低廉，在老年人能够承担的范围之内，不足部分由政府买单。对于接受家庭照顾的老人，政府发给老年人与住院同

[1] 彭雪：《农村社区养老服务现状、问题及对策研究》，四川农业大学2013年硕士论文。

等的津贴，这样使家庭在照顾老年人时有了一定的经济保证。[1]英国社区的“契约制”是实行养老服务的一种重要形式。政府与社会服务机构合作，将某些服务项目转移给社会养老服务机构，政府出资对养老服务进行购买。[2]

4. 服务监督

英国政府将社区养老服务外包给社工机构，政府对他们的工作进行严格的监督。这一监督从项目招标就已开始，政府要对投标承接社区养老服务的机构进行严格的审查和评估，过关后，政府才为机构提供资金。在运作过程中，机构每年向政府提供年度报告以供审核，相当于年检。政府工作人员会对社会工作机构内的服务价格、服务标准、设施配置、人员培训等情况定期进行检查，确保机构严格按照合同规定为社区的老人提供养老服务，从而有效保证了社区内养老服务的正常供给。

（四）美国

美国早于1944年就已经进入老龄化国家行列。预计到2030年，美国老年人口的比重将会达到总人口的20%。为了解决养老问题，美国自1965年起颁布了一系列关于老年人服务的法律，从法律层面上确定了老年人救助、安养医院、住宅等养老服务。20世纪20年代美国开始初步形成社区，到20世纪60年代形成成熟的社区工作基本框架。成熟的社区为美国解决老年人养老问题奠定了良好的组织基础。

美国的养老社区主要分为四类，它们是生活自理型社区、生活协助型社区、特殊护理社区和持续护理退休社区。各类社区分别服务不同需要的老年人。生活自理型社区的服务对象是生活能够自理的老年人；生活协助型社区的服务对象是生活不能完全自理，需要人给予一般照顾，但没有重大疾病的老年人；特殊护理社区的服务对象是需要特殊医疗护理和照顾的老年人；持续护理退休社区的服务对象是刚退休不久，当前生活能够自理，不愿意以后生活自理能力下降而不得不变更居住环境的老年人。

其中持续护理退休社区是美国老年人较为认可且较为成功的模式。持续护理退休社区按照功能和目的不同分为两大类：一类是以提供医疗护理和照

[1] 郭竞成：《居家养老模式的国际比较与借鉴》，《社会保障研究》，2010年第1期。

[2] 李红艳：《甘肃省瓜州县农村社区养老服务研究》，甘肃农业大学2016年硕士论文。

顾为目的的社区，另一类是以提供休闲娱乐的生活为目的的社区，可以满足不同情况的老年人的需求。[1]

美国的社区养老服务主要有：

第一，家庭保健中心。美国超过八成的老人在自己家中养老。家庭保健中心为居家老年人提供简单的日常生活照料及护理服务，收取一定的费用。第二，开办老人活动中心。第三，开展免费教育。社区大学、成人教育中心都有接收65岁以上老人免费进修的义务。第四，鼓励志愿者服务。在居家养老中家政助理服务一般由非营利机构、宗教团体或家庭服务机构提供。

美国政府在1997年的《平衡预算法案》中提出对老年人实施全面医疗照顾（*The Program of All-inclusive Care for the Elderly*，简称PACE）。PACE项目是政府提供的一个为体弱多病的老年人提供长期照顾的创新项目。

PACE项目的主要特点有：

1. 老人是否适合入住护理院先要经过专家评估。

2.PACE项目的经费主要来源于医疗保险和医疗救助每个月给符合条件的老年人所支付的救助金。

3. 医疗服务由成人日常健康中心提供。

4. 跨学科的专家团队，对每位老人进行个案管理，评估受助者的需要。

PACE项目所提供的服务包括：急性照顾服务、看护服务、家政服务、居家健康服务和预防性、护理性、恢复性的服务等。[2]

机构养老方面，美国的公办养老机构很少，主要表现为政府出资兴建老人公寓，低价提供给老年人使用，经济困难者还可得到政府照顾。老年公寓私密性强，配套设施齐全，这种养老模式被很多老年人接受。美国大部分老龄服务业是由私营机构提供，分为传统的老人院和老年护理中心。老人院主要为高龄老人提供生活照顾，在美国创办老人院需要具备相应的资质，获得政府颁发的执照才可经营。老年护理中心的服务对象是那些生活基本能够自理，经济较为宽裕的老年人，中心配备有医护人员，能够开展一定的治疗和康复训练。“私营”老人服务的资金主要来源于私营机构，但政府也会适当给予补贴、税收减免和政策优惠等措施加以扶持。

[1]　侯雅倩：《我国农村居家养老服务发展问题研究》，山东财经大学2013年硕士论文。

[2]　李文娜：《我国农村居家养老发展问题探析》，武汉科技大学2011年硕士论文。

（五）国外经验的启示

政府在老年人养老事业中处于主导地位，这一点跟我国完全一样。养老是公益事业，私营养老机构的运营也只能是微利运营。在这样的情况下不会有大量的私人资本投入进来，政府此时必须站出来，向国民提供养老服务这一公共产品。政府主导地位表现为出资兴办大部分的养老机构，管理私营机构，出资购买服务等方面。

对养老服务建立完善的法律法规，使得养老事业有法可依。英国 1990 年颁布了《社区照顾》法案，以法律的形式将社区照顾模式固定下来。美国自 1965 年起颁布了一系列关于老年人服务的法律，从法律层面上确定了老年人救助、安养医院、住宅等养老服务。日本以法律的形式规定了子女赡养父母的义务，先后实施了《老年福利法》《老人保健法》等法律来推行社会养老服务。新加坡 1995 年 11 月颁布《赡养父母法》,成为世界上第一个将“赡养父母”立法的国家。美国政府在 1997 年的《平衡预算法案》中提出对老年人实施全面医疗照顾（*The Program of All-inclusive Care for the Elderly*，简称 PACE）。

居民养老以完善的社会保障为前提。养老服务做得好的发达国家无一例外地建立起了一套完善的社会保障体系。如日本的护理保险制度，将护理保险作为一项强制险推出。40 岁以上的国民每年缴纳 3000 日元就可以在 65 岁后接受这项保险所提供的服务。新加坡的中央公积金制度为老年人养老提供稳定的财政基础，该制度实质上是一种强制性的长期储蓄制度，使得老年人在退休以后仍然有稳定的经济来源，能够支付其自身所需的各项养老服务的费用。

重视家庭的作用。日本居家养老强调家庭意识，倡导孝文化，突出家庭、亲属、乡邻的作用，强调家庭成员的关爱与赡养，以法律的形式规定了子女赡养父母的义务。新加坡深受儒家文化的影响，十分重视家庭在老年人养老问题上的作用。新加坡在设计组屋的时候，会设计适合几代同堂居住的户型。子女如果在父母所居住的社区内购买住房，会享受到一定的价格优惠，在户型、楼层等方面具有优先挑选的权利。

服务队伍专业化水平较高，志愿者队伍较为稳定。纵观上述多国，非常注重养老服务提供者的素质，不管是专业的养老服务从业人员，还是志愿者，都要经过专业培训，具备一定的技能。比如美国的PACE项目由跨学科的专家团队，首先对老年人的需求进行评定，形成一个一揽子的照顾计划，然后再为他们提供服务。服务包括：急性照顾服务、看护服务、家政服务、居家健康服务和预防性、护理性、恢复性的服务等。从国外的养老服务实践中可以看到，它们的很多服务是由志愿者来完成的，而且志愿者队伍长期保持稳定。

第八章　通往理想之路

2017年3月，国务院发布了《“十三五”国家老龄事业发展和养老体系建设规划》。规划明确提出了到2020年以居家为基础、社区为依托、机构为补充、医养相结合的养老服务体系更加健全的基本目标。2017年5月，湖北省政府发布《湖北省老龄事业发展和养老体系建设“十三五”规划》，提出各项具体的目标和措施，全面贯彻落实国家发布的《“十三五”国家老龄事业发展和养老体系建设规划》。湖北省规划的实施，是湖北省山区农村家庭特别是空巢家庭通往理想养老模式的可行之路。在这条道路上，政府、社会、家庭将各司其职，完成各自的职责和使命。

一、政府

各级政府应切实转变其职能，从山区农村养老的具体事务中解脱出来，专注于顶层设计、长期规划、政策制定、法规完善、建立社会保险和养老服务体系等宏观层面上来。具体而言，政府在养老体系建设中，应着重做好以下事情。

（一）制定规划和政策

政府在农村社区养老服务体系的建设中毫无疑问应处于主导作用，它的角色定位就是规划和引导整个养老服务体系的建立。政府要转变职能，逐步从具体事务中淡出，从更高的层面更宏观的角度给予支持和指导。政府在山区农村养老体系的创建和发展过程中，其重要角色应该是推动者、扶持者、协调者和管理者的综合。政府的首要职能就是制定好养老体系建设的规划。中央政府制定全国性的养老服务体系建设规划，是纲领性的文件，同时也是地方政府制定本地养老服务体系建设规划的重要依据。政府要出台一系列落实规划的政策措施，特别是地方政府出台的政策在落实中央政府文件的精神上起着重要的作用。近年来，国务院下发了《中国老龄事业发展“十二五”规划》《社会养老服务体系建设规划（2011—2015）》和《“十三五”国家老龄事业发展和养老体系建设规划》等养老体系建设的纲领性文件。各部委单独或联合其他部委下发了多个落实中央精神的指导意见，详见下表。

表 8–1　国家层面颁布的促进养老服务发展的相关政策和规划

序号	文件名称	文号	颁布单位
1	中国老龄事业发展“十二五”规划	国发〔2011〕28 号	国务院
2	社会养老服务体系建设规划（2011—2015）	国办发〔2011〕60 号	国务院
3	关于加快发展养老服务业的若干意见	国发〔2013〕35 号	国务院
4	关于促进健康服务业发展的若干意见	国发〔2013〕40 号	国务院
5	关于推进养老服务评估工作的指导意见	民发〔2013〕127 号	民政部
6	关于开展养老服务业综合改革试点工作的通知	民办发〔2013〕23 号	国家发改委、民政部
7	关于组织开展面向养老机构的远程医疗政策试点工作的通知	发改高技〔2014〕1358 号	国家发改委、民政部、卫计委
8	全国医疗卫生服务体系规划纲要（2015—2020）	国办发〔2015〕14 号	国务院办公厅
9	全国农业可持续发展规划（2015—2030）	农计发〔2015〕145 号	农业部等八部委
10	关于大力发展休闲农业的指导意见	农加发〔2016〕3 号	农业部
11	贫困地区发展特色产业促进精准脱贫指导意见	农计发〔2016〕59 号	农业部等九部委
12	“十三五”国家老龄事业发展和养老体系建设规划	国发〔2017〕13 号	国务院
13	国务院办公厅关于制定和实施老年人照顾服务项目的意见	国发〔2017〕52 号	国务院

地方政府要明确各领导部门的职责，强化工作协调机制，民政部门、发展改革部门、财政部门、国土管理部门、老龄工作机构、住房与城乡建设部门、税务部门、人力资源社会保障部门等要相互配合，各司其职，及时解决问题，齐抓共管、整体推进山区农村养老服务体系的建设。要把山区农村养老服务体系的建设作为一个整体来进行规划和领导。政府要根据山区农村的实际情况，制定合理而详细可行的养老服务体系建设规划，由点到面逐步开展，同时要对养老服务体系的建设标准做出明确要求和规定，对养老服务的价格进行监督和管理，以保障广大山区农村老年人的权益。随着新时代下政府角色的转变，政府在山区农村养老服务体系中也承担着一个间接指引的职能，政府要站在一个更高的角度上对山区农村养老服务的主体提供指导和支持，同时要发挥它的监督、评估和规范职能，确保山区农村老年人的权益不受到侵犯。

湖北省在落实中央关于养老体系建设精神的过程中，以省政府的名义或者各厅局的名义制定了相应的规划和一系列政策加以推进。从中国老龄事业发展“十二五”规划的完成情况来看，效果十分明显。《湖北省老龄事业发展“十二五”规划》和《湖北省社会养老服务体系建设“十二五”规划》两份文件中确定的目标任务基本完成，尊老敬老养老助老社会氛围日益浓厚，老年人的获得感和幸福感明显增强。以下是近年来湖北省出台的重要规划和政策文件（不完全统计）。

表 8–2 湖北省近年颁布的促进养老服务发展的相关政策和规划

序号	文件名称	文号	颁布单位
1	省人民政府关于加快发展养老服务业的实施意见	鄂政发〔2014〕30 号	省人民政府
2	省民政厅、省发改委、省财政厅、省卫计委、省人社厅、省住建、厅关于加快发展社区养老院的意见	鄂民政发〔2014〕7 号	省民政厅等 6 部门
3	省民政厅省工商联关于鼓励支持全省民营企业积极投身公益慈善事业的实施意见	鄂民政发〔2014〕11 号	省民政厅、省工商联
4	省民政厅、省老龄办关于统筹城乡社区居家养老服务和基层老年协会“乐龄工程”建设的意见	鄂民政发〔2014〕41 号	省民政厅、省老龄办

续表

序号	文件名称	文号	颁布单位
5	省民政厅、省国土资源厅、省财政厅、省住房和城乡建设厅关于推进城镇养老服务设施建设工作的通知	鄂民政发〔2014〕53号	省民政厅、省国土资源厅、省财政厅、省住房和城乡建设厅
6	省民政厅关于开展全省城乡居民最低生活保障标准法定量化工作的指导意见	鄂民政发〔2014〕13号	省民政厅
7	省民政厅关于养老机构设立许可的指导意见	鄂民政发〔2014〕14号	省民政厅
8	省民政厅关于加强和创新全省慈善超市建设的实施意见	鄂民政发〔2014〕20号	省民政厅
9	关于规范养老机构服务收费管理促进养老服务业健康发展的指导意见	鄂价费〔2015〕43号	省民政厅、省物价局
10	关于促进慈善事业健康发展的实施意见	鄂政办发〔2015〕38号	省政府办公厅
11	关于支持社会力量发展养老服务业的实施意见	鄂民政发〔2015〕16号	省民政厅、省发改委、省财政厅等10部门
12	湖北省农村低保标准与扶贫标准衔接实施办法（试行）的通知	鄂政办函〔2015〕110号	省政府办公厅
13	中共湖北省委省人民政府关于全力推进精准扶贫精准脱贫的决定	鄂发〔2015〕19号	湖北省委、省人民政府
14	湖北省农业发展“十三五”规划纲要	鄂政发〔2016〕55号	省政府
15	湖北省公办养老机构入住评估管理暂行办法	鄂民政规〔2016〕2号	省民政厅
16	湖北省临时救助审核审批工作规范（试行）	鄂民政规〔2016〕3号	省民政厅
17	湖北省大别山革命老区振兴发展农业专项规划（2016—2020）	鄂农发〔2016〕11号	省农业厅
18	湖北省“十三五”产业精准扶贫规划（2016—2020）	鄂农发〔2017〕2号	省农业厅
19	湖北省农村低保制度与扶贫开发政策有效衔接实施方案	鄂政办函〔2016〕127号	省政府办公厅
20	湖北省老龄事业发展和养老体系建设“十三五”规划	鄂政发〔2017〕22号	省政府办公厅

（二）制定和完善相关法律法规

我国除了《中华人民共和国老年人权益保障法》以外，几乎没有其他的法律法规来保障养老服务业的规范化发展。因此，制定和完善相关法律法规尤为重要。要让整个养老服务在运行过程中实现有法可依、有章可循，使养老服务法制化，而不是简单的社会福利工作，这样才能使山区农村老年人在法律的保护下，享受到正规的、有保障的养老服务。在法律上要切实明确家庭成员、机构服务人员以及政府在养老过程中应当承担的责任和义务。通过法律制度来确认老年人应该受享有的养老服务、经济保障、资源分配、社会参与等内容，从而保障养老事业的顺利发展。

现在山区农村的家庭养老主要依靠道德规范来保证其正常运行，由于改革开放以来山区农村的社会变迁，道德的约束功能已经弱化，因此家庭养老还必须依靠法律的强制性来规范。家庭养老的法律化、制度化和规范化是强化家庭养老功能的重要制度保障。现代很多山区农村年轻人赡养老人的自觉意识降低，老人得不到应有的照顾，必须有法律规定其强制执行赡养老人的义务。

要对养老机构的法律属性界定清楚，是公有还是私有、是“公办民营”还是“公建民营”都要明确下来，以确保养老机构中权利与义务主体彼此法律关系的通畅，并划清养老服务双方当事人权利与义务的内容。法律规定山区农村养老机构必须实行法人登记，依法获得经营许可证，制定山区农村养老机构的市场竞争规章和行业标准，并规定定期年检、收费标准等内容，让山区农村养老机构有章可循，有效控制养老机构的服务质量，维护养老机构自身和入住老人的合法权益。

发达国家在医养结合的实施过程中，都有完善的法律法规加以保障。我国国家和各级地方政府，也应该根据我国老年照护保险发展的迫切需要，有计划、有步骤、有重点地出台相关法律以及与之配套的法规，形成比较完善的医养结合法律法规，以法律形式将医养结合保险纳入到社会保障体系，保障我国医养结合保险制度能够顺利实施，医养结合保险市场能够规范运行，使参保对象和医养结合保险的各主体机构的权益能得到法律的保护。

在完善立法的过程当中，既需要全国人大及其常委会制定的全国性法律，也需要地方各级人大制定的地方性法规加以配套。在落实全国性法律的过程中，地方性法规的制定结合了当地经济和社会发展的实际，更加具有现实性和可操作性。湖北省曾经在 2015 年 9 月 23 日省第十二届人民代表大会常务委员会第十七次会议审议通过了《湖北省农村五保供养条例》，对于农村五保供养的各个方面做出了具体的规定，在当时属于全国首创。“十三五”期间希望湖北省将“居家 / 社区养老”“机构养老”“医养结合”相关立法列入年度立法规划，制定出相应的地方性法规，进一步落实中央的“十三五”国家老龄事业发展和养老体系建设规划。

（三）加大政府的资金支持力度

在山区农村养老体系的建设中，各级政府要发挥其主导作用。政府的主导作用除了表现在制定规划和政策、完善立法、建章立制上，更重要的要体现在养老体系建设过程中。尤其是资金方面，需要政府真金白银的投入，以确保山区农村养老体系的顺利发展。按照当前我省山区农村发展的实际情况，山区农村养老体系的建设更重要的是获得来自政府部门的大量经济支持；否则这种养老体系很难建立起来并继续发展。政府的资金投入方式主要有以下两种：

1. 政府财政直接供给

政府给予山区农村社区养老服务体系建设最为直接的方式，便是财政扶持。从国际经验上来看，构建农村社区养老服务体系将耗费高额的成本。基于推动农村社区养老服务体系平稳发展的考量，政府应给予其必要的财政资金扶持。财政资金扶持也彰显了政府对公共资源的优化配置与整合。依托针对性的财政扶持措施，能够给予经济收入低下、养老诉求强烈的贫困山区农村老年人以切实的帮扶。健全财政预算制度，将用于保障山区农村养老服务的专项资金纳入到财政预算之中，创设长效的财政资金扶持制度。在经费的使用方面，要向基础性养老设施建设倾斜。从当今国内的农村社区养老服务实践来看，一些地区探索出一条“民办公助”的新型养老模式，公众对此较为认同，社会反响较好。基层政府应注重对此种新兴模式的借鉴与普及推广，并且在税收减免、土地使用权划拨等方面给予民办养老机构以相应的政策福利，借助民间养老机构的介入，缓解政府的养老压力，并推动山区农村社区养老服务实现良性发展。

首先，在公办养老机构这个政府传统的重点项目上，需要加大支持。国民养老不能完全放任市场发展，基于社会公平的考虑，公办养老机构的作用不可替代。同时，在养老服务投资公平的前提下，要进一步加大对偏远山区农村的支持，保证养老服务的均衡发展。

其次，政府还要加大对民办养老机构的支持。老年服务是微利行业，许多民办养老机构盈利困难，相当一部分处于亏损状态。因此，针对这一部分养老机构，政府要给予一定的财政补贴、税收优惠等政策支持，保证它们的正常运行，使它们与公办养老机构一起公平地参与养老事业的发展。2015 年，湖北省民政厅、省发改委、省财政厅等十部门联合出台《关于支持社会力量发展养老服务业的实施意见》，提出了一系列对于民办养老服务业的优惠政策，促进了湖北省民营养老服务业的发展。

最后，对于养老服务的受众群体，政府也要给予一定的补贴。对于其他生活有困难的山区农村老年人，政府也应根据其家庭的实际情况给予补贴，让他们能享受到同等质量的养老服务，共享社会经济的发展成果。[1]

2. 政府购买服务供给

从公共管理理论来看，政府不应将自身简单定位于公共物品的供给者，而应在引入市场机制的同时，实现对公共服务的分解。政府可以转变先前的供给者角色定位，将自身转变为服务的购买者，购买社会机构提供的养老服务。也就是说，社会养老机构为老年人提供养老服务，由政府买单。我们要明确以下几点。

（1）购买主体。各级政府是购买社会工作服务的主体。各级民政部门具体负责本级政府购买社会养老服务的统筹规划、组织实施和绩效评估；各级财政部门具体负责本级政府购买社会养老服务的规划计划审核、经费安排与监督管理。

（2）购买对象。政府购买社会工作服务的对象主要为具有独立法人资格，拥有一支能够熟练掌握和灵活运用养老工作知识、方法和技能的养老机构和医疗护理专业团队。

（3）购买范围。按照“受益广泛、群众急需、服务专业”的原则，重点围

[1] 贾婷婷:《人口老龄化形势下农村机构养老问题研究》,郑州大学2014年硕士论文。

绕山区农村老年人群体的个性化、多样化社会服务需求，组织开展政府购买社会养老服务。实施老年人社会照顾计划，为老年人提供生活照料、精神慰藉、社会参与、代际沟通等服务，构建系统化、人性化、专业化的养老服务机制。

（4）购买程序。一是编制预算。民政部门根据本地经济社会发展水平和财力状况，协调有关部门和群团组织切实做好农村老年人服务需求的摸底调查与分析评估，核算服务成本，提出政府购买社会工作服务的数量、规模、质量与效果目标要求，科学编制年度预算并报同级财政部门审批。二是组织购买。购买社会养老服务，原则上应通过公开招标方式进行。对只能从唯一服务提供机构购买的，要向社会公示并经同级财政部门批准后，可以采取单一来源采购方式组织采购。政府购买社会养老工作服务的组织实施，必须符合《中华人民共和国政府采购法》以及相关法律法规和部门规章要求。三是签订合同。民政部门要按照合同管理要求，与服务提供机构订立购买服务合同，明确购买服务的范围、数量、质量要求以及服务期限、资金支付方式、违约责任等内容。四是指导实施。财政和民政部门要及时下拨购买经费，指导、督促服务承接机构严格履行合同义务，按时完成服务项目任务，保证服务数量、质量和效果。

（四）构建政府为主导的社会监管机制

山区农村社区多元化养老服务体系是否能够实现可持续发展，相当大的层面上取决于政府是否能够借由其公权力职能对山区农村社区养老服务进行有效的监管。社会监管机制的构建有利于为农村养老体系的建设和发展扫清障碍，有利于提升入住老年人对山区农村养老体系的信心，进而提高其满意度。

首先，政府要通过宏观调控的手段充分发挥其监管的角色功能，遵循“有法可依、执法必严、违法必究”的原则，实行全面监管机制。不仅要对山区农村养老机构、社区 / 居家养老、医养结合的方方面面进行监督，还要对同行业协会、第三方非政府组织等其他社会监管主体的方方面面进行监督。

其次，建立同行业协会监督。同行业协会就是将目前的部门管理、所处地域等呈分散状态的养老机构联系起来，打破长期以来条块分割的局面，形成机构之间横向的联动机制，加强机构间的行业自律和自我管理能力，整合各方资源，建构机构间信息共享平台，公开机构内部运营状况。通过同行业协会制定的行业准则来对山区农村养老机构采取相应的管理和监督，防止出现不正当竞争，扰乱整个山区农村养老市场，为山区农村养老机构的建设营造良好的发展环境。

第三，要呼吁社会公众和新闻媒体监督。鼓励和允许社会公众，特别是捐赠人对山区农村养老机构的工作开展情况和财务管理等相关内容进行了解。新闻媒体应定期发布监督信息，以便社会公众结合自身情况，理性选择入住的山区农村养老机构，避免出现信息不对称的问题。

第四，各地基层政府应对山区农村社区养老服务机构进行绩效考核，淘汰考核不通过的机构或责令其停业整改，以便在提升养老服务质量的同时，使山区农村社区养老服务得以健全发展，进而实现对山区农村老年群体权益的最大程度保障。

最后，要加强对资金使用的审计监督。基于保障山区农村社区养老服务可持续发展的考量，政府应对养老资金的使用情况进行严格的审计监管，对非营利性社会养老机构的服务资质进行科学的评定，制定规范化的责任追究机制以及具体的奖惩措施，以便保障养老基金用途，使山区农村老年人群体的权益得以维系。特别对政府购买服务要加强监督。要建立健全政府购买社会工作服务监督管理制度，形成完善的社会工作服务项目购买文件档案，制定具体、翔实、严格的专业服务、资金管理及效果评价等方面的指导标准。切实加强过程监管，按照政府购买社会工作服务合同要求，对专业服务过程、任务完成和资金使用情况等进行督促检查。建立由购买方、服务对象及第三方组成的综合性评审机制，及时组织对已完成社会工作服务项目的结项验收。积极推进第三方评估，发挥专业评估机构、行业管理组织、专家等方面作用，对服务机构承担的项目管理、服务成效、经费使用等内容进行综合考评。坚持过程评估与结果评估、短期效果评估与长远效果评估、社会效益评估与经济效益评估相结合，确保评估工作的全面性、客观性和科学性。将考评结果与后续政府购买服务挂钩，对考评合格者，继续支持开展购买服务合作；对考评不合格者，提出整改意见，并取消一定时期内承接政府购买社会工作服务资格；情节严重者，依法依约追究有关责任。

（五）在山区农村全面实施社会养老保险制度

农村社会养老保险是近年出现的一个新生事物，其发展和完善必然要经历一个过程。目前我省经过多年的努力，“新农保”的参保比例较高，但保障水平较低。大多数农民交的是最低档的每年 100 元，这样到了收益期的时候每个月能拿到的养老费也是最低的。就笔者在红安县的调查，大多数农民每月只能拿到 60 多元，在当今的物价水平下，这点钱无疑就是杯水车薪，对解决山区农民的养老问题帮助不大。要解决当前存在的问题，必须在加大政府投入（包括人力、物力、财力等多方面的投入）的基础上，扩大社会养老保险的覆盖面；扩大对“新农保”的宣传力度，明确农村社会养老保险的法律地位，加大执法部门对该项基金的监督力度，提高保值增值能力；让更多的老年人享受到这种待遇。山区农村有少数老人已经开始享受社会养老保险金，受示范作用的影响，农民开始对养老保险有所认可。当前山区农村经济虽然有所发展，但社会养老保险对于广大的山区农民而言仍是昂贵的东西，参加社会养老保险的费用对于山区农民来说仍是很大的负担。所以，农村养老保险的推广，不光要调整政策，更要加强政府补贴，降低投保费用。

在普及“新农保”的同时，对于经济条件较好的农村家庭，可以通过多种保险融合，比如购买医疗保险、护理保险等商业险种来增强防范能力。政府的责任在于理顺养老保险、医疗保险和长期护理保险之间的关系，明确各险种的责任，衔接和整合三者功能，避免功能错位和重叠，促使其相互配合，各尽其能。建议借鉴日本护理保险经验，开展长期护理保险调研，与医保政策相衔接，在“新农合”的框架内完善护理保险制度。着眼于公平、公正、公开，确保制度的“全覆盖”；着眼于可持续发展，建立来源稳定且相对独立的护理保险资金，依托医保基金，形成个人、政府、保险公司三方共同承担的合力；着眼于确保基本，结合各地实际合理确定护理保险待遇标准和结算方式，增强农村失能老人的护理消费能力；着眼于专业化，建立健全严格的护理服务机构准入制度。建立农村老年人人身意外伤害保险制度，提高老年人的抗风险能力。

（六）完善产业扶持政策体系、协同推进“医养结合”服务发展

“医养结合”是重要的制度创新，是医疗和养老两个领域的跨界合作与融合，推进该项制度的建立难度很大，主要难在两个领域之间的政策协调。政府在建立“医养结合”中需要强化职责，做到不缺位也不越位。特别是在党的十八届六中全会以后，政府的职责主要体现在强化治理能力这个方面。首先是完善“医养结合”的规划。在规划时要考虑已有养老服务体系和医疗服务体系的现状，充分地利用、整合现有资源，同时要考虑人口老龄化及其需求特点，做出长远规划。其次是要加强多部门协同。“医养结合”体系建设涉及多个部门，包括民政、卫生计生、财政、人社、司法、教育等部门，“医养结合”的有效建立关键在于政府对多部门之间政策协调的成效，政府部门要充分认识到自己的责任，打破条块分割，对以“医养结合”方式经营的养老机构或者医疗机构给予政策支持。最后是完善服务与监管。政府的一个重要职责是提供公共服务产品，如完善机构审批流程，在相应的基础设施方面提供医疗保险、税收、土地等优惠政策和条件，应扩大医疗保险范围，将“医养结合”养老机构产生的医疗护理费用适度纳入其范围内，也可以鼓励保险公司开办有关的商业保险，用以补充社会保险，构建合理的“医养结合”保险体系。政府要加强监管，维护规则和秩序，促进行业良性发展。

二、社会

（一）鼓励社会力量参与发展老龄产业

山区农村养老体系的建设和发展，除了发挥政府的主导作用外，还需引入社会的力量，动员整个社会的参与。

1. 重视非政府组织的作用和参与

在政府与老人之间，各种社会组织承担着桥梁与纽带的作用，政府所有的养老措施，全都需要这些社会组织承担，其中非政府组织在农村养老体系的建设中作用突出。然而与城市相比，为山区农村养老机构提供帮助的非政府组织数量却少之又少。因此，将非政府组织的力量引入到山区农村养老体

系的建设和发展中来，意义十分重大。非政府组织可以通过其公益性身份和威望有效号召全社会、企业及个人、慈善机构等社会力量对山区农村养老机构进行捐赠，帮助山区农村养老机构筹集善款，缓解资金困难。另外，非政府组织还可以利用其影响力吸引有实力的企业加盟商，通过招投标等流程，选择正规化、规范化的优秀企业对山区农村养老机构进行投资，生产养老服务商品，同时提供养老服务，帮助其进行基础设施建设、员工培训等。[1]

2. 发挥市场作用，发展老龄产业

老龄产业是为了满足老年人的养老服务以及其他服务方面的需求，而提供服务的一种产业。老龄产业的兴起和发展是人口老龄化的必然结果。我国老年人生活照料和护理服务的潜在市场规模达到近万亿元人民币，老龄产业发展前景十分广阔。在山区农村社区养老体系建设和发展过程当中，需要按照市场化、产业化的理念来执行，具体来说就是要在用人模式、分配标准、管理办法以及责任划分等方面引入市场运作机制，开拓山区农村社区老龄服务产业品类，为老年人提供丰富多样的服务内容，同时还要有针对性地满足一些个性化服务需求。这样才能够维持老龄产业的可持续发展，形成一个完整的产业链条，实现养老服务消费市场的规范化与规模化。

山区农村有些地方乡镇企业力量比较壮大，在建立山区农村养老体系的时候，还可以引导乡镇企业资金的参与，广泛筹集服务资金，促进山区农村居家养老服务资金来源多样化。政府可出台优惠政策，对参与山区农村居家养老服务的乡镇企业实行减免税收等优惠政策。对愿意在山区农村开展居家养老服务的企业组织和个人，当地银行可为其提供优惠贷款，作为其养老事业的启动资金；还要充分利用村委会的公共资源，合理使用村集体资金，组织村民自筹部分资金，用于居家养老服务中心的建设。

在山区农村兴办养老机构成本较大，政府要鼓励有一定经济实力的年轻人开办养老服务机构。政府在解决民办机构养老在资金、政策等瓶颈上要发挥更大作用，促进社会化养老机构的发展。民间各方所提供的在资金和服务方面的支持，其实也是对自己未来老年养老的远期投资。山区农村养老机构建设的多元化，不仅可以使养老机构在资金和服务等方面得到有效保证，同时也是社会关爱老年人的体现，能够更好地弘扬中华民族的传统美德。

---

[1] 杨宁：《农村养老机构建设研究》，河北经贸大学 2016 年硕士论文。

“医养结合”养老产业投入的成本更高，但盈利较少，具有一部分非营利性质，很容易出现入不敷出、亏损的状态。为促进其长期可持续发展，政府的扶持必不可少，但又不能仅仅依靠政府，也应该使资金来源多元化。“医养结合”机构可以吸引民间资本的投资，建立投资基金，可以允许员工持有部分股份，可以引进风险投资等，与政府一起为医养结合产业的发展注入资金活力，从而致力于建设医养结合的多层化产业格局。

3. 引导社会力量进行捐赠

政府要倡导社会和民间力量对养老机构进行捐赠，对捐赠者进行精神上和物质上的嘉奖。比如可以设置“爱老先进个人”“爱老先进集体”等荣誉，在整个社会中营造一种“敬老、养老、爱老”的良好氛围。同时，发挥政府的宣传引导作用，调动个人、团体为老人捐款、捐物的积极性。如可降低或减免捐赠者应缴的个人收入所得税，或提供一些其他方面的优惠政策来激发个人、企业和团体的捐赠热情。在国外，慈善捐赠可以减免个人或企业的税费，所以大家的捐助热情很高。国外这种政府为先导，发动多种渠道筹集资金进行公共服务的经验值得我们借鉴。

（二）整合社会资源，提供养老服务

山区农村的社会资源与城市相比本来就不多，而要将这些有限的社会资源加以利用发挥它们的最大效益，就必须要进行有效的整合，形成“1+1 ＞ 2”的效果。

1. 整合村集体公共资源，完善服务设施

服务设施是山区农村开展以社区为依托的居家养老服务的物质基础。没有服务设施，山区农村居家养老服务无法开展，更难以保证养老服务的质量要求。为满足老年人的养老需求，山区农村要因地制宜，充分利用和改造本村现有的基础设施，可以对村委会原有的屋舍、废弃的学校、厂房进行维修改造，改造成适合养老需要的日间照料室、活动室、学习室等，提高村集体公共服务设施的利用率。

还没有建设养老服务设施的村子，要结合当地新农村建设的整体规划，落实国家的相关要求，根据当地老人的实际需求新建相关服务设施，建设一批集日间照料、文化娱乐、医疗康复、健身锻炼等功能于一体的居家养老服务

配套设施。新建服务设施要注重人性化和实用性。在地点选择上，要确保相关服务设施建在居民集中居住点附近，方便所有的老年人就近使用。同时要确保服务设施在质量上能够保证老年人的人身安全，在数量上能满足当地老年人的使用规模，最大限度地满足山区农村老年人的养老需求。如果条件许可，应在各行政村内设置如下养老设施，满足老年人的养老需求。

（1）家政服务中心，其功能是为老年人提供诸如维修、做饭、洗澡、洗衣等家政服务。

（2）护理中心，其功能是为患病或残疾的山区农村老人提供各种生活照顾，包括疾病陪护、个人清洁、饮食服务等。

（3）健康保健中心，其功能是为老年人提供健康咨询、身体检查、康复护理等健康保健服务。

（4）文化活动中心，其功能是提供休闲娱乐、锻炼健身、社会交往等方面的服务。

（5）紧急救援中心，其功能是提供紧急救援电话热线服务，对老年人遭遇的各种意外灾害或事故进行紧急处理。中心配有专人值守，确保一旦发生紧急情况，可以在第一时间赶赴老人家中，对其进行紧急救援。

2. 整合农村卫生资源，提供医养结合服务

开展山区农村居家养老服务工作，需要与当地农村医疗卫生机构展开合作，实现资源的合理配置和共享。

（1）充分发挥村卫生所服务功能

在山区农村，基本上每一个行政村都建有一个卫生所，居家养老服务中心可以与村卫生所展开合作。在老人出现感冒、发烧、头疼等一般性疾病时，养老服务人员可将村卫生所的医务人员请到老年人家中，为老人在自己家里问诊治疗。同时，主管部门通过村委会开展调查，为每一位老年人建立健康档案，掌握山区农村老人的身体状况、家庭状况和经济状况等相关信息。科学确定服务对象，把山区农村失能、独居和高龄老人作为重点服务对象。同时，还应不断地优化服务模式，根据老年人不同的健康状况，选择不同的服务方式，对于生活自理能力差的老人要派专业的医护服务人员上门服务，同时采取就近照料、邻里互助等方式建立相对稳定的服务关系。

（2）与乡镇卫生机构建立合作关系

针对老年人就医难问题，居家养老服务中心可以与乡镇卫生机构建立合作关系，由乡镇医院对山区农村老年人进行定期免费体检，由医务人员为老年人开展健康讲座，提高老年人的健康意识。在日常照料服务中遇到老年人突发中风、心脏病等严重疾病，由合作的医疗机构派出医生上门急诊，情况严重者及时送医院救治，病情轻微的可在本村卫生所就地治疗。服务人员代替老人办理农村合作医疗的手续、报销等工作，解决老年人看病难、报销难的问题。合作医疗机构为居家养老服务人员开展基本医疗服务技能培训，例如测量血压、物理退烧、康复护理等，提高养老服务人员的医护服务技能。

（3）卫生机构与医养结合

有些乡镇医院或县级卫生机构向护理院、康复院等转型，发挥其技术优势，为养老机构提供医疗护理服务。规模较小的养老机构，可与附近医疗机构合作共享医疗资源，建立合作项目，充分利用各自优势和资源，形成养老与医疗一体的绿色通道。

（三）提高服务人员素质

我省山区农村人口较多，老龄化程度比较高，在山区农村家庭小型化、核心化的背景之下，仅仅依靠家庭的力量来照料老人生活已很困难，因此，山区农村急需建立一个满足养老需求的完整体系。

1. 着力培养高素质养老服务人才

对各养老服务组织中的重要岗位实施岗位聘用原则，面向社会公开选聘高素质的人才。有条件的地方应充分和大专院校开展合作，设置专门的居家养老服务专业，培训并储备大批具备高学历和能力的新型服务人才，从而提升整体养老服务水平。实施持证上岗制度，确保从业人员都具备较强的岗位技能，可与职称制度相挂钩，提升从业人员的工作积极性。有效利用薪酬待遇的经济杠杆和各种精神激励措施，使工作积极、表现良好的从业人员能够获得较好的待遇和个人发展，保持整个行业的工作积极性和活力。

2. 建立一支稳定的服务队伍

由于居家养老服务行业不需要很强的专业技能，基本上属于劳动密集型的行业。在山区农村，分布着比较多的年龄在四五十岁左右的妇女，丈夫在外打工，这些妇女在家照顾家中老小，很多属于低收入或者无收入人群。建设居家养老服务队伍可以将她们吸纳进来，这样不仅缓解了她们的经济问题，而且居家养老服务队伍也有了稳定的人员来源。这些妇女在工作中可以就近选择最方便的服务对象。这一队伍的缺点是文化水平低，在生活照料上基本停留在保姆式服务阶段，这样的服务在一定程度上能解决老年人的照顾需求，但如果遇到某些患有疾病的老年人，或者有特殊情况发生，她们往往不能及时正确地处理。因此对这些妇女一定要进行严格的岗前培训，合格后才能正式纳入服务队伍。

3. 建立一支相对稳定的志愿者服务队伍

欧美发达国家居家养老服务发展的一项很重要的经验就是建立了一支完善的志愿者服务队伍。各级政府应积极鼓励社会人员组建各种养老服务公益组织，推出各种优惠政策，引导以大学生为代表的志愿者加入到山区农村老人居家养老服务体系中来。在老年人的日常生活照料、精神慰藉等方面，要发挥志愿者的重要作用，不断加强农村留守老人居家养老的服务团队实力。因此，在农村发展居家养老服务，建立一支相对稳定的志愿者服务队伍，是十分必要的。在志愿服务队伍建设的初期，政府可以倡导社区中的党员干部带头加入到农村居家养老服务志愿者队伍中来。通过党员干部的模范带头作用，带动身边经济较好的、有能力的爱心人士加入到志愿服务中来。同时，需要对志愿服务者的付出给予一定的肯定和鼓励，对优秀志愿者授予荣誉称号。我省山区农村地区，一直存在着互相帮助的优良传统，开展居家养老服务工作应提倡老年朋友之间的互助。比较年轻的老年人也是志愿者队伍的重要来源。

4. 多措并举加强医养结合人才队伍建设

目前，我国老年医疗、护理、康复机构的从业人员存在着数量不足、质量不高、能力不强等问题，不能满足老年人口不断增长的个性化、多元化需求，供需失衡较为突出。因此，从长远来看，要建立医养结合的养老体系急需从现在开始作好远期规划，完善职业教育体系，在普通高校中增设老年护理专业，增加老年护理相关知识的学习和训练，同时充分利用高职高专、中专等职业教育机构，拓展老年护理人才的培养来源。在培养高素质的照护人员的同时，也要加强老年护理研究者与管理者的培养。在现阶段，要对现有的护理人员加强职业培训和资格准入，通过培训增强其能力和技能。在强化培训重要性的同时，还需要建立行业的吸引机制。这种吸引机制不只靠政府对工资的硬性规定来实现，而应该在政府兜底的前提下，引进市场机制来进行调节。

（四）完善需求和质量评估，提供分层次的居家养老服务

在山区农村社区，不同经济能力和不同家庭背景的空巢老人，对居家养老服务的需求也会不同。首先应对老年人的健康状况、经济水平、自理能力、所患疾病等方面的情况进行调查评估，对评估结果进行分类，之后按照不同的级别向老年人提供相应的养老服务。老年人的精神状况也可以采取评估分级的方式，对其提供相应的精神慰藉服务。正确合理的评估分级，有利于对有限的社会资源进行整合利用，杜绝养老资源的浪费，以实现空巢老人居家养老服务的全覆盖。护理等级可以分为自理等级护理、半自理等级护理、不能自理等级护理和特别护理四类。收费标准也应根据不同的护理等级收取不同的费用，按收费标准的不同山区农村养老服务可分为以下三类：

1. 有偿服务：主要是针对家庭经济实力较强的老人，包括空巢老人。对于这种有偿的居家养老服务需求，可以实行市场化和社会化相结合的方式，老人可以直接向市场购买养老服务，社区应提供良好的硬件和软件环境。同时，各级政府要积极引导和发展以养老服务为主的市场服务性养老机构。

2. 低偿服务：高龄独居老人，他们的生活自理能力较差，子女又不在身边，但急需日常照顾和医疗照顾。对于这部分人群要实行全面的养老服务，可引进养老服务公司或社区来提供服务，子女掏一部分钱，政府则承担大部分费用。

3. 免费服务：主要针对的是身患残疾和经济特困的老人，他们一般处于温饱状态，生活比较艰难。对这部分人群，政府和农村社区（村委会）首先要解决他们的“吃、穿、住”等基本生活问题，同时组织服务人员专门向他们定期提供免费的生活照料和基本医疗健康服务。

同时，要建立山区农村居家养老服务质量评估机制。要本着“质量第一”的建设原则，通过对服务的标准和制度进行统一规范，提高居家养老服务的整体质量水平。按照规定应提供和所提供的服务是否符合山区农村老人的需求，通过定期走访、发放服务手册、建立监督员等多种形式，对居家养老服务的效果和效率进行质量评估，可以引入专业的第三方评估机构进行专业性评

估，并根据评估结果进行整改，以达到服务效果和质量的统一。

（五）满足老人精神需求，重视心理健康

山区农村老年人的养老服务不仅要提供物质方面的照料和支持，同时要重视老年人的精神生活。在养老服务中，精神慰藉的重要性在很多地方被忽视了，必须重视起来。

1. 营造良好的尊老敬老爱老的社会氛围

在当今山区农村，传统的孝道文化日益衰落。子女在外地打工，脱离了村落环境，传统的道德约束机制对子女的作用减弱，增加了子女逃避赡养义务的空间，加大了空巢老人的养老风险。空巢老人绝大多数喜欢居家养老，且多数希望与子女同住。因此，应加强农村社区的尊老爱老的道德文化建设，积极宣传孝文化，强化子女的养老意识。首先，政府和山区农村社区要强调子女对赡养父母的法律义务和道德要求，营造孝亲敬老的社会氛围，弘扬尊老爱老的传统社会美德，使社区确立家庭敬老、爱老、养老的思想。其次，鼓励子女在本地就业，与空巢老人同住，为他们积极提供就近就业的工作岗位。对子女与空巢老人同住的家庭，政府要从政策上和经济上给予适当的奖励和支持。最后，大力开展山区农村社区文化建设，把社区建设为生活的共同体和精神的共同体，增强社区家庭对老人的尊敬和爱戴，增强老人的归属感。

2. 加强与老年人的情感交流

农村老年人缺少情感支持和关怀，他们渴望家庭亲情和天伦之乐，十分希望有人能够陪自己聊天解闷，特别体现在老年人与家庭成员之间需要保持一定频率的情感交流与互动，这就要求居家养老服务人员为老年人提供情感交流的服务。山区农村空巢老人与成年子女之间的亲子联系可有效降低其孤独感。很多子女年初而出，年末而归，一个电话问候对于老人就是莫大的心理安慰。中国传统的“家庭养老”模式及“养儿防老”的思想观念，加上山区农村空巢老人较低的经济独立性，使得他们对于子女的依赖性更大，且精神上的诉求更为强烈。因此，打工在外的子女应平常多抽点时间与父母相聚，至少是加强电话联系，而不仅仅是尽到物质赡养的责任。养老服务人员可以利用一些条件，帮助老年人与进城务工的子女通话、利用 QQ、微信等即时通信工具帮助老人与子女视频聊天等，缓解老年人对子女的思念，帮助他们与

其子女进行情感交流和互动。定期为老人聘请专业的心理辅导老师，通过专业老师和老人们的交流和沟通，对其进行全方位的心理疏导，可以调整老人的心态，使他们能够保持愉悦的心情。

3. 丰富文化娱乐生活

文化水平、收入水平影响着老年人对养老服务的需求内容和需求强度。按照马斯洛需求层次理论，收入水平低的老人更多地需要维持其基本生活的养老服务；而文化水平较高的老人，则追求高质量的精神生活，对养老服务的需求层次较高。因此，居家养老服务在满足山区农村老年人精神慰藉上的需求时，可以开展一些适宜老年人的活动。在建设老年活动中心时，应该考虑到适宜老年人兴趣爱好的相关设施，不仅只是下棋、打牌等活动，应该还具有读书看报、开展一些小型活动的功能。

三、家庭

在建立"居家为基础、社区为依托、机构为补充、医养相结合"的养老服务体系中，家庭具有基础性的地位。在这一养老服务体系中，居家养老是基础。居家养老的重要载体则是家庭。因此，家庭在理想养老体系中的基础性地位是毫无疑问的。

（一）继续强调家庭保障的基础地位

居家养老模式中，家庭占有极为重要的地位，特别是在山区农村空巢家庭中更是如此。城市退休的老人因为有国家发放的退休金，养老生活不会有太大的困难。农村特别是山区农村则不同，绝大多数老人年轻时倾其所能哺育子女，等子女们长大成家，老人已付出所有。老人丧失劳动能力之后，收入急剧减少，养老资金却没有着落，使得山区农村空巢老人对家庭的依赖度增大。因此，子女要承担老人的养老资金。目前我省老龄化程度快速加深，完全依靠国家来解决山区农村老人的基本生活保障是不现实的。家庭成员特别是子女（有时还包括孙子女）必须承担起自己的部分责任。子女除了要在父母养老金筹集方面承担一定的责任外，还要在精神赡养和生活照料方面承担一定的责任，其中精神赡养父母的责任别人是很难代替的。在社会化养老服务体系尚未建立健全的情况下，家庭仍然是老人情感慰藉和生活照料的主体。修订后的《中华人民共和国老年人权益保障法》以法律的形式对家庭养老进行了重新定位，将原法条中“老年人养老以家庭为基础”修订为“老年人养老以居家为基础”。由“家庭”到“居家”二字之差，就是希望在家庭发挥养老功能的同时，社区的养老功能成为重要的依托。如果社区也具备养老功能，就可以大大减轻子女的负担，对老人和子女都是好事。

（二）家庭在养老服务体系中的功能

“居家为基础、社区为依托、机构为补充、医养相结合”的养老服务体系其实质是一种“政府、社会、家庭”三位一体的居家养老服务体系。居家养老服务在山区农村社区还是一个新鲜事物，还需要在实际工作中不断地探索和完善。针对山区农村老人这一特殊群体，应建立起一种以政府为主导、家庭为依托、社区为支撑的能够满足空巢老人各方面需求的社区居家养老模式。家庭虽然是老年人养老过程中的最小单元，但从其在山区农村老人居家养老服务体系中的作用来看，其功能无疑是非常巨大的。具体来说，家庭在养老体系中的功能分为两个方面：

1. 从物质层面讲，家庭能够为空巢老人提供赖以居住的场所和各种生活物资，山区农村绝大多数老人晚年的绝大多数时间，都是在家庭这一空间中度过的。由于目前山区农村新农保待遇水平较低，家庭仍然是老年人晚年时期最为可靠的经济来源，子女必须在经济上给予空巢老人强大的支持和帮助，以确保空巢老人能够按需购买居家养老服务。

2. 从精神层面讲，以传统血缘关系作为精神纽带的家庭，联结起老人同子女、亲戚、朋友、邻居间的各种关系，在家庭中老人拥有许多温馨的回忆。通过在家庭中完成养老，老人在精神上能够获得极大的慰藉。子女要在精神上给予空巢老人关心，应当“常回家看看”或者问候老年人。特别是那些丧偶的、高龄的、患病的老人更容易产生孤独感和无助感，他们更需要子女给予温暖和安慰。

（三）提高家庭养老能力

提高山区农村家庭的养老能力，要从软硬两个方面入手。软的方面是大力宣传有关法律法规，弘扬孝文化，形成尊老爱老的社会氛围。硬的方面是要切实增强家庭的经济实力，为家庭养老能力打下坚实的经济基础。

1. 强化伦理道德教育

在中国传统文化中，家庭承担着老年人养老保障的主要责任，因此形成了传统的“养儿防老”的观念。这一传统观念在新形势下虽然受到一定的冲击，在养老保障方面的功能有所弱化，但从笔者的调研中看到，家庭养老仍然是中国农村家庭比较可靠、实际的养老方式。由于这种养老方式是以血缘关系为纽带，因此是一种文明的传承，可靠性较高。改革开放以后，大批青壮年农民离开家门外出打工经商，产生了大批山区农村空巢家庭。子女居住在外地，脱离了村落的居住环境，也脱离了可以控制其行为的舆论环境，因此，年轻人的尊老敬老意识有所淡化。政府部门应该加大对“孝文化”的宣传，对孝敬老人的道德模范进行表彰和宣传，对一些不孝敬老人的子女进行批评教育，让广大民众充分认识到孝敬老人是一种光荣的传统美德，提高他们赡养老人的自觉性和主动性。政府应开动宣传机器，加强舆论宣传，弘扬中华民族的传统家庭美德，广泛开展敬老、养老、助老的道德教育。弘扬“以德治家”，强化每个公民赡养老人的责任意识和义务意识，在全社会树立家庭敬老、养老的思想，营造良好的尊老、助老、养老的社会氛围。同时，对那些遗弃甚至虐待老年人的行为，我们应通过媒体予以揭露，使其受到舆论的谴责，对触犯刑律犯遗弃罪的，要依法追究其刑事责任。

2. 提高农民收入，满足农村老年人经济供养需求

我省山区农民收入分布的特点非常显著，那就是农民收入平均水平较低，低收入群体占到相当一大部分。从调查中看到，如果农民留在家里种地，其收入水平会更低。即使是外出打工，跟在家种地比起来收入有了明显的提高，但仍然远远低于城市居民的平均收入。改革开放这么多年，城乡各自纵向对比都取得了极大的进步，但城乡差距并没有显著的缩小。在物价持续高涨的当今社会，山区农民收入增长状况的相对低迷，不仅直接抑制了农村消费水平的提高，更加影响到社会的稳定发展和构建社会主义和谐社会的建设。

首先，要改善山区农村空巢老人的养老现状，满足他们的居家养老服务在经济供养上的需求，就必须大力发展山区农村经济，提高农民的收入。经济水平决定养老水平，经济质量决定养老质量。只有农民拥有了足够的支付

能力，才能满足他们在居家养老上各方面的需求。提高山区农村居民的经济收入，主要有两个方面。

一方面是提高农民的农业收入，因为农业收入是山区农村经济收入的绝对来源。山区农村老年人最主要的经济来源仍然还是农业收入和子女赡养。传统的种植业和养殖业收入不高，各地可根据自己的实际发展特色农业、高附加值农业，以获得更高的收入回报。比如红薯、花生、茶叶都获得了绿色认证，但红安县没有利用好这些资源，对于这些特色经济作物还处于粗放式经营状态，农民种植收入一般。如果是精加工、深加工，主打绿色品牌向外推广，相信其价值将倍增，农民的收入也将倍增。红安县是著名的将军县，红色旅游发展得比较好，但还有进一步提升的空间，以吸引更多的游客，创造更大的价值。

另一方面是对外出打工者的管理，促进他们通过打工经商的方式获得更高的收入。政府做好为农民工服务工作，实行项目清单管理，真正为农民工办实事。一是举办技能培训常态化，各级政府应将其纳入免费职教体系，根据市场需求和农民工意愿灵活地安排职业技能培训，提高专业技能和务工能力；二是加强就业指导多元化，减少山区青壮年农民的盲目外出，降低外出成本，要充分发挥政府的主导作用，进行宏观调控，拓展服务领域，做好信息服务工作，鼓励企业实行网上“微招聘”，有序组织农民工合理转移，引导农民工向新兴产业转移就业；三是大力发展县域经济，培育特色小镇，着力促进一二三产业融合发展，将产业发展与精准扶贫有效对接，提供更多就业岗位，安排返乡农民工特别是扶贫对象在“家门口”就地就近就业，减少农村贫困人口和农村“三留守”现象。大力发展县域经济，鼓励有条件的乡镇创办乡镇企业，发展乡镇经济，可以提供一定的工作岗位，使年轻的打工者“离土不离乡”，工作的同时也能够对父母尽孝。

3. 实现家庭、社会、政府三位一体的经济供养体系，养老资金来源多渠道

政府要加大对山区农村空巢老人的经济供养力度，满足他们居家养老的服务需求。我国多年来形成的城乡二元化结构，使山区农村在经济发展水平、社会保障发展水平、医疗服务水平等各方面都明显落后于城市。近年来，政府在保障农民收入、减轻农民负担上做出了很大的努力，农村五保户制度、最低生活保障制度、农业税的减免和农业生产的补贴，已使农民收入有了显著

的增长，在山区农村居民养老方面，逐步实现了新型农村养老保险的大面积覆盖，离全覆盖只差一步之遥，相当一部分老年人从中受益，这些是值得肯定的。但现在我们依然需要面对山区农村经济欠发达、山区农村老年人养老欠保障这一事实，农民的权益要得到保护，他们要得到公正的对待，政府要加大力度为农民提供有效的体制保障和经济支持。

山区农村老人的养老不应该是家庭、社会、政府某单一方面的责任，之所以在山区农村实施居家养老，是因为它作为一个载体能够很好地把家庭、社会和政府的力量整合起来，在无法实现全民社会化养老的情况下，在家庭养老能力明显降低的背景下，只有把家庭、社会和政府的力量有机地结合起来，才有利于小家变大家。虽然社会资源丰富，但人们可能不能直接参与到老年人服务中来，可以通过居家养老服务机构组织进行经济帮助，将集体和个人以及民间资金都注入养老事业中来，解决养老资金问题。发展居家养老服务只有先保证资金的到位，才能开展养老服务，我省山区农民的养老需求才能得到真正的满足。

参考文献

一、专著和统计报告类

1. 编委会 . 湖北农村统计年鉴 2015[M]. 中国统计出版社 2015 年版。

2. 阎海军 . 崖边报告乡土中国的裂变记录 [M]. 北京大学出版社 2015 年版。

3. 易富贤 . 大国空巢 [M]. 中国发展出版社 2013 年版。

4. 田涛 . 被冷落的真实——新山村调查手记 [M]. 法律出版社 2005 年版。

5. 刘兆麟 . 玄墰村调查——一个中部小山村村情民意样本 [M]. 湖北人民出版社 2013 年版。

6. 国务院第二次全国农业普查领导小组办公室、中华人民共和国国家统计局编 . 中国第二次全国普查资料汇编（农村卷）[M]. 中国统计出版社 2008 年版。

7. 国务院第二次全国农业普查领导小组办公室、中华人民共和国国家统计局编 . 中国第二次全国普查资料汇编（农业卷）[M]. 中国统计出版社 2008 年版。

8. 国务院第二次全国农业普查领导小组办公室、中华人民共和国国家统计局编 . 中国第二次全国普查资料汇编（农民卷）[M]. 中国统计出版社 2008 年版。

9. 姜向群、杜鹏 . 中国人口老龄化和老龄事业发展报告 2014[M]. 中国人民大学出版社 2015 年版。

10. 吴玉韶 . 中国老龄事业发展报告 2013[M]. 社会科学文献出版社 2013

年版。

11. 吴兰花 . 空巢老人心理调适手册 [M]. 浙江工商大学出版社 2014 年版。

12. 王树民、彭双桥 . 空巢老人安全防范手册 [M]. 群众出版社 2013 年版。

13. 刘艳 . 空巢老人的幸福生活 [M]. 内蒙古文化出版社 2012 年版。

14. 周雁羽 . 空巢 [M]. 作家出版社 2009 年版。

15. 周运清、彭锦 . 空巢老人玫瑰梦 [M]. 武汉大学出版社 2008 年版。

16. 穆光宗 . 挑战孤独空巢家庭 [M]. 河北人民出版社 2002 年版。

二、期刊论文类

1. 刘高宾、郑锦阳 . 人口老龄化背景下农村空巢老人养老保障问题探析 [J]. 商品与质量，2010（5）.

2. 李锋清 . 老龄化趋势下农村空巢老人的养老保障思考 [J]. 沈阳大学学报，2009（2）.

3. 王晶 . 农村空巢老人的养老困境与对策研究 [J]. 山东省农业管理干部学院学报，2011（3）.

4. 姚宝丽 . 谈社会转型过程中农村空巢老人的养老保障问题 [J]. 湖州职业技术学院学报，2011（3）.

5. 赵巧凤 . 农村空巢老人精神赡养问题 [J]. 合作经济与科技，2016（7）.

6. 周怡 . 农村空巢老人心理问题分析 [J]. 北京农业职业学院学报，2014（6）.

7. 梁硕轩、吴慧娟 . 关于我国农村空巢老人养老需求与养老保障问题的思考 [J]. 企业导报，2011（12）.

8. 谢慧娟 . 城市化进程中农村空巢老人的养老保障分析 [J]. 湖南经济管理干部学院学报，2006（5）.

9. 陈星宇 . 农村空巢老人生活状况和政策建议——基于厦门市的调查 [J]. 前沿，2009（7）.

10. 赖建锋 . 关于我国农村空巢老人社区养老探讨 [J]. 今日南国，2010（7）.

11. 钮开芹 . 解决农村空巢老人赡养问题的途径分析 [J]. 学习论坛，2013（12）.

12. 陈继 . 农村"空巢老人"养老问题成因的社会学探析 [J]. 社会保障研究，2010（5）.

13. 符婧 . 农村空巢老人精神赡养问题探究 [J]. 才智，2015（12）.

14. 涂雨潇、黄雨晨等 . 农村空巢老人社会保障状况调研——以大连市北乐村为例 [J]. 赤子（社会观察），2015（10）.

15. 马东东、关阳 . 基于社会工作视角的农村空巢老人养老问题探析 [J]. 管理纵横，2016（18）.

16. 赵纹纹 . 劳动力流动背景下农村空巢老人的养老危机及其化解 [J]. 基础理论研讨，科技信息，2011（12）.

17. 陈玉光 . 农村空巢家庭老人面临的困境及其改善 [J]. 新视野，2009（1）.

18. 庄龙玉 . 农村空巢老人的生活困境及应对措施 [J]. 理论观察，2016（12）.

19. 刘书平 . 解决当前农村空巢老人所面临困境的路径探析 [J]. 理论观察，2015（5）.

20. 岳红伟 . 农村空巢老人养老服务研究 [J]. 价值工程，2014（36）.

21. 陈珊、李艺婷、曹若琳、陈思琦 . 农村空巢老人养老模式的选择 [J]. 管理纵横，2016（16）.

22. 张乐、杨明东 . 我国农村空巢老人心理困境及对策研究 [J]. 管理纵横，2016（15）.

23. 张贤木、聂志平 . 农村空巢老人精神赡养现状及对策研究 [J]. 农村经济与科技，2016（7）.

24. 陈继 . 农村"空巢老人"养老问题成因的社会学探析 [J]. 劳动保障世界，2010（12）.

25. 杜静、李燕、宋洁 . 山东省农村空巢老人健康状况调查与分析 [J]. 齐鲁护理杂志，2015（3）.

26. 孟传慧、田奇恒 . 农村空巢老人养老服务现状及服务体系构建探讨 [J]. 价值工程，2014（4）.

27. 肖玉盛、聂志平 . 农村空巢老人养老保障利益表达问题探析 [J]. 安徽商贸职业技术学院学报，2016（1）.

28. 张岩、徐俊 . 农村空巢老人"孤独死"现象分析及对策研究 [J]. 齐齐哈尔大学学报（哲学社会科学版），2016（9）.

29. 程金米 . 陕西商洛新声村空巢老人生活境况调研 [J]. 新西部，2017（3）.

30. 王楠 . 我国农村空巢老人心理健康研究的概述 [J]. 经济与社会科学研究，2015（7）.

31. 易善鑫 . 农村空巢老人的养老现状、问题与出路——基于对河南省光山县的调查 [J]. 社会发展，2012（14）.

32. 李芳、李志宏 . 农村空巢老年人权益保障的策略选择——城镇化视域中的再思考 [J]. 社会保障研究，2014（3）.

33. 聂志平、傅琼 . 农村空巢老人的社会支持网络构建研究——基于江西部分农村地区的调查 [J]. 农林经济管理学报，2014（3）.

34. 谢丽琴、邓云龙、周俊 . 不同空巢方式的农村老年人怀旧功能与心理弹性的关系 [J]. 中国老年学杂志，2014（19）.

35. 沈鑫 . 我国农村空巢老人自杀现象问题研究 [J]. 铜陵职业技术学院学报，2015（3）.

36. 王蓉 . 农村空巢老人边缘化原因及消除路径 [J]. 华中师范大学研究生学报，2015（2）.

37. 廖嘉欣、陈瑶、丁阿芳 . 社会工作视角下贵州地区农村空巢老人家庭养老模式的探究——以安顺市 ×× 村为例 [J]. 科技世界，2016（15）.

38. 聂志平、温忠文 . 社会共生论视域下农村空巢老人社会适应问题研究 [J]. 江西农业大学学报（社会科学版），2013（3）.

39. 温忠文、梁艳华、聂志平 . 从空巢老人到“代理家长” [J]. 农村经济与科技，2012（4）.

40. 赵华硕、王可等 . 农村空巢老人 SF-36 量表应用信度及效度评价 [J]. 中国公共卫，2012（7）.

41. 李红艳、王文棣 . 山区空巢老人养老现状及对策——基于文山州 L 村的实地调研 [J]. 云南农业大学学报，2015（6）.

42. 许迪 . 周永康 . 农村空巢老人情感表达的社会学分析 [J]. 安徽农业大学学报（社会科学版），2012（5）.

43. 卢倩 . 新形势下农村空巢老人居家养老服务探析 [J]. 经管视线，

2014（9）.

44. 吕晓宁 . 从“孤独感”到“幸福感”——城市化进程中农村“空巢”老人的养老困境问题及对策研究 [J]. 劳动保障世界，2013（7）.

45. 刘美萍 . 社区养老：农村空巢老人养老的主导模式 [J]. 行政与法，2010（1）.

46. 曾凡群、张燕平 . 福利视角下我国农村空巢老人生活质量改进研究 [J]. 劳动保障世界，2016（8）.

47. 李宗华、张风 . 农村空巢老人生活满意度差异及影响因素分析 [J]. 东岳论丛，2012（6）.

48. 焦克源、孔倩文 . 农村空巢老人的养老现状、问题与出路——基于内蒙古卓资县的调查 [J]. 广东农业科学，2011（15）.

49. 焦花、王倩、毕红霞 . 农村空巢老人生活质量影响因素的实证分析——以山东省为例 [J]. 山东农业大学学报（社会科学版），2016（3）.

50. 温凤荣、毕红霞 . 农村空巢老人养老方式选择实证研究——山东省例证 [J]. 人口与发展，2016（4）.

51. 邱银双、李树文 . 从媒体报道中窥探当今农村空巢老人养老问题 [J]. 改革与开放，2016（6）.

52. 张祥瑛、江秋霞 . 基于人日老龄化视角下农村养老模式的研究——以贵州省江口县“空巢老人”为例 [J]. 社会学研究，2012（8）.

53. 毕红霞、徐汝峰 . 以需求为导向的农村空巢老人养老保障路径优化——以山东为例 [J]. 人口与社会，2015（4）.

54. 王衔棒 . 农村空巢老人公共体育服务组织保障体系研究 [J]. 体育文化导刊，2014（7）.

55. 肖玉盛、聂志平 . 适应农村空巢老人养老需求的农村公共产品探析 [J]. 农村经济与科技，2015（8）.

56. 杨运姣 . 农村空巢老人居家养老问题与解决对策研究——基于社会资本理论的视角 [J]. 陕西行政学院学报，2016（2）.

57. 韩文甫、贾婷婷 . 我国农村空巢老人养老保障面临的困境及对策分析 [J]. 山东农业大学学报（社会科学版），2013（3）.

58. 赵伟 . 农村空巢老人养老困境及对策分析 [J]. 山东农业工程学院学报，

2014（5）.

59. 周湘莲、周勇 . 农村空巢老人精神养老问题研究 [J]. 湖南科技大学学报（社会科学版），2014（4）.

60. 廖和平、付睿 . 社会转型背景下农村空巢老人面临的主要问题及原因分析 [J]. 湖南科技大学学报（社会科学版），2012（6）.

61. 于颖、侯丽媛 . 农村空巢老人养老服务供给中乡镇政府职能的研究述评及启示 [J]. 北京化工大学学报（社会科学版），2015（4）.

62. 王丹丹 . 农村空巢老人养老保障问题研究——以政府责任为视角 [J]. 中国乡镇企业会计，2016（4）.

63. 温忠文、聂志平 . 农村空巢老人社会适应现状调查与思考——基于江西省的实地调研 [J]. 安徽商贸职业技术学院学报，2013（3）.

64. 张风、李宗华 . 关于老年人社会支持研究的综述 [J]. 山东省农业管理干部学院学报，2011（4）.

65. 晋登元、侯云荣 . 农村空巢老人卫生服务需求与利用 [J]. 卫生经济研 2013（3）.

66. 李芳 . 新型城镇化进程中农村空巢老年人权益的保障策略 [J]. 人口与经济，2014（5）.

67. 刘志虹 . 经济欠发达地区农村空巢老人养老保障支持系统探讨——以江西为例 [J]. 老区建设，2014（22）.

68. 温凤荣、毕红霞 . 农村空巢老人养老方式选择实证研究——以山东省为例 [J]. 调研世界，2016（8）.

69. 赵银侠 . 城镇化视域下西部农村养老路径选择——以陕西关中农村为例 [J]. 陕西行政学院学报，2013（3）.

70. 周湘莲、刘英 . 论农村空巢老人精神养老的政府责任 [J]. 湖南师范大学社会科学学报，2014（4）.

71. 叶丹丹 . 新农保视角下农村空巢老人养老方式的路径选择 [J]. 湖北经济学院学报（人文社会科学版），2012（9）.

72. 张卫娜 . 对农村“空巢老人”养老困境的思考 [J]. 湖北函授大学学报，2012（9）.

73. 赵雪颖 . 农村空巢老人生活困境及其对策 [J]. 东方企业文化 · 文化视

窗，2011（8）.

74. 朱盈、孙奕、郑鑫 . 老龄化背景下农村养老保障问题探析 [J]. 物流工程与管理，2014（3）.

75. 苏小龙 . 杨运姣 . 社会资本理论视角下农村空巢老人居家养老问题研究——以诸暨市为例 [J]. 科教导刊，2015（8）.

76. 张培伟、聂志平 . 农村空巢老人利益表达机制存在的问题与解决路径 [J]. 农村经济与科技，2016（11）.

77. 曾钦梅 . 关于建立农村心理服务站解决农村空巢问题的思考 [J]. 当代护士，2013（7）.

78. 徐祥运、闫秋梅、王世东 . 农村空巢老人社会支持探究——以山东省青岛市 Q 村为例 [J]. 青岛科技大学学报（社会科学版），2012（4）.

79. 田丽娟 . 对农村空巢老人权利保障的法律思辨 [J]. 企业导报，2012(10).

80. 张贤木、聂志平 . 互助养老模式 . 解决农村空巢老人养老问题的理性选择——以江西省宜春市某镇 A、B 村为例 [J]. 广州经济管理干部学院学报，2016（4）.

81. 李建新、冯莹莹、杨鹏 . 农村空巢老人生活质量研究 [J]. 老龄科学研究，2014（5）.

82. 张文秀、陈名钢 . 农村空巢老人生活现状调查——以梅州市丰顺县为例 [J]. 南方论刊，2014（6）.

83. 任金花 . 农村空巢老人的现状及身心健康 [J].World Latest Medicine Information（Electronic Version），2016（96）.

84. 罗芳、彭代彦 . 子女外出务工对农村空巢家庭养老影响的实证分析 [J]. 中国农村经济，2007（6）.

三、学位论文类

1. 黄玉君 . 安徽某县农村地区老年人一般健康状况及我国空巢老人精神卫生健康状况的研究 [D]. 安徽：安徽医科大学，2015.

2. 李丽 . 整合各方资源 . 建立农村幸福老人院——甘肃省白银区农村养老模式分析 [D]. 北京：中国社会科学院研究生院，2013.

3. 刘丽娟 . 某山区农村“空巢”老人健康与卫生服务保障模式研究 [D]. 上海：第二军医大学，2008.

4. 梁艳 . 农村“空巢家庭”老年人精神赡养状况探析——以河南省某村空巢老人为例的个案研究 [D]. 山东：山东大学，2007.

5. 陈健 . 农村空巢老人的情感需求及其所得精神的研究 [D]. 湖南：中南大学，2008.

6. 刘钇汛 . 农村空巢老人的危机介入研究——以 C 市 Y 村为例 [D]. 吉林：吉林大学，2013.

7. 徐朝松 . 农村空巢老人精神赡养问题研究——以湖南省新晃县为例 [D]. 贵州：贵州大学，2015.

8. 李影 . 农民工子女家庭的空巢老人的精神赡养问题探析——以皖北某小镇为例 [D]. 南京：南京航空航天大学，2009.

9. 胡玉华 . 山东省城乡空巢老人与非空巢老人睡眠质量比较研究 [D]. 山东：山东大学，2015.

10. 樊清华 . 山西省老年痴呆疾病影响因素分析及卫生服务研究 [D]. 山西：山西医科大学，2012.

11. 陈婧 . 社会工作对农村空巢老人心理问题的介入——以社会支持为理论视角 [D]. 甘肃：西北师范大学，2012.

12. 孙晓佳 . 社会工作介入农村空巢老人精神慰藉研究——以长春市 D 村为例 [D]. 吉林：吉林农业大学，2014.

13. 王蕾 . 社会支持与农村“空巢家庭”老人精神赡养研究——赤峰市土城子镇个案 [D]. 内蒙古：内蒙古师范大学，2013.

14. 宋利朝 . 社会资本视角下农村空巢老人精神养老问题研究 [D]. 武汉：华中师范大学，2015.

15. 付英慧 . 小组工作介入农村空巢老人精神慰藉问题研究——以邢台市 M 村为例 [D]. 河北：河北大学，2015.

16. 阴继虹 . 朝阳市喀左县农村空巢老人养老社会支持研究 [D]. 大连：大连理工大学，2014.

17. 唐巧玲 . 城乡二元结构下我国农村养老保险制度建构中的政府责任 [D]. 成都：西南财经大学，2011.

18. 黄于扬 . 农村空巢老人的生活需求及社会支持的研究——基于绵阳仙海区的调研 [D]. 成都：西南财经大学，2012.

19. 何婷 . 农村空巢老人的养老多元化援助体系研究 [D]. 天津：天津财经大学，2012.

20. 蔡松 . 农村空巢老人居家养老服务需求研究——基于湖北省荆州市 S 市四村的调查 [D]. 重庆：重庆工商大学，2015.

21. 闫秋梅 . 农村空巢老人社会支持探究——以山东省青岛市 Q 村为例 [D]. 大连：东北财经大学，2012.

22. 刘肖肖 . 农村空巢老人社会支持体系的研究——基于山东省东阿县 Y 村的调查 [D]. 大连：东北财经大学，2011.

23. 聂小民 . 农村空巢老人社会支持网研究——以山东省 A 村为例 [D]. 黑龙江：黑龙江省社会科学院，2010.

24. 孙灵敏 . 农村空巢老人社会支持研究——以 X 村为例 [D]. 河北：河北大学，2013.

25. 陈继 . 农村空巢老人社会支持研究——以安徽省 C 县 D 村为例 [D]. 甘肃：西北师范大学，2011.

26. 张丽威 . 农村空巢老人社区照顾研究——基于社会支持网的个案研究 [D]. 沈阳：东北大学，2011.

27. 肖颖晓 . 农村空巢老人养老服务的政府供给研究 [D]. 武汉：湖北大学，2014.

28. 杨秀萍 . 农村空巢老人养老服务问题研究——以吉林省榆树市城发乡为例 [D]. 吉林：长春工业大学，2012.

29. 路沛钢 . 农村空巢老人养老社会支持研究——以河南省内黄县中召乡杨村为例 [D]. 甘肃：西北师范大学，2014.

30. 黄艳香 . 农村空巢老人养老中的政府责任研究 [D]. 湖南：湖南大学，2012.

31. 熊鹰 . 社会工作视角下的农村空巢家庭社区照顾研究——以南阳市阚庄村为例 [D]. 内蒙古：内蒙古师范大学，2015.

32. 高蕾 . 泗水县农村空巢老人身心健康及社会支持现状的调查研究 [D]. 青岛：青岛大学，2014.

33. 吕辉 . 招远市农村空巢老人社会支持问题研究 [D]. 山东：山东大学，2015.

34. 何阳 . 重庆农村独居老人的社会支持研究——以垫江县为例 [D]. 重庆：重庆工商大学，2016.

35. 赵长勇 . 转型期农村“空巢”老人养老服务社会支持体系研究 [D]. 上海：上海工程技术大学，2014.

36. 何斌 . 滨州市农村互助养老问题研究 [D]. 山东：山东师范大学，2015.

37. 张玉洁 . 城市化进程中农村“空巢家庭”养老问题研究 [D]. 北京：中共中央党校，2010.

38. 章小梅 . 城镇化背景下农村空巢老人养老问题研究——以温州市腾蛟镇为例 [D]. 江西：江西农业大学，2016.

39. 张丽彤 . 代际关系视角下的农村空巢老人养老问题——基于 L 村的实地研究 [D]. 成都：西南交通大学，2010.

40. 刘祝悦 . 代际支持与农村空巢老人养老问题——以山东省临沂市为例 [D]. 山东：暨南大学，2015.

41. 蔡玮娟 . 当前我国农村空巢老人养老问题研究 [D]. 北京：中央民族大学，2013.

42. 熊炜 . 服务型政府视角下发展农村居家养老模式研究 [D]. 湖南：湖南师范大学，2012.

43. 董皓 . 关于农村空巢老人养老问题研究——以河南省高尚村为例 [D]. 安徽：安徽大学，2015.

44. 郭素琴 . 河北省 G 县农村空巢家庭养老现状及社会工作介入 [D]. 内蒙古：内蒙古师范大学，2013.

45. 刘梅 . 河南省农村“空巢”老人养老问题研究——基于鹤壁市小河镇空巢老人访谈分析 [D]. 河南：河南师范大学，2015.

46. 徐德威 . 吉林省西部农村敬老院发展问题研究——以白城地区为例 [D]. 长春：长春工业大学，2013.

47. 刘斌 . 居住模式与经济来源相结合的二维养老模式视角下的农村养老问题研究 [D]. 成都：西南财经大学，2014.

48. 魏利香 . 老年人居住方式与子女赡养行为研究——以山东武城为

例 [D]. 武汉：华中农业大学，2014.

49. 刘丽霞 . 农村“空巢”老人养老问题探析——以吕梁市 L 村为例 [D]. 山西：山西大学，2013.

50. 郭宁宁 . 农村“空巢”老人养老问题研究 [D]. 上海：华东政法大学，2013.

51. 李瑞平 . 农村空巢家庭的养老保障问题研究——基于前李村的调查分析 [D]. 陕西：西北农林科技大学，2010.

52. 姜先清 . 农村空巢家庭养老模式理性选择的探究 [D]. 武汉：华中师范大学，2014.

53. 姚金海 . 农村空巢家庭养老模式研究——基于庆元县安南乡的实地调查分析 [D]. 成都：西南交通大学，2011.

54. 马淑青 . 农村空巢老人的养老保障问题研究——以济阳县新市乡为个案 [D]. 山东：山东经济学院，2011.

55. 杜少轩 . 农村空巢老人的养老模式研究——以舒城县为例 [D]. 安徽：安徽大学，2011.

56. 赵鹏 . 农村空巢老人养老模式研究——基于河南省洧川镇的调查 [D]. 浙江：浙江农林大学，2014.

57. 孙杰 . 泰安市农村空巢老人养老保障问题研究 [D]. 山东：山东农业大学，2016.

58. 孟鹏 . 威海市 A 镇农村空巢老人的养老需求问题及对策研 [D]. 山东：山东大学，2014.

59. 马平川 . 我国农村“空巢老人”养老问题研究——以山东省苍山县为例 [D]. 山东：齐鲁工业大学，2013.

60. 汪柏根 . 我国农村居家养老服务若干问题研究——基于安徽省怀宁县的实证分析 [D]. 北京：首都经济贸易大学，2013.

61. 阳鸿文 . 我国农村空巢老人养老方式研究——基于 Y 村的调查分析 [D]. 陕西：西北大学，2012.

62. 谭云楚 . 我国农村空巢老人养老困境及对策研究 [D]. 河北：河北经贸大学，2015.

63. 孔倩文 . 西部农村贫困地区空巢老人养老问题研究——基于内蒙古卓

资县的调研 [D]. 甘肃：兰州大学，2012.

64. 权怡 . 孝文化视角下农村空巢老人养老——以 ZG 县 LJ 村为例 [D]. 武汉：华中师范大学，2013.

65. 蒋玲玲 . 新形势下农村空巢老人居家养老服务探析 [D]. 武汉：武汉科技大学，2012.

66. 李超 . 农村空巢老人的个人社会资本对其生活满意度的影响研究——以山东省 W 镇为例 [D]. 山东：济南大学，2014.

附录 1

入户抽样调查问卷

A. 受访者及家庭基本情况

A1. 您的性别：(   )

1. 男　　2. 女

A2. 您属于以下哪个年龄段：(   )

1.50 ～ 59 岁　　2.60 ～ 69 岁

3.70 ～ 79 岁　　4.80 岁以上

A3. 您的文化程度：(   )

1. 未受过正式教育　　2. 小学

3. 初中　　4. 高中

5. 大专及以上

A4. 您以前的职业是：(   )

1. 在家务农　　2. 村干部

3. 乡镇企业员工　　4. 其他（注明）____

A5. 您的婚姻状况是：(   )

1. 单身　　2. 有配偶

A6. 您的家庭情况为：您家中有(   )人(注：包括长年在家和外出打工的)

A7. 您的家庭代数为：(   )

1. 一代户　　2. 二代户

3. 三代户　　4. 四代户及以上

A8. 您家中是否有人出去打工：(   )

1. 是　　2. 否

A9. 您家里常年在外打工的有 _____ 人，分别是：

称谓	配偶	子	媳妇	孙子（女）	其他（注明）	合计

A10. 造成您空巢（即独自居住，或和配偶一起居住）的原因是：（ ）

1. 自愿，希望过独立生活
2. 由于客观原因，如子女在外地打工等
3. 子女不愿意赡养　　4. 其他

A11. 您的后辈如果让您和他们一起到城市定居，您是否愿意：（ ）

1. 愿意（跳答 B 部分）　　2. 不愿意

A12. 您不愿意的原因是：（ ）

1. 不习惯城市生活　　2. 喜欢农村生活
3. 人际关系　　4. 怕给子女增加负担
5. 其他（注明）______

B. 受访者的生活状况

B1. 您的主要生活来源：（ ）

1.（孙 / 外孙）子女孝敬　　2. 亲戚朋友支持
3. 自己劳动　　4. 政府补助
5. 养老保险　　6. 其他

B2. 您（孙 / 外孙）子女每年供养的形式为：（ ）

1. 实物　　2. 现金
3. 实物和现金　　4. 其他（注明）______

B3. 您（孙 / 外孙）子女每年供给的粮食（B2 选 1 者答）：（ ）

1. 绰绰有余　　2. 稍有盈余
3. 刚刚好　　4. 稍显不足
5. 严重不足

B4. 您（孙 / 外孙）子女每年供给的衣服（B2 选 1 者答）：（ ）

1. 绰绰有余　　2. 稍有盈余
3. 刚刚好　　4. 稍显不足
5. 严重不足

B5. 您（孙 / 外孙）子女每年供给的金钱为 _____ 元：（　）

您觉得这些钱作为用度（B2 选 2 者答）：

1. 绰绰有余　　2. 稍有盈余

3. 刚刚好　　4. 稍显不足

5. 严重不足

B6. 您平均每年支出大约为 _____ 元，主要花在：（　）

1. 食物　　2. 衣服

3. 医疗　　4. 人情

5. 其他

B7. 您冬天的取暖主要靠：（　）

1. 柴火　　2. 炭火

3. 煤火　　4. 电炉火

5. 其他

B8. 根据您的实际情况画√：

项目	种地	带孙子	做家务	和邻居聊天	下棋、打牌	听收音机、看电视	其他

B9. 您平时的生活照料主要靠：（　）

1. 子女　　2. 配偶

3. 自己　　4. 孙子女

5. 其他

C. 受访者医疗保健状况

C1. 您现在的身体状况：（　）

1. 无病　　2. 有小病

3. 有一般的病痛　　4. 有大病

C2. 您多久去一次医院：（　）

1. 每半年至少一次　　2. 每年至少一次

3. 一年以上才一次　　4. 从不去医院

C3. 您每年医药费大约花 _____ 元

C4. 您的医疗保健费用主要来源于：(　)

1. 子女　　2. 自己
3. 配偶　　4. 亲戚朋友
5. 政府　　6. 其他（注明）_____

C5. 您的医疗费：(　)

1. 绰绰有余　　2. 稍有盈余
3. 刚刚好　　4. 稍显不足
5. 严重不足

C6. 如果您的医疗费不够，您选择（　）

1. 向子女要　　2. 向亲戚朋友借
3. 向政府申请补贴　　4. 向社会募捐
5. 放弃治疗　　6. 其他（注明）______

C7. 如果您生病了，主要由谁护理：(　)

1.（孙 / 外孙）子女　　2. 自己
3. 配偶　　4. 邻居
5. 保姆　　6. 其他（注明）_______

C8. 如果请人护理一般每月 ______ 元钱，这钱由谁出（　）

1. 子女　　2. 自己
3. 配偶　　4. 亲戚朋友
5. 政府　　6. 其他（注明）_______

C9. 您对所在居住地的医疗机构的评价：(　)

1. 不满意　　2. 一般（跳答 D 部分）
3. 满意

C10. 您如果不满意，原因是：(　)

1. 费用过高　　2. 离家太远
3. 服务不好　　4. 设施不齐全
5. 其他（注明）_____

D. 受访者心理状况

D1. 总体而言，您对自己目前的生活感觉：(　)

1. 非常不满意　　2. 比较不满意
3. 一般　　4. 比较满意
5. 非常满意

D2. 您和家人的关系：（　）

1. 非常紧张　　2. 比较紧张
3. 一般　　4. 比较好
5. 非常好

D3. 您和邻居、朋友的接触、联系：（　）

1. 非常不密切　　2. 比较不密切
3. 一般　　4. 比较密切
5. 非常密切

D4. 您的子女对您：（　）

1. 非常不孝顺　　2. 比较不孝顺
3. 一般　　4. 比较孝顺
5. 非常孝顺

D5. 您的子女在外，逢年过节是否打电话回家？（A8 选 1 者答）

1. 是　　2. 否

D6. 您的子女在外，您过生日是否打电话回家？（A8 选 1 者答）

1. 是　　2. 否

D7. 您的子女在外，平时大概多久打电话回家一次？（A8 选 1 者答）

1. 一周　　2. 一个月
3. 一个季度　　4. 半年
5. 一年及以上　　6. 从不打

D8. 您是否感觉到：（　）

项目	经常发生	有时发生	一般	很少发生	几乎没有发生
孤独、寂寞					
被年轻人疏远、受嫌弃					
烦闷不乐					
生活就是等待死亡					
愉快、幸福					
别人需要自己					

D9. 对您而言，哪种方式养老最好：(　　)

1. 自己　　2. 配偶

3. 子女　　4. 养老院

5. 其他（注明）______

D10. 您平日最希望获得后代哪些方面的帮助：(　　)

1. 经济帮助　　2. 情感交流

3. 生活照料　　4. 其他

E. 留守儿童

E1. 身边有几个留守儿童？（　　）

1.1 个　　2.2 个

3.3 个　　4.3 个以上

E2. 是否上学？（　　）

1. 是　　2. 否

E3. 走读还是住读？（　　）

1. 走读　　2. 住读

E4. 是否需要辅导作业？（　　）

1. 是　　2. 否

E5. 自己感觉能否胜任辅导作业的工作？（　　）

1. 是　　2. 否

E6. 您关心留守儿童的哪些方面？可多选（　　）

1. 身体健康　　2. 学习状况

3. 人身安全　　4. 心理健康

E7. 您与留守儿童的关系如何？（　　）

1. 非常亲密　　2. 亲密

3. 一般　　4. 疏远

调查结束，您还有什么想说的话：

附录 2

访谈提纲

访谈对象：农村空巢老人

1. 家庭基本情况

空巢老人家庭基本情况包括：年龄、身体状况、教育程度、家有几间房、平房还是楼房、有无电话、几亩承包地（包括耕种转包他人的土地）；是否是或曾经是村干部；家庭主要收入来自哪里？

2. 空巢家庭老人的子女数量：空巢老人是否上还有父母？健康状况如何？

夫方和妻方各自的兄弟姐妹、侄甥等情况。

3. 子女情况（表格的形式）

成员	性别	年龄	身体状况	教育程度	子女婚否	子女是否有孩子	子女住所	外出打工年份	打工地点	收入来源	年收入	每年可在家待多长时间	备注
子女 1													
子女 2													
子女 3													

4. 子女（主要是儿子）情况

儿子什么时候结婚？打工动机是什么？儿子打工后的土地谁来耕种，如何处理的（是否交由父母耕种）？一年当中，子女能回家几次及几天（几个月）？农忙的时候会回家吗？

5. 您对子女长年在外打工有什么想法？

6. 经济供给状况

子女外出打工后每年给的钱和物是多少？父母和他们有什么协议？子女打工前与父母的养老协定是什么？和打工前对比有什么不同？

如果日常生活中需要一笔钱（如生病），子女能及时寄来吗？如子女不能马上寄来，您会向谁借？

7. 日常生活照料

子女长期在外打工对您的老年生活有哪些影响？日常生活照料由谁来做？您觉得在生活方面存在哪些困难？您遇到困难时，会和别人倾诉吗？倾诉对象是谁呢？您有困难的时候，通常会寻求哪些人的帮助？您需要做出决定的时候，通常会听取谁的意见？

您生病时，通常是谁最先发现？通常是谁照顾您？您身体有出现过轻微不适的情况吗？如果有，您是如何对待的？如果得了需要住院或动手术的大病，子女会尽快赶到您身边照顾您吗？如否，您怎么办？（您的兄弟姐妹、您的邻居等在您的日常生活照料方面经常交往吗？）

在诸如农业生产、日常生活需要人手帮忙时，您会找谁帮忙？您是如何寻求帮助的？您最希望得到谁的帮助？

日常生活中，女儿（如果不在外打工）是否会经常回来看你们？在您的日常生活照料中，女儿一家发挥了什么样的角色？

是否有政府部门或非营利性组织提供帮助？提供了哪些帮助？您觉得他们是否帮助了您？

8. 精神慰藉方面

（1）子女一月平均和您通几次电话？（或者一年里跟您通几封信？）一般电话、信里都聊什么内容？

（2）农闲时您会怎样打发时间？一般找谁娱乐或聊天？子女回家后会不会主动与您长时间聊天？

（3）婚姻状况如何？是否再婚或打算再婚？子女态度如何？

（4）社区是否开展了丰富的活动，您参加这些活动时心情怎么样？社区活动开展的频率是多少？您希望多久开展一次？

9. 养老模式

（1）您认为养老主要靠谁？子女？自己？保险？您理想的养老模式是怎么样的？

（2）您是否支持子女进城？理由是什么？

（3）子女进城给您的生活带来了哪些变化？（可以从吃穿住用行来讲，可以从物质和精神方面来谈，也可以从经济供养、生活照顾、精神慰藉、医疗保健方面考虑）

（4）您如何应对这些变化？

（5）您觉得自己进城给养老带来的最大问题是什么？

10. 留守儿童问题

（1）子女的孩子（孙辈）是否留在您的家里交其照看？和子女在孙辈的上学这个问题上有何协议？

（2）孙辈几个？多大？小学还是中学？走读还是住读？是否需要接送？是否需要辅导作业？能否胜任辅导作业？

附录3

“十三五”国家老龄事业发展和养老体系建设规划

为积极开展应对人口老龄化行动，推动老龄事业全面协调可持续发展，健全养老体系，根据《中华人民共和国老年人权益保障法》和《中华人民共和国国民经济和社会发展第十三个五年规划纲要》，制定本规划。

第一章　规划背景

第一节　“十二五”时期的成就

“十二五”时期我国老龄事业和养老体系建设取得长足发展。《中国老龄事业发展“十二五”规划》《社会养老服务体系建设规划（2011—2015）》确定的目标任务基本完成。老年人权益保障和养老服务业发展等方面的法规政策不断完善；基本养老、基本医疗保障覆盖面不断扩大，保障水平逐年提高；以居家为基础、社区为依托、机构为补充、医养相结合的养老服务体系初步形成，养老床位数量达到672.7万张；老年宜居环境建设持续推进，老年人社会参与条件继续优化；老年文化、体育、教育事业快速发展，老年人精神文化生活日益丰富；老年人优待项目更加丰富、范围大幅拓宽，敬老养老助老社会氛围日益浓厚，老年人的获得感和幸福感明显增强。

专栏1　“十二五”期间老龄事业发展和养老体系建设主要指标完成情况

主　要　指　标	完成情况	预期目标	完成率（%）
城镇职工基本养老保险参保人数（亿人）	3.54	3.57	99
城乡居民基本养老保险参保人数（亿人）	5.05	4.5	112
企业退休人员社会化管理比例（%）	81.1	80	101
离退休人员养老金待遇年均增长率（%）	10.7	7	152

续表

主　要　指　标	完成情况	预期目标	完成率（%）
农村五保供养平均标准年均增长率（%）	15.3	7	219
城乡居民基本医疗保险参保人数（亿人）	13.3	13.2	101
每千名老年人拥有养老床位数（张）	30.3	30	101
基层老年法律援助覆盖面（%）	98	75	131
老年协会城乡社区创建率（%）	81.9	87.5	94
老年教育参与率（%）	3.5	5	70
老年志愿者占比（%）	10	10	100

第二节　“十三五”时期的形势

“十三五”时期是我国全面建成小康社会决胜阶段，也是我国老龄事业改革发展和养老体系建设的重要战略窗口期。

形势严峻。预计到 2020 年，全国 60 岁以上老年人口将增加到 2.55 亿人左右，占总人口的比重提升到 17.8% 左右；高龄老年人将增加到 2900 万人左右，独居和空巢老年人将增加到 1.18 亿人左右，老年抚养比将提高到 28% 左右；用于老年人的社会保障支出将持续增长；农村实际居住人口老龄化程度可能进一步加深。

短板明显。涉及养老的法规政策系统性、协调性、针对性、可操作性有待增强；城乡、区域老龄事业发展和养老体系建设不均衡问题突出；养老服务有效供给不足，质量效益不高，人才队伍短缺；老年用品市场供需矛盾比较突出；老龄工作体制机制不健全，社会参与不充分，基层基础比较薄弱。

条件有利。党中央、国务院高度重视老龄事业发展和养老体系建设，“十三五”规划纲要对积极应对人口老龄化提出明确要求。经济社会平稳健康发展，供给侧结构性改革加快推进，公共服务和民生保障能力不断增强，科技创新成果加快推广应用，劳动年龄人口仍较为充足，社会参与老龄事业发展积极性不断提高。

制定实施“十三五”国家老龄事业发展和养老体系建设规划是贯彻落实党中央、国务院关于积极应对人口老龄化决策部署的重要措施，对于保障和改善民生，增强老年人参与感、获得感和幸福感，实现全面建成小康社会奋斗目标具有重要战略意义。

第二章 指导思想、基本原则和发展目标

第一节 指导思想

高举中国特色社会主义伟大旗帜，全面贯彻党的十八大和十八届三中、四中、五中、六中全会精神，深入贯彻习近平总书记系列重要讲话精神和治国理政新理念新思想新战略，认真落实党中央、国务院决策部署，统筹推进“五位一体”总体布局和协调推进“四个全面”战略布局，牢固树立和贯彻落实创新、协调、绿色、开放、共享的发展理念，坚持党委领导、政府主导、社会参与、全民行动，着力加强全社会积极应对人口老龄化的各方面工作，着力完善老龄政策制度，着力加强老年人民生保障和服务供给，着力发挥老年人积极作用，着力改善老龄事业发展和养老体系建设支撑条件，确保全体老年人共享全面建成小康社会新成果。

第二节 基本原则

以人为本，共建共享。坚持保障和改善老年人民生，逐步增进老年人福祉，大力弘扬孝亲敬老、养老助老优秀传统文化，为老年人参与社会发展、社会力量提供更多更好的支持，实现不分年龄、人人共建共享。

补齐短板，提质增效。坚持问题导向，注重质量效益，着力保基本、兜底线、补短板、调结构，不断健全完善社会保障制度体系，促进资源合理优化配置，强化薄弱环节，加大投入力度，有效保障面向老年人的基本公共服务供给。

改革创新，激发活力。坚持政府引导、市场驱动，深化简政放权、放管结合、优化服务改革，不断增强政府依法履职能力，加快形成统一开放、竞争有序的市场体系，保障公平竞争，改善营商环境，支持创业创新，激发市场活力。

统筹兼顾，协调发展。坚持把应对人口老龄化与促进经济社会发展相结合，促进老龄事业发展和养老体系建设城乡协调、区域协调、产业协调，统筹做好老年人经济保障、服务保障和精神关爱等制度安排，实现协调可持续发展。

第三节　发展目标

到 2020 年，老龄事业发展整体水平明显提升，养老体系更加健全完善，及时应对、科学应对、综合应对人口老龄化的社会基础更加牢固。

多支柱、全覆盖、更加公平、更可持续的社会保障体系更加完善。城镇职工和城乡居民基本养老保险参保率达到 90%，基本医疗保险参保率稳定在 95% 以上，社会保险、社会福利、社会救助等社会保障制度和公益慈善事业有效衔接，老年人的基本生活、基本医疗、基本照护等需求得到切实保障。

以居家为基础、社区为依托、机构为补充、医养相结合的养老服务体系更加健全。养老服务供给能力大幅提高、质量明显改善、结构更加合理，多层次、多样化的养老服务更加方便政府运营的养老床位数占当地养老床位总数的比例不超过 50%，护理型床位占当地养老床位总数的比例不低于 30%，65 岁以上老年人健康管理率达到 70%。

有利于政府和市场作用充分发挥的制度体系更加完备。老龄事业发展和养老体系建设的法治化、信息化、标准化、规范化程度明显提高。政府职能转变、“放管服”改革、行政效能提升成效显著。市场活力和社会创造力得到充分激发，养老服务和产品供给主体更加多元、内容更加丰富、质量更加优良，以信用为核心的新型市场监管机制建立完善。

支持老龄事业发展和养老体系建设的社会环境更加友好。全社会积极应对人口老龄化、自觉支持老龄事业发展和养老体系建设的意识、意愿显著增强，敬老、养老、助老社会风尚更加浓厚，安全绿色便利舒适的老年宜居环境建设扎实推进，老年文化体育教育事业更加繁荣发展，老年人合法权益得到有效保护，老年人参与社会发展的条件持续改善。

专栏 2　“十三五”期间国家老龄事业发展和养老体系建设主要指标

类　别	指　标	目标值
社会保障	基本养老保险参保率	达到 90%
	基本医疗保险参保率	稳定在 95% 以上
养老服务	政府运营的养老床位占比	不超过 50%
	护理型养老床位占比	不低于 30%

续表

类　别	指　标	目标值
健康支持	老年人健康素养	提升至 10%
	二级以上综合医院设老年病科比例	35% 以上
	65 岁以上老年人健康管理率	达到 70%
精神文化生活	建有老年学校的乡镇（街道）比例	达到 50%
	经常性参与教育活动的老年人口比例	20% 以上
社会参与	老年志愿者注册人数占老年人口比例	达到 12%
	城乡社区基层老年协会覆盖率	90% 以上
投入保障	福彩公益金用于养老服务业的比例	50% 以上

第三章　健全完善社会保障体系

第一节　社会保险制度

完善养老保险制度。制定实施完善和改革基本养老保险制度总体方案。完善社会统筹与个人账户相结合的基本养老保险制度，构建包括职业年金、企业年金，以及个人储蓄性养老保险和商业保险的多层次养老保险体系。推进个人税收递延型商业养老保险试点，建立基本养老金合理调整机制，适当提高退休人员基本养老金标准。加快健全社会保障管理体制和经办服务体系。建立更加便捷的养老保险转移接续机制。

健全医疗保险制度。健全稳定可持续筹资和报销比例调整机制，完善缴费参保政策。加快推进基本医疗保险全国联网和异地就医结算，实现跨省异地安置退休人员住院费用直接结算。鼓励有条件的地方将基本治疗性康复辅助器具按规定逐步纳入基本医疗保险支付范围。巩固完善城乡居民大病保险。鼓励发展补充医疗保险和商业健康保险、老年人意外伤害保险。

探索建立长期护理保险制度。开展长期护理保险试点的地区要统筹施策，做好长期护理保险与重度残疾人护理补贴、经济困难失能老年人护理补贴等福利性护理补贴项目的整合衔接，提高资源配置效率效益。鼓励商业保险公司开发适销对路的长期护理保险产品和服务，满足老年人多样化、多层次长期护理保障需求。

第二节 社会福利制度

制定实施老年人照顾服务项目，鼓励地方丰富照顾服务项目、创新和优化照顾服务提供方式。着力保障特殊困难老年人的养老服务需求，确保人人能够享有基本养老服务。在全国范围内基本建成针对经济困难的高龄、失能老年人的补贴制度。对经济困难的老年人，地方各级人民政府逐步给予养老服务补贴。完善农村计划生育家庭奖励扶助和特别扶助制度。

第三节 社会救助制度

确保所有符合条件的老年人按规定纳入最低生活保障、特困人员救助供养等社会救助制度保障范围。完善医疗救助制度，全面开展重特大疾病医疗救助，逐步将低收入家庭老年人纳入救助范围。完善临时救助制度，加强对老年人的“救急难”工作，按规定对流浪乞讨、遭受遗弃等生活无着老年人给予救助。落实农村最低生活保障制度与扶贫开发政策有效衔接有关政策要求，确保现行扶贫标准下农村贫困老年人实现脱贫。

第四节 公益慈善事业

鼓励面向老年人开展募捐捐赠、志愿服务、慈善信托、安全知识教育、急救技能培训、突发事故防范等形式多样的公益慈善活动。依法加强对公益慈善组织和公益慈善活动的扶持和监管，依法及时查处以公益慈善为名实施的侵害老年人合法权益等违反法律法规、违背公序良俗的行为。加强民政部门与公益慈善组织、社会服务机构之间的信息对接和工作衔接，实现政府救助与社会帮扶有机结合。

第四章 健全养老服务体系

第一节 夯实居家社区养老服务基础

大力发展居家社区养老服务。逐步建立支持家庭养老的政策体系，支持成年子女与老年父母共同生活，履行赡养义务和承担照料责任。支持城乡社区定期上门巡访独居、空巢老年人家庭，帮助老年人解决实际困难。支持城乡社区发挥供需对接、服务引导等作用，加强居家养老服务信息汇集，引导社区日间照料中心等养老服务机构依托社区综合服务设施和社区公共服务综合信息平台，创新服务模式，提升质量效率，为老年人提供精准化个性化专业化服务。鼓励老年人参加社区邻里互助养老。鼓励有条件的地方推动扶持残疾、失能、高龄等老年人家庭开展适应老年人生活特点和安全需要的家庭住宅装修、家具设施、辅助设备等建设、配备、改造工作，对其中的经济困难老年人家庭给予适当补助。大力推行政府购买服务，推动专业化居家社区养老机构发展。

加强社区养老服务设施建设。统筹规划发展城乡社区养老服务设施，新建城区和新建居住（小）区按要求配套建设养老服务设施，老城区和已建成居住（小）区无养老服务设施或现有设施未达到规划要求的，通过购置、置换、租赁等方式建设。加强社区养老服务设施与社区综合服务设施的整合利用。支持在社区养老服务设施配备康复护理设施设备和器材。鼓励有条件的地方通过委托管理等方式，将社区养老服务设施无偿或低偿交由专业化的居家社区养老服务项目团队运营。

专栏 3　居家社区养老服务工程

依托城乡社区公共服务综合信息平台，以失能、独居、空巢老年人为重点，整合建立居家社区养老服务信息平台、呼叫服务系统和应急救援服务机制，方便养老服务机构和组织向居家老年人提供助餐、助洁、助行、助浴、助医、日间照料等服务。

实施“互联网+”养老工程。支持社区、养老服务机构、社会组织和企业利用物联网、移动互联网和云计算、大数据等信息技术，开发应用智能终端和居家社区养老服务智慧平台、信息系统、APP 应用、微信公众号等，重点拓展远程提醒和控制、自动报警和处置、动态监测和记录等功能，规范数据接口，建设虚拟养老院。

第二节　推动养老机构提质增效

加快公办养老机构改革。加快推进具备向社会提供养老服务条件的公办养老机构转制为企业或开展公建民营。实行老年人入住评估制度，优先保障特困供养人员集中供养需求和其他经济困难的孤寡、失能、高龄等老年人的服务需求。完善公建民营养老机构管理办法，鼓励社会力量通过独资、合资、合作、联营、参股、租赁等方式参与公办养老机构改革。政府投资建设和购置的养老设施、新建居住（小）区按规定配建并移交给民政部门的养老设施、党政机关和国有企事业单位培训疗养机构等改建的养老设施，均可实施公建民营。

支持社会力量兴办养老机构。贯彻全面放开养老服务市场、提升养老服务质量的有关政策要求，加快推进养老服务业“放管服”改革。对民间资本和社会力量申请兴办养老机构进一步放宽准入条件，加强开办支持和服务指导。落实好对民办养老机构的投融资、税费、土地、人才等扶持政策。鼓励采取特许经营、政府购买服务、政府和社会资本合作等方式支持社会力量举办养老机构。允许养老机构依法依规设立多个服务网点，实现规模化、连锁化、品牌化运营。鼓励整合改造企业厂房、商业设施、存量商品房等用于养老服务。

全面提升养老机构服务质量。加快建立全国统一的服务质量标准和评价体系，完善安全、服务、管理、设施等标准，加强养老机构服务质量监管。建立健全养老机构分类管理和养老服务评估制度，引入第三方评估，实行评估结果报告和社会公示。加强养老服务行业自律和信用体系建设。支持发展养老机构责任保险，提高养老机构抵御风险能力。

第三节　加强农村养老服务

推动农村特困人员供养服务机构服务设施和服务质量达标，在保障农村特困人员集中供养需求的前提下，积极为低收入、高龄、独居、残疾、失能农村老年人提供养老服务。通过邻里互助、亲友相助、志愿服务等模式和举办农村幸福院、养老大院等方式，大力发展农村互助养老服务。发挥农村基层党组织、村委会、老年协会等作用，积极培育为老服务社会组织，依托农村社区综合服务中心（站）、综合性文化服务中心、村卫生室、农家书屋、全民健身等设施，为留守、孤寡、独居、贫困、残疾等老年人提供丰富多彩的关爱服务。

第五章 健全健康支持体系

第一节 推进医养结合

完善医养结合机制。统筹落实好医养结合优惠扶持政策，深入开展医养结合试点，建立健全医疗卫生机构与养老机构合作机制，建立养老机构内设医疗机构与合作医院间双向转诊绿色通道，为老年人提供治疗期住院、康复期护理、稳定期生活照料以及临终关怀一体化服务。大力开发中医药与养老服务相结合的系列服务产品，鼓励社会力量举办以中医药健康养老为主的护理院、疗养院，建设一批中医药特色医养结合示范基地。

支持养老机构开展医疗服务。支持养老机构按规定开办康复医院、护理院、临终关怀机构和医务室、护理站等。鼓励执业医师到养老机构设置的医疗机构多点执业，支持有相关专业特长的医师及专业人员在养老机构开展疾病预防、营养、中医养生等非诊疗性健康服务。对养老机构设置的医疗机构，符合条件的按规定纳入基本医疗保险定点范围。

第二节 加强老年人健康促进和疾病预防

开展老年人健康教育，促进健康老龄化理念和医疗保健知识宣传普及进社区、进家庭，增强老年人的自我保健意识和能力。加强对老年人健康生活方式和健身活动指导，提升老年人健康素养水平至10%。基层医疗卫生机构为辖区内65周岁以上老年人普遍建立健康档案，开展健康管理服务。加强对老年人心脑血管疾病、糖尿病、恶性肿瘤、呼吸系统疾病、口腔疾病等常见病、慢性病的健康指导、综合干预。指导老年人合理用药，减少不合理用药危害。研究推广老年病防治适宜技术，及时发现健康风险因素，促进老年病早发现、早诊断、早治疗。面向老年人开展中医药健康管理服务项目。加强老年严重精神障碍患者的社区管理和康复服务。

第三节 发展老年医疗与康复护理服务

加强老年康复医院、护理院、临终关怀机构和综合医院老年病科建设，有条件的地区可将部分公立医院转为康复、护理等机构。提高基层医疗卫生机构康复护理床位占比，积极开展家庭医生签约服务，为老年人提供连续的健康管理和医疗服务。到2020年，35%以上的二级以上综合医院设立老年病科。落实老年人医疗服务优待政策，为老年人特别是高龄、重病、残疾、失能老年人就医提供便利服务。鼓励各级医疗卫生机构和医务工作志愿者为老年人开展义诊。加强康复医师、康复治疗师、康复辅助器具配置人才培养，广泛开展偏瘫肢体综合训练、认知知觉功能康复训练等老年康复护理服务。

第四节　加强老年体育健身

结合贯彻落实全民健身计划，依托公园、广场、绿地等公共设施及旧厂房、仓库、老旧商业设施等城市空置场所，建设适合老年人体育健身的场地设施，广泛开展老年人康复健身体育活动。支持乡镇（街道）综合文化站建设体育健身场地，配备适合老年人的设施和器材。支持公共和民办体育设施向老年人免费或优惠开放。加强老年人体育健身方法和项目研究，分层分类引导老年运动项目发展。继续举办全国老年人体育健身大会。鼓励发展老年人体育组织，到2020年，90%的街道和乡镇建立老年人基层体育组织，城乡社区普遍建立老年人健身活动站点和体育团队。

第六章　繁荣老年消费市场

第一节　丰富养老服务业态

大力发展养老服务企业，鼓励连锁化经营、集团化发展，实施品牌战略，培育一批各具特色、管理规范、服务标准的龙头企业，加快形成产业链长、覆盖领域广、经济社会效益显著的养老服务产业集群。支持养老服务产业与健康、养生、旅游、文化、健身、休闲等产业融合发展，丰富养老服务产业新模式、新业态。鼓励金融、地产、互联网等企业进入养老服务产业。利用信息技术提升健康养老服务质量和效率。

第二节　繁荣老年用品市场

增加老年用品供给。引导支持相关行业、企业围绕健康促进、健康监测可穿戴设备、慢性病治疗、康复护理、辅助器具和智能看护、应急救援、通信服务、电子商务、旅游休闲等重点领域，推进老年人适用产品、技术的研发和应用。支持老年用品制造业创新发展，采用新工艺、新材料、新技术，促进产品升级换代。丰富适合老年人的食品、药品、服装等供给；加强老年用品测试和质量监管，鼓励开辟老年用品展示、体验场所，发展老年用品租赁市场，支持办好老龄产业博览会。

提升老年用品科技含量。加强对老年用品产业共性技术的研发和创新。支持推动老年用品产业领域大众创业、万众创新。支持符合条件的老年用品企业牵头承担各类科技计划（专项、基金等）科研项目。支持技术密集型企业、科研院所、高校及老龄科研机构加强适老科技研发和成果转化应用。落实相关税收优惠政策，支持老年用品产业领域科技创新与应用项目。

第七章　推进老年宜居环境建设

第一节　推动设施无障碍建设和改造

严格执行无障碍环境建设相关法律法规，完善涉老工程建设标准规范体系，在规划、设计、施工、监理、验收、运行、维护、管理等环节加强相关标准的实施与监督。加强与老年人自主安全地通行道路、出入相关建筑物、搭乘公共交通工具、交流信息、获得社区服务密切相关的公共设施的无障碍设计与改造。加强居住区公共设施无障碍改造，重点对坡道、楼梯、电梯、扶手等公共建筑节点进行改造。探索鼓励市场主体参与无障碍设施建设和改造的政策措施。

第二节　营造安全绿色便利生活环境

在推进老旧居住（小）区改造、棚户区改造、农村危房改造等工程中优先满足符合住房救助条件的老年人的基本住房安全需求。加强对养老服务设施的安全隐患排查和监管。加强养老服务设施节能宜居改造，将各类养老机构和城乡社区养老服务设施纳入绿色建筑行动重点扶持范围。推动老年人共建共享绿色社区、传统村落、美丽宜居村庄和生态文明建设成果。支持多层老旧住宅加装电梯。引导、支持开发老年宜居住宅和代际亲情住宅。继续推进街道、社区“老年人生活圈”配套设施建设，为老年人提供一站式便捷服务。

专栏4 老年宜居环境建设示范行动

完善老年宜居环境建设评价标准体系，开展“老年友好型城市”和“老年宜居社区”建设示范行动，继续开展全国无障碍建设城市创建工作。到2020年，60%以上城市社区达到老年宜居社区基本条件，40%以上农村具备老年宜居社区基本条件，大部分老年人的基本公共服务需求能够在社区得到满足。

第三节 弘扬敬老养老助老的社会风尚

把敬老养老助老纳入社会公德、职业道德、家庭美德、个人品德建设，纳入文明城市、文明村镇、文明单位、文明校园、文明家庭考评。利用春节、清明节、中秋节、重阳节等传统节日，开展创意新、影响大、形式多的宣传教育活动，推动敬老养老助老教育进学校、进家庭、进机关、进社区。继续开展“敬老月”和全国敬老爱老助老评选表彰活动。推进非本地户籍常住老年人与本地户籍老年人同等享受优待。到2020年，老年人优待制度普遍建立完善。

第八章 丰富老年人精神文化生活

第一节 发展老年教育

落实老年教育发展规划，扩大老年教育资源供给，拓展老年教育发展路径，加强老年教育支持服务，创新老年教育发展机制，促进老年教育可持续发展，优先发展城乡社区老年教育，促进各级各类学校开展老年教育，部门、行业企业、高校举办的老年大学要进一步提高面向社会办学开放度，支持鼓励各类社会力量举办或参与老年教育。实施社会主义核心价值观培育、老年教育机构基础能力提升、学习资源建设整合、远程老年教育推进等计划。到2020年，基本形成覆盖广泛、灵活多样、特色鲜明、规范有序的老年教育新格局。全国县级以上城市至少应有一所老年大学。

专栏5 老年教育机构基础能力提升计划

改善现有老年大学（学校）办学条件。建设一批在本区域发挥示范作用的乡镇（街道）老年人学习场所。改善基层社区老年教育机构设施设备，建设好村、社区老年学习点。探索“养、医、体、文”等场所与老年人学习场所的结合。开展养教结合试点。编辑出版有时代特色、科学内涵、文化品位，适应社会需要的老年教育系列教材。

第二节 繁荣老年文化

完善覆盖城乡的公共文化设施网络，在基层公共文化设施内开辟适宜老年人的文化娱乐活动场所，增加适合老年人的特色文化服务项目。推动公共文化服务设施向老年人免费或优惠开放，为老年人开展文化活动提供便利。文化信息资源共享、农村电影放映、农家书屋等重大文化惠民工程增加面向老年人的服务内容和资源。广泛开展群众性老年文化活动，培育老年文化活动品牌。鼓励创作发行老年人喜闻乐见的图书、报刊以及影视剧、戏剧、广播剧等文艺作品。鼓励制作适合微博、微信、手机客户端等新媒体传播的优秀老年文化作品。加强数字图书馆建设，拓展面向老年人的数字资源服务。加强专业人才和业余爱好者相结合的老年文化队伍建设。

第三节 加强老年人精神关爱

健全老年人精神关爱、心理疏导、危机干预服务网络，督促家庭成员加强对老年人的情感关怀和心理沟通；依托专业精神卫生机构和社会工作服务机构、专业心理工作者和社会工作者开展老年心理健康服务试点，为老年人提供心理关怀和精神关爱；支持企事业单位、社会组织、志愿者等社会力量开展形式多样的老年人关爱活动。鼓励城乡社区为老年人精神关爱提供活动场地、工作条件等支持。

第九章 扩大老年人社会参与

第一节 培育积极老龄观

引导老年人树立终身发展理念，始终保持自尊自爱自信自强的精神状态，积极面对老年生活，参与社会发展，发挥正能量，做出新贡献。引导全社会正确认识、积极接纳、大力支持老年人参与社会发展。

第二节 加强老年人力资源开发

将老年人才开发利用纳入各级人才队伍建设总体规划，鼓励各地制定老年人才开发利用专项规划。鼓励专业技术领域人才延长工作年限。鼓励各有关方面建立老年人才信息库，实现互联互通、资源共享。支持老年人才自主创业，帮助有意愿且身体状况允许的贫困老年人和其他老年人接受岗位技能培训或农业实用技术培训，通过劳动脱贫或致富。推动用人单位与受聘老年人依法签订书面协议。依法保障老年人在生产劳动过程中的合法收入、安全和健康权益。对老有所为贡献突出的老年人和在老有所为工作中贡献突出的单位、个人，可按规定给予表彰或奖励。

第三节 发展老年志愿服务

支持老年人积极参与基层民主监督、社会治安、公益慈善、移风易俗、民事调解、文教卫生、全民健身等工作。发挥老年人优良品行传帮带作用，支持老党员、老专家、老军人、老劳模、老干部开展关心教育下一代活动。深入开展“银龄行动”，组织医疗卫生、文化教育、农业科技等老专家、老知识分子参与东部援助西部、发达地区援助落后地区等志愿服务。推行志愿服务记录制度，鼓励老年人参加志愿服务，到2020年老年志愿者注册人数达到老年人口总数的12%。

第四节 引导基层老年社会组织规范发展

坚持扶持发展和规范管理并重，加强老年社会组织的培育扶持和登记管理。采取政府购买服务等措施加大对公益性、互助性、服务性、专业性基层老年社会组织的支持力度。继续推动老年社会组织加强能力建设和规范化建设，提高专业素质、服务能力和社会公信力，促进老年人通过社会组织实现自我管理、自我教育、自我服务。支持老年社会组织参加或承办政府有关人才培养、项目开发、课题研究、咨询服务等活动。

专栏 6 基层老年协会规范化建设工程

多渠道筹措资金支持基层老年协会建设，改善基层老年协会活动设施和条件，加强基层老年协会骨干培训和活动辅导，鼓励专业人士在基层老年协会能力建设中发挥骨干作用。积极推进基层老年协会党建工作，探索发挥基层老年协会在促进当地发展、调解涉老纠纷、开展互助服务、活跃老年人精神文化生活等方面积极作用的有效方式和途径。城乡社区基层老年协会覆盖率达到 90% 以上。

第十章 保障老年人合法权益

第一节 完善老龄事业法规政策体系

完善老年人权益保障配套法规，积极听取老年人的意见建议，研究建立老年人监护制度，加快老年人社会服务、社会优待、社会参与等制度建设。健全优待老年人的财政投入、服务评价、检查监督、奖励表彰等政策。

第二节 健全老年人权益保障机制

健全贯彻老年人权益保障法律法规的联合执法、执法检查、综合评估等制度。充分发挥基层党组织、基层群众性自治组织、老年社会组织作用，完善维护老年人合法权益社会监督、矛盾纠纷排查调解、多部门快速反应联合查处综合治理等机制。做好老年人来信来访工作。建立老年人法律维权热线，加强老年人法律服务和法律援助，针对老年群体特点开展适应老年人特殊需求的专项法律服务活动。扩大老年人法律援助范围，拓展基层服务网络，推进法律援助工作站点向城市社区和农村延伸，方便老年人及时就近寻求法律帮助。重点做好农村和贫困、高龄、空巢、失能等特殊困难老年群体的法律服务、法律援助和司法救助。

第三节 加大普法宣传教育力度

落实国家“七五”普法规划要求，加强老年人权益保障法律法规普法宣传教育，深入结合“法律六进”活动，推动普法宣传教育规范化、常态化，强化全社会维护老年人合法权益的法治观念。开展更多适合老年人的法治宣传活动，帮助老年人学法、懂法、用法，提高守法意识和依法维权意识。

第十一章 强化工作基础和规划实施保障

第一节 强化工作基础保障

推进信息化建设。落实促进大数据发展行动纲要，在切实保障数据安全的前提下，着力推动各有关部门涉及老年人的人口、保障、服务、信用、财产等基础信息分类分级互联共享，消除信息孤岛。在此基础上推动搭建全国互联、上下贯通的老龄工作信息化平台，加强涉老数据、信息的汇集整合和发掘运用，建立基于大数据的可信统计分析决策机制。支持各地积极推进为老服务综合信息平台在城市社区全覆盖、在农村地区扩大覆盖，推进信息惠民服务向老年人覆盖、数据资源向社会开放，更好地服务于保障改善老年人民生和大众创业、万众创新。

完善投入机制。各级政府要根据经济社会发展状况和老年人口增长情况，建立稳定的老龄事业经费投入保障机制。民政部本级彩票公益金和地方各级政府用于社会福利事业的彩票公益金，50% 以上要用于支持发展养老服务业，并随老年人口的增加逐步提高投入比例。落实和完善鼓励政策，引导各类社会资本投入老龄事业，倡导社会各界对老龄事业进行慈善捐赠，形成财政资金、社会资本、慈善基金等多元结合的投入机制。

壮大人才队伍。推进涉老相关专业教育体系建设，加快培养老年医学、康复、护理、营养、心理和社会工作、经营管理、康复辅具配置等人才。建立以品德、能力和业绩为导向的职称评价和技能等级评价制度，拓宽养老服务专业人员职业发展空间。推动各地保障和逐步提高养老服务从业人员薪酬待遇。

专栏 7 人才培养工程

在养老服务、医养结合、科技助老等重点领域，每年培养造就一批高层次人才，符合条件的享受人才引进政策，示范带动养老服务业发展。在全国各类养老服务机构中，培养选拔优秀护理员，提供居住落户、住房保障、子女就学等方面的政策扶持。 实施养老护理人员培养培训计划，“十三五”时期力争使全国养老机构护理人员都得到至少一次专业培训。 对各级老龄工作机构的人员定期开展老龄政策和相关知识培训。

加强基层工作。进一步完善老龄工作机制，保证城乡社区老龄工作有人抓、老年人事情有人管、老年人困难有人帮。建立基层老龄工作先进典型激励机制。继续推进离退休人员管理服务社会化，建立健全老年人原工作单位、居住社区、老年社会组织和基层党组织齐抓共管的工作机制。总结创建离退休干部基层服务型党组织的好经验好做法，积极探索老年社会组织党建工作的新途径新办法。探索建立工会、共青团、妇联、残联等群团组织参与老年人管理服务的常态化机制和制度化渠道。

加强科学研究和调查统计。按照深化中央财政科技计划（专项、基金等）管理改革的总体部署，通过优化整合后的国家科技计划（专项、基金等）、社会科学基金等支持老龄事业领域的科技创新、基础理论研究和政策应用研究。完善老龄科学学科体系，加快老龄科学人才培养。在高校、研究机构、企业和地方，设立一批老龄科学理论研究基地、老龄产业实践研究基地、老龄政策创制试点基地。组建高层次老龄问题智库，健全重大决策专家咨询制度。加强国家人口老龄化中长期应对策略研究。完善老龄事业统计指标体系，建立老龄事业统计公报定期发布制度。推动城乡老年人生活状况抽样调查制度化、常态化、规范化。

加强宣传和国际合作。坚持正确舆论导向，充分发挥各类媒体作用，加大对人口老龄化国情、老龄政策法规、老龄事业发展重大主题以及老龄工作典型人物、事迹、经验等的宣传报道力度，提升舆情研判引导能力，营造全社会关注老龄问题、关心老龄事业、支持老龄工作的良好氛围。加强对外宣传，适时向国际社会推介老龄事业发展中国模式，进一步提升我国在国际老龄领域影响力。积极参与全球及地区老龄问题治理，加强与联合国有关机构、国际组织和有关国家的交流与合作。研究筹办应对人口老龄化相关国际会议。

推动中国老龄事业发展与落实 2030 年可持续发展议程相关目标有机对接。

第二节　强化规划实施保障

加强组织领导。坚持党对老龄工作的统一领导，发挥各级党委总揽全局、协调各方的领导核心作用，为规划实施提供坚强保证；强化各级政府落实规划的主体责任，将本规划主要任务指标纳入当地经济社会发展规划，纳入为民办实事项目，纳入政府工作议事日程和目标责任考核内容。健全老龄工作体制机制，形成推进规划实施的合力。加强专家支持系统建设，建立由多学科、多领域专家参与的专家顾问制度，为规划实施提供技术咨询、评估和指导。

加强督促检查。全国老龄办、民政部、国家发展改革委会同有关部门，加强对各地的指导、督促，及时检查并向国务院报告工作进展情况。搭建社会监督平台，健全第三方评估机制，适时对规划执行情况进行评估，向社会公布评估结果。县级以上地方政府要结合实际制定本规划实施方案，细化相关指标，确保责任到位、工作到位、投入到位、见到实效。鼓励各地积极探索，勇于创新，创造性地实施规划。

附录 4

湖北省老龄事业发展和养老体系建设“十三五”规划

为积极开展应对人口老龄化行动，推动老龄事业全面协调可持续发展，健全养老体系，根据《中华人民共和国老年人权益保障法》《“十三五”国家老龄事业发展和养老体系建设规划》《湖北省国民经济和社会发展第十三个五年规划纲要》，制定本规划。

一、规划背景

（一）“十二五”时期成就

“十二五”时期，我省老龄事业发展和养老体系建设取得显著成就。《湖北省老龄事业发展“十二五”规划》《湖北省社会养老服务体系建设“十二五”规划》确定的目标任务基本完成，尊老敬老养老助老社会氛围日益浓厚，老年人的获得感和幸福感明显增强。

社会养老保障体系不断健全。企业退休人员基本养老金连续 5 年上调，2015 年末达到月人均 2213 元，比“十一五”期末增长 88.2%；农村“五保”集中供养和分散供养人均标准分别提高到 5692 元 / 年和 3917 元 / 年。

养老服务体系建设稳步推进。社会办养老床位持续增长，城乡社区居家养老服务快速发展，养老服务改革试点稳妥推进。全省养老床位总数 29.8 万张，每千名老年人拥有养老床位数由“十一五”末的 23 张增长到 30 张。

老年医疗卫生基本条件持续改善。城镇基本医疗保险参保率达 96%，新型农村合作医疗参与率达 99.7%。全省开展“医养结合”试点机构 352 个，健康管理机构 1324 家。居民健康卡发行近 600 万张，老年健康档案建档率达

95% 以上。新建国医堂 222 个，名医堂 9 个，中医养生堂 9 个。人均预期寿命达 76.65 岁。

老年优待政策全面落实。80 周岁以上老年人高龄津贴制度基本实现全覆盖，地市级城区、60% 以上的县（市）落实了 65 周岁以上老年人免费乘坐城市公交的优待政策，部分景区和场馆对 65 周岁以上老年人实行票价全免，累计免费为老年人办理优待证 113.8 万张。

老年宜居环境建设逐步加强。全省新建公共建筑（设施）、新建居住建筑（小区）的无障碍率分别达到 87% 和 71%，城市道路（广场）、养老机构（设施）的无障碍率分别达到 76% 和 90%，老年宜居社区创建试点工作顺利展开，有 10 个社区获评湖北省首批“老年宜居社区”单位。

老年人参与社会发展更加广泛。30 多个县（市）持续开展“银龄行动”，83.2% 退休人员纳入社区管理服务对象，城乡社区老年协会的覆盖率分别达到 88% 和 78%。

（二）“十三五”时期的形势

“十三五”时期是我省全面建成小康社会的决胜阶段，也是加快老龄事业改革发展和养老体系建设的重要战略窗口期，既面临严峻挑战，又面临重大机遇。

当前及今后一段时期，我省老龄事业发展和养老体系建设面临诸多挑战。一是“十三五”时期人口老龄化程度持续加深。截至“十二五”期末，全省 60 岁以上老年人口 1042.35 万，占总人口的 17.81%。预计到“十三五”末，全省 60 周岁及以上老年人口数量达到 1243.56 万左右，占总人口的比重达 20.76%，高龄、空巢、失能、计划生育特殊家庭（独生子女死亡或独生子女被依法鉴定为三级以上伤残）等特殊困难老年人数量将持续增加，社会保障、医疗卫生和养老服务等方面的任务更加繁重。二是人口老龄化与经济发展新常态、城镇化、家庭规模小型化等相伴随，老龄事业发展和养老体系建设面临许多新情况、新问题。三是老龄事业发展和养老服务同广大老年人过上幸福晚年生活的期盼差距较大。老龄事业发展的体制机制不够顺畅，养老保障政策城乡差异、区域差异明显，老年社会福利制度滞后，医养结合体制机制不健全，养老服务人才匮乏，老龄产业发展的市场机制作用发挥不到位，老年人精神关爱和情感慰藉缺失，老年人社会参与条件和宜居环境有待完善，全社会积极应对人口老龄化的意识和行动有待加强，等等。

与此同时，我省老龄事业发展和养老体系建设也迎来了难得的发展机遇。一是党中央、国务院和省委、省政府高度重视。习近平总书记系列重要讲话以及国家和我省“十三五”规划纲要，都对应对人口老龄化、加快建设养老体系、发展老龄事业和产业等提出明确要求，及时科学综合应对人口老龄化，提上了各级党委政府的重要议事日程。二是如期全面建成小康社会对保障和改善老年民生提出更高要求。三是人口老龄化的增速短期放缓，劳动年龄人口仍较为充足，为应对人口老龄化提供难得的机会窗口。四是我省经济呈现良好发展势头，为老龄事业发展和养老体系建设奠定了坚实的物质基础。

制定实施《湖北省老龄事业发展和养老体系建设“十三五”规划》是贯彻落实党中央、国务院和省委、省政府关于积极应对人口老龄化决策部署的重要措施，对于保障和改善民生，加快“五个湖北”建设，增强老年人参与感、获得感和幸福感，实现全面建成小康社会奋斗目标具有重要战略意义。

二、指导思想、基本原则和发展目标

（一）指导思想

全面贯彻党的十八大和十八届三中、四中、五中、六中全会精神，深入贯彻习近平总书记系列重要讲话精神和治国理政新理念新思想新战略，紧紧围绕统筹推进“五位一体”总体布局和协调推进“四个全面”战略布局湖北实施，坚持“党委领导、政府主导、社会参与、全民行动”相结合的老龄工作方针，坚持应对人口老龄化和促进经济社会发展相结合，坚持满足老年人需求和解决人口老龄化问题相结合，着力增强全社会积极应对人口老龄化的思想观念、加强老年人民生保障和服务供给、发挥老年人积极作用，着力健全老龄工作体制机制、完善老龄政策制度、改善老龄事业发展和养老体系建设支撑条件，确保全体老年人共享改革发展和全面建成小康社会新成果。

（二）基本原则

1. 以人为本，共建共享。坚持保障和改善老年人民生，逐步增进老年人福祉，确保全体老年人依法享有从国家和社会获得物质帮助的权利、享受社会服务和社会优待的权利、参与社会发展和共享发展成果的权利，增强全体老年人的获得感和幸福感，促进社会公平正义。

2. 政府主导，社会参与。落实政府在政策指导、规划制定、资金支持、市场培育和监督管理等方面的主导作用，发挥市场在资源配置中的决定性作用，全面放开养老服务市场，为社会力量参与老龄事业发展和养老体系建设提供更多更好支持，形成推动老龄事业发展和养老体系建设的强大合力。

3. 深化改革，创新驱动。坚持需求导向和社会化、产业化发展方向，以改革为动力，以创新为引领，着力破解制约老龄事业科学发展的体制机制障碍。支持各地因地制宜、突出重点、试点先行，改进养老服务供给方式，改革养老服务管理机制，创新养老服务发展模式，激发养老服务市场活力。

4. 统筹兼顾，协调发展。坚持目标导向和问题导向相统一，着力保基本、兜底线、补短板、调结构，破解医养结合、城乡均等、区域协同等难题。统筹做好老年人经济保障、服务保障和精神关爱等制度安排，重点做实居家养老、农村养老、失智失能、高龄独居、计划生育特殊家庭老年人照护等工作，促进养老服务资源合理优化配置，促进城乡协调、区域协调、事业产业协调，实现统筹协调可持续发展。

（三）发展目标

到2020年，老龄工作体制机制更加顺畅，老年人社会保障体系更加完善，养老服务体系更加健全，为老服务能力不断提升，老年人的社会参与渠道更加通畅，精神文化生活更加丰富，生活环境明显改善，尊老敬老爱老助老风尚日益浓厚，及时科学综合应对人口老龄化的社会基础更加牢固。

健全覆盖城乡居民的社会养老保险体系，基本养老保险参保率达到90%。

健全全民基本医疗保险体系，城镇基本医疗保险参保人数达到1990万人，参保率不低于95%，人均预期寿命达到78岁。

全面建成以居家为基础、社区为依托、机构为补充，医养相结合的养老服务体系，养老服务供给能力大幅提高、质量明显改善、结构更加合理，机构养老和社区日间照料床位新建、改扩建12万张以上，各类养老床位数达到每千名老年人35张以上，护理型养老床位占机构养老床位数的30%以上。

大力推进老年宜居社区建设，力争到“十三五”期末，每个县（市、区）至少有1个老年宜居社区。

所有县（市、区）建有功能齐全、具备一定规模、适合老年人健身的体育活动中心，所有乡镇、街道建有规模适当的老年人体育活动场所，老年人的健身条件明显改善。

基本形成覆盖广泛、灵活多样、特色鲜明、规范有序的老年教育新格局，经常性参与教育活动的老年人占老年人总数的比例达到20%以上。

老年人社会参与率稳步提升，基层老年协会覆盖率达到90%以上，85%以上的退休人员纳入社区管理服务对象，老年志愿者数量超过老年人口的15%。

促进老龄产业健康快速发展，最大限度创造老龄产业发展的有效刚性需求，科技助老龙头企业和产业集群初具规模。

初步建立综合为老服务信息平台，依托“互联网+”，实现80%的街道、60%的社区接入“互联网+”云平台，为老年人提供优质便捷的服务。

三、主要任务

（一）健全老年人社会保障体系

1. 完善养老保险制度。建立全民参保登记制度。推进机关事业单位养老保险制度改革，完善企业职工基本养老保险和城乡居民基本养老保险制度，实现各养老保险制度间的有效衔接。加快发展企业年金、职业年金和商业补充保险，形成多层次的养老保障体系。建立健全兼顾各类人员的社会保险待遇确定机制和正常调整机制，稳步提高城乡居民基础养老金水平，切实保障老年人的基本生活。

2. 完善医疗保险制度。整合城乡居民基本医疗保险制度，理顺管理体制，建立城乡统筹的基本医疗保险制度和城乡一体化的管理体制。健全稳定可持续筹资和报销比例调整机制，完善缴费参保政策。探索建立政府主导的长期护理保险制度。探索建立老年人健康保险、商业护理保险、意外伤害等人身保险产品与护理补贴、护理救助、长期护理保险等相互衔接、互为补充的老年人长期护理保障制度。巩固完善城乡居民大病保险制度，健全重特大疾病保障机制，减轻重特大疾病参保患者的医疗费用负担。鼓励发展补充医疗保险和商业健康保险、老年人意外伤害保险。

3. 加强对贫困老年人的精准救助。将所有符合条件的老年人按规定及时纳入低保、特困人员救助供养范围，确保实现应保尽保、应救尽救。对纳入低保后生活仍有困难的老年人，采取重点救助方式提高其救助水平，按不低于本地低保标准的20%比例，增发补助资金。建立健全低保标准量化调整机制，确保所有地方农村低保标准不低于国家扶贫标准。科学合理制定特困人员救助供养基本生活标准和照料护理标准，逐步将政府保障性养老服务对象由特困供养对象中的老年人拓展到贫困家庭高龄、失能、计划生育特殊家庭的老年人和孤寡优抚对象。完善医疗救助制度，将低收入家庭老年人纳入重特大疾病医疗救助范围。完善临时救助制度，加强对老年人的“救急难”工作。按规定对流浪乞讨、遭受遗弃等生活无着落老年人给予救助，探索建立并完善城乡低收入家庭住房救助、法律援助等专项救助制度。倡导全社会开展帮扶、结对、认养资助等慈善救助活动。发挥社会慈善在老年人扶贫济困中的补充作用。

4. 重视老年人社会福利。建立与经济社会发展水平相适应的高龄津贴制度，有条件的地方，要逐步放宽高龄津贴发放年龄范围、提高补贴标准。全面建立经济困难的高龄、失能、计划生育特殊家庭等老年人的基本养老服务补贴制度。进一步完善老年人优待办法，积极提供多种形式的优先、优惠、优待服务，并逐步实现城乡统一。

（二）健全养老服务体系

1. 强化家庭对养老的支持功能。探索家庭成员承担相关照顾责任支持政策试点，如带薪休假、喘息照顾等。鼓励家庭成员与老年人共同居住生活，为照顾老人的家庭成员和养老服务人员提供养老服务技能培训，对符合条件的，按规定给予培训补贴。创新金融监管政策，发挥土地、住房以及财产性收入的养老保障作用，为反向抵押贷款等以房养老新型养老方式创造宽松环境。加大执法力度，督促老年人的子女及其依法负有赡养、抚养、扶养义务人，履行对老年人的经济供养、生活照料和精神慰藉的义务。

2. 提升居家和社区养老服务水平。统筹规划建设社区居家养老服务设施，新建城区和新建居住（小）区按要求配套建设养老服务设施，老城区和已建成居住（小）区无养老服务设施或现有设施未达到规划要求的，通过购置、置换、租赁等方式建设。支持在社区养老服务场所配备康复护理设施设备和器材。推动社区居家养老服务内容向配餐送餐、家庭护理、医疗康复、紧急救援、精神慰藉、法律服务、文化娱乐和体育活动等领域拓展。推行政府购买社区居家养老服务，将社区居家养老服务列入政府购买服务指导性目录。建立完善居家老年人巡视探访制度。到 2020 年，实现城市社区居家养老服务全覆盖，农村互助照料服务覆盖率达到 60% 以上。

3. 推动机构养老提质增效。优化养老机构床位布局，重点建设康复护理型养老机构和床位，提升康复护理服务水平。加快建设社区嵌入式、小微型养老机构建设，推动机构、社区、居家养老服务一体化。加快公办养老机构改革创新，鼓励具备向社会提供养老服务条件的公办养老机构转制为企业或开展公建民营。政府投资建设和购置的养老设施、新建居住（小）区按规定配建并移交给民政部门的养老设施、党政机关和国有企事业单位培训疗养机构等改建的养老设施，均可实施公建民营。加快推进养老服务业“放管服”改革，鼓励采取特许经营、政府购买服务、政府和社会资本合作等方式支持社会力量兴办养老机构。落实好社会办养老机构建设运营补贴、投融资、税费、土地等扶持优惠政策。到 2020 年，社会力量举办或经营的养老机构床位数占比达到 60% 以上。持续开展养老院服务质量建设专项行动，加强养老服务标准体系建设，建立健全养老机构服务评估制度，建立养老服务行业信用体系、黑名单制度和市场退出机制，加强行业自律和监管。

4. 发展智慧养老新业态。实施“互联网 +”养老工程，支持社区、养老服务机构、社会组织和企业借助互联网、云计算、物联网、大数据等技术，开发养老服务智慧平台、信息系统、APP 应用、微信公众号等，开展老年人远程健康管理、紧急救援、精神慰藉、居家安防、物品代购等应用服务。开发虚拟养老服务，构建电视、电脑、手机“三位一体”的智慧型养老服务模式。到

2020 年，智慧养老服务系统建设纳入“智慧湖北”建设中，为老年人提供多样化服务。

5. 补齐农村养老服务短板。支持乡镇特困人员供养机构完善服务设施，增强护理功能，在满足特困供养对象服务需求的基础上，为周边老年人提供日间照料、短期托养和居家养老服务，成为区域性养老服务中心。充分整合农村资源，加快建设农村老年人互助照料活动中心和农村幸福院。依托农村社区综合服务中心（站）、综合性文化服务中心、村卫生室、农家书屋、全民健身等设施，为留守、孤寡、独居、贫困、残疾、计划生育特殊家庭等老年人提供关爱服务。

6. 加强养老服务人才队伍建设。支持高等学校和职业院校完善养老服务与管理相关专业课程体系，培养老年服务管理、老年医学、康复护理、膳食营养、心理健康、养老社工等紧缺人才。依托养老机构，建立市场导向型养老护理与管理从业人员培训基地，鼓励培训基地与高校、职业学院合作培养人才。在养老服务机构中培养选拔优秀护理员，并为其提供居住落户、住房保障、子女就学等政策扶持。健全养老服务志愿者注册制度，推广“志愿服务记录”“爱心储蓄”等做法，形成专职社工与志愿者相结合的养老服务工作力量。

（三）构建老年健康支持体系

1. 促进医养融合发展。建立医疗机构与养老机构合作新模式。支持养老机构与周边的医疗卫生机构开展协议合作，为养老机构开通预约就诊绿色通道，为入住老年人提供医疗巡诊、健康管理、保健咨询、急诊急救、中医养生保健等服务。养老机构设置的医疗机构，具备条件的可作为医院（含中医医院）收治老年人的后期康复护理场所。建立医疗卫生机构设置审批绿色通道，支持养老机构开办老年病医院、康复院、护理院、医务室等医疗卫生机构，将符合条件的养老机构内设医疗卫生机构按规定纳入基本医疗保险定点医疗机构的协议管理范围。支持具备养老服务资质和能力的公立医疗机构建设养老服务设施，为老年人提供医疗卫生、老年康复、老年护理等专业服务。引导部分非建制乡镇卫生院转型为护理院。鼓励社会力量针对老年人健康养老需求，通过市场化运作方式，举办医养结合机构以及老年康复、老年护理等专业医疗机构。推进基层医疗卫生机构和医务人员与社区、居家养老相结合，与老年人家庭建立签约服务关系，为老年人提供连续性的健康管理服务和医疗护理服务，鼓励各地根据保障需求和基金承受能力，将符合规定的“医养结合”服务费用纳入医保或长期护理保险支付范围。提升医保经办服务能力，按规定切实解决参加基本医疗保险的老年人异地就医住院医疗费用直接结算问题。鼓励符合条件的执业医师到养老机构、社区老年照料机构内设的医疗卫生机构多点执业。

2. 注重老年健康管理。规范老年健康教育与宣传，普及老年疾病预防、伤害预防、自救等健康保健知识，增强老年人的保健意识；注重对健康栏目和以集会、讲座、真人体验等方式推销保健品活动的监管，联合公安、工商、食药监等部门，严厉打击夸大保健品功效的虚假广告。提高老年人健康管理水平，鼓励社会资本从事专业健康管理服务，与基层医疗卫生机构合作，共同为老年人开展以健康信息采集、健康检测、健康评估及健康指导为内容的专业化健康管理服务；以全省智慧健康服务体系建设为依托，适时建立65岁及以上老年人的电子健康档案，促进老年人健康管理标准化；加强老年人免费体检和常见慢性疾病定期检查，提高老年性痴呆、抑郁等精神疾病的早期识别率。

3. 提升老年健康服务能力。夯实基层健康服务网络，积极推动健康服务资源向家庭、社区和农村延伸，构建由家庭医生、药店医师、专业健康管理公司、基层医疗卫生服务机构组成的多层次健康服务体系；在医疗资源相对缺乏地区，积极发展民营医疗和健康服务机构，并逐步将符合条件的纳入“定点范围”；优化老年医疗卫生服务，扩展医疗卫生服务范围，将老年常见病和慢性病纳入公共卫生服务体系；完善基层首诊、双向转诊、急慢分治、上下联动的分级诊疗模式，简化老年人看病环节与医疗报销手续；进一步健全医院无障碍设施。重视基层健康服务人员队伍建设，建立专业人员培养长效机制和全科医师规范化培训制度，培养一批符合老年人健康需求的医学人才，鼓励和引导医学院校毕业生和退休医师去基层从事老年健康服务工作。

4. 关注老年人心理健康。鼓励社会组织和专业社工为老年人及其家庭成员开展心理咨询服务，为患病老人的家庭成员提供专门培训和扶持。在有条件的社区探索建立定期巡防制度，重点关注空巢、计划生育特殊家庭、患病等特殊困难老人的心理健康，并及时进行心理疏导和干预。

（四）丰富老年人精神文化生活

1. 发展老年教育。提升老年教育的服务能力和社会活力，将老年教育列入教育发展规划和终身教育体系。优化老年教育结构体系，创设现代老年教育学习环境，鼓励社会各方参与老年教育，加强老年教育展示与宣传，促进老年教育资源向城乡老年人公平开放，到 2020 年，基本形成覆盖广泛、灵活多样、特色鲜明、规范有序的老年教育新格局。实施老年人学习场所倍增项目、老年教育师资分类培训项目、老年学习资源配送项目、老年人学习组织培育项目、信息化促进项目、老年志愿培训项目，实现老年教育参与人数、老年教育机构总数、老年教育学习资源、老年人学习组织数量分别翻一番。

2. 丰富老年文化。加快构建现代公共文化服务体系，推动社区老年活动室标准化建设，做到村（居）委会全覆盖并增加布点。将老年人活动中心纳入现代公共文化服务体系同步推进。继续办好湖北之声“老年天地”广播宣传栏目，丰富老年群体的文化生活。创新公共文化配送服务模式，进一步做好图书馆、文化馆、社区文化活动中心等公共文化服务机构的为老服务工作。继续组织开展“中老年人才艺大赛”，引导更多老年人参与文化活动。

3. 强化老年体育。全面推进以城乡社区体育设施为主的公共体育设施建设，加快建设健身步道、健身广场等场地以及社区小型体育设施，促进各类体育健身设施向老年人开放。培育老年人体育组织和健身团队，到 2020 年，市、州、县老年人体育社会组织不断健全完善；乡镇、街道和行政村、社区都有老年人体育组织并经常开展活动，经常参加体育锻炼的老年人口比例达到 40% 以上。广泛开展老年人体育健身赛事活动，完善老年人体育竞赛体系。丰富老年人体育服务产品，提升老年人健身专项化水平。加强科学健身指导、宣传和配送，培训老年人体育骨干队伍，培养一批老年人体育健身所需要的裁判员和社会体育指导员。鼓励老年人参加体质测试，全省老年人体质达标率达到 87% 以上。

（五）强化老年人权益保障

1. 完善老龄法律法规。以《中华人民共和国老年人权益保障法》为基础，修订出台《湖北省实施〈中华人民共和国老年人权益保障法〉办法》，维护老年人的尊严与权利。普及老年人权益保障知识，将老年法律法规宣传教育纳入“七五”普法规划，作为全省干部在线学习的重要内容。鼓励老年群体学法懂法，引导老年人依法维权、依法治家。建立老年人监护制度，制定老年人监护合同范本，加强对老年人选择监护及签订监护合同的指导和帮助。

2. 健全老年人权益保障机制。依据各地人口年龄结构，合理布局基层法律援助站点，完善以老年信访、法律援助中心、老年法律援助站（点）、老年法庭为基础的基层老年维权服务网络。丰富老年法律服务内容，着力解决医疗、保险、救助、赡养、婚姻、财产继承和监护等老年人最关心的法律问题。以中华遗嘱库公益活动为基础，倡导老年人进行遗嘱公证和遗嘱保管，以法制化手段预防和减少因家庭财产纠纷引发的家庭矛盾。建立定期执法检查与巡视制度，保障老年群体的话语权、参与权、知情权和监督权。发挥基层党组织、媒体、律协、消协、老年社会组织在老年维权中的作用。

3. 提高老年优待水平。注重落实已有老年优待政策，促进优待政策升级。逐步在全省统一老年优待项目，实现城乡老人同等享受优待服务。继续免费办理湖北省老年人优待证。采取政府购买服务等激励措施，鼓励企业在网络、暖气、电话、电视、文化等现代生活服务领域开展老年优待服务。

（六）扩大老年人社会参与

1. 培育积极老龄观。引导老年人树立终身发展理念，积极面对老年生活，始终保持自尊自爱自信自强的精神状态参与社会发展。引导全社会正确认识、积极接纳、大力支持老年人参与社会发展。

2. 加强老年人力资源开发。完善延迟退休、老年人自主创业等相关措施，建立老年人才及专家信息管理系统，构建老年人才招聘平台；鼓励老年群体以创业带动中青年就业。

3. 引导基层为老服务社会组织规范发展。培育和扶持基层为老服务社会组织，加强规范化建设，搭建服务平台，推动老年人自我管理、自我教育、自我服务，到“十三五”期末，城乡社区基层老年协会覆盖率分别达到 98% 和 90%。发挥农村老年协会作用，督促家庭成员履行对老年人的经济供养、生活照料和精神慰藉等赡养义务；鼓励为老服务社会组织发展，为老年群体排忧解难。

（七）推进老年宜居环境建设

1. 加强无障碍设施建设和改造。通过政府支持、社会参与、家庭自助等方式，为有需求的老年人实施居住环境适老性改造。新建、扩建和改建的各类政府对外服务窗口、轨道交通站点、公园绿地、公共厕所、医疗康复、体育文化、商业服务建筑等公共建筑无障碍设施建设率达到 100%。已建各类公共建筑、居住小区等无障碍设施改造率达到国家标准要求，为老年人创造无障碍生活环境。

2. 营造安全绿色便利生活环境。继续开展“老年宜居社区”创建活动，力争到“十三五”期末，每个县（市、区）至少有 1 个“老年宜居社区”。开展老年人意外伤害保险工作，为老年人出行、参与文体活动等提供风险保障，提高老年人抵御意外风险的能力。完善社会治安立体防控体系，严厉打击侵犯老年人人身安全和合法权益的违法犯罪行为。加强对养老机构等涉老重点场所的安全隐患排查和监管。

3. 弘扬敬老养老助老社会风尚。倡导社会各界关爱老年群体，广泛开展“敬老文明号”“敬老模范集体”等评选表彰，培育和树立敬老、养老、助老的先进典型，对有突出贡献和事迹的先进人物，将其纳入荆楚楷模、道德模范等评选范围，营造良好社会氛围。

（八）加快老龄产业发展

按照时代发展要求、老年人需求特点和湖北老龄产业发展现状，确定优先发展的重点老龄产业目录并纳入全省经济社会发展总体规划。对老龄产业给予政策扶持及技术支持。积极发展老龄产业科技园。鼓励旅行社推出适宜老年人的多元旅游线路，为老年人提供个性化的定制服务。培育商业信誉度高的老年保健品龙头企业，引导老年保健品产业健康发展。鼓励金融机构开发适合老年人的金融产品，为老年人提供安全便捷的金融服务。支持发展老年社区、老年公寓、区域性养老中心等养老地产业，满足老年人的多元需求。强化老龄产业监管，按照老龄产业类别，制定统一的老年服务和老年用品行业标准，实现老龄产业发展的标准化、有序化。

（九）夯实老龄事业发展基础

1. 强化老年社会管理。各级党委、政府和老龄办要注重对老年协会等涉老社会组织的指导，督促涉老社会组织建立健全规章制度并完善工作机制。扶植老年社会组织发展，通过政府购买服务或以奖代补的方式对规范运行的老年社会组织予以奖励，使老年社会管理步入组织规范、运作有序、充满活力的良性发展轨道。

2. 注重老龄科学研究。建立湖北省老年人口和老龄事业调查统计和发布制度，完善老龄信息共享和信息化建设协同推进机制，实现涉老信息的高效采集、有效整合和深化运用。开展人口老龄化省情调查和老龄事业发展研究，为制定老龄政策提供科学依据。注重与高校及科研机构之间的合作，主动对接党政机关、地市相关部门、高等院校、科研机构，共同建设老龄科学研究基地。通过社会科学基金等，支持高校和科研机构开展调查研究。

3. 扩大老龄事业对外开放。注重与老龄事业发展势头好的国家、省份之间加强学术交流与研究合作，并吸引国内外资金和先进技术参与湖北老龄事业发展。

四、保障措施

（一）加强组织领导。各级党委政府要加强对老龄工作的组织领导，强化各级政府落实规划的主体责任，将本规划主要任务指标纳入当地经济社会发展规划，纳入为民办实事项目，纳入政府工作议事日程和目标责任考核内容。建立健全老龄工作体制机制，形成党委统一领导、政府依法行政、部门密切配合、群团组织积极参与、上下左右协同联动的老龄工作大格局。要加强基层老龄工作者队伍、专业社会工作者队伍、养老服务专业技术人才和经营管理人才队伍建设，市、州、县以上人民政府要有老龄工作机构，合理调剂配备工作人员，乡镇政府和街道办事处要配备专职老龄工作人员，负责老年人权益保障工作；村（居）民委员会要安排专（兼）职人员，负责老年人服务管理工作，保证城乡社区老龄工作有人抓、老年人事情有人管、老年人困难有人帮。

（二）加大资金投入。各级政府要建立健全与人口老龄化状况、经济社会发展水平相适应的老龄事业经费和养老服务体系建设资金保障机制，逐步加大财政投入力度。发挥省级养老服务业引导基金的作用，充分利用支持服务业发展的各类资金，探索采取 PPP 等模式，带动社会资本投入，支持发展面向大众的社会化养老服务产业发展。省级设立养老服务产业基金，支持社会养老服务产业发展。各级政府用于社会福利事业的彩票公益金，要将 50% 以上用于支持发展养老服务业，并随老年人口的增加逐步提高投入比例。落实和完善鼓励政策，积极引导各类社会资本投入老龄事业，倡导社会各界对老龄事业进行慈善捐赠，形成财政资金、社会资本、慈善基金等多元投入机制。

（三）加强督促检查。各地要建立老龄事业发展和养老体系建设评估指标体系，各级老龄工作部门、民政部门、发展改革部门要会同有关部门，加强对各地工作的指导、督促、检查，监督老龄事业发展指标执行情况，并向社会公布评估结果。各县级以上地方人民政府要根据本规划，结合本地实际，制定本行政区域内的老龄事业发展和养老体系建设规划，细化相关指标，确保责任到位、工作到位、投入到位、收到实效。鼓励各地积极探索，勇于创新，创造性地实施规划。各级老龄委成员单位要把老龄工作纳入本地区、本部门的中长期规划，并对规划实施情况进行监测评估和跟踪检查。

后　记

当我为本书打下最后一个句号时，我没有感到畅快与轻松，这与本书的研究内容有关。改革开放40年来，我们取得了辉煌的成就。从纵向对比看我省山区农村的经济社会发展取得了巨大的进步，但是与城市的横向对比之下，我省山区农村与城市相比，城乡差距依然巨大。就养老来说，山区农村家庭特别是山区农村的空巢家庭的养老模式非常令人担忧。家庭养老功能弱化了，社会化养老体系还没有建立起来，许多老人还在艰难地以自我养老的模式苦苦支撑。令人欣慰的是，国家正大力倡导建立新型的养老体系——以居家为基础，社区为依托，机构为补充，医养结合的综合养老体系。这是“十三五”的奋斗目标，给我省广大山区空巢家庭带来了无限的希望。

本书中关于易杨家村的所有数据，都是2016年4—5月间调查组实地调查的结果。感谢杨红炳老师全家的大力协助。除调查组的全体成员积极参与调查之外，武汉纺织大学马克思主义学院的研究生凌杰也参与湖北省麻城市乘马岗镇肖家山村、蛤蟆岗村两个村的调研活动。书中涉及黄冈市、湖北省甚至全国的宏观数据主要来自于国家权威机构发布的统计报告和各级统计部门的官方网站，书中详细地标注了它们的来源。

本书写作过程中参考了许多学者的相关论文，特别是近年来国内名校社会学研究生的相关学位论文。湖北省社科联的领导对于本项目的顺利完成提供了专业的指导，社科联的专家对本书的修改提出了极为宝贵的意见，在此向他们表示衷心的感谢。

编后记

“中国调查”丛书由湖北省社会科学界联合会组织编写。为了编纂这套丛书，省社科联成立了“中国调查”丛书编委会。编委会编委由省社科联领导成员担任。编委会在丛书的组织策划、选题确定、编纂体例、内容大纲、编辑风格、封面设计、专家聘请等方面进行了多次专题研究。曾婕、刘宏兰、谢双林、张明新等同志对相关分卷进行了初审；黄正谋、江立华、桂胜等同志负责复审工作；曾婕同志负责终审工作。“中国调查”丛书的组稿、协调、编辑、审稿等工作由省社科联学术部承担，陈芳、肖利、陈沛、陈弘等同志做了大量工作。湖北人民出版社的编辑同志对本丛书的编辑工作给予了很大帮助，在此致谢。

由于本丛书涉及的内容较多、原始资料量大，虽然经过反复校验和更正，难免有所疏漏，恳请专家读者批评指正。

编　者

2018 年 9 月